これ一冊で本気でマスター！
ホンキ

一人で学べる
はじめての簿記

簿記の学校
堀川塾代表 **堀川 洋**

西東社

この本の特長と使い方

本書は、簿記をひとりで学ぶ人のための入門書です。主に1つのテーマを見開き2ページでくわしく解説しており、最初から読み進めても復習の際もわかりやすいつくりとなっています。

現金勘定の確認

1 現金過不足の振替

期中で現金過不足が発生した場合、現金過不足勘定を計上しました。決算までには、その発生原因をはっきりさせる必要があります。

期中での現金過不足の処理

当然ながら、会社は現金収支の管理を適切に行う必要があります。ある意味で、現金管理はその会社の経理の業務レベルを判断する材料になります。

この現金ですが、その点検を行うのは期中の一定期日、たとえば月末や四半期、半年に一度など、さまざまな時期が考えられます。期中で、現金残高が帳簿残高と一致しない場合、応急的な措置として中間勘定の**現金過不足勘定**を計上しました（➡P52）。

期中での現金過不足の発生

不足のケース
(現金過不足) AAA　　(現　　金) AAA
　中間勘定　　　　　　　　　不足しているのでマイナス

超過のケース
(現　　金) BBB　　(現金過不足) BBB
　超過しているのでプラス　　　中間勘定

現金の過不足が発生したら、ただちに担当者がその原因を調査しなければなりません。その発生が単なる記帳ミスなら、これを該当する勘定に振替えれば現金過不足に関する処理は完了します（➡P52）。

原因判明時

上記不足額AAAは通信費、超過額BBBは受取利息の計上漏れであることが判明した。このときの振替処理は下記のように行います。

不足分
(通信費) AAA　　(現金過不足) AAA

超過分
(現金過不足) BBB　　(受取利息) BBB

知っておこう！
現金処理を正しく行うのは経理の基本中の基本です。

知っておこう！
原因が判明した分だけを振替えて判明しないものは現金過不足勘定にそのまま計上しておきます。

決算での振替

過不足の発生原因うに該当する勘定利も現金過不足の原因れたままになってい

|現|
|現金|

もちろん決算手続し、最終的に現金過より、不足分は支出上漏れとし

現金過不足の決算整

不足のケース
(雑

超過のケース
(現 金 過 不

〔例〕期中で発生し続期間を行う

(雑

類似する科目にあるが混同し

練習問題　下記の

(資料)

解答　(現 金 過

解説　超過分のうち雑益勘定に

148

章末の練習問題

各章の終わりには確認問題があり、その章の復習ができます。また、解説では、その問題を学習したのが何ページだったのかがわかるようになっています。

模擬試験問題

巻末には、実際の日商簿記検定3級試験と同じ出題形式の問題と解答用紙が付いています。

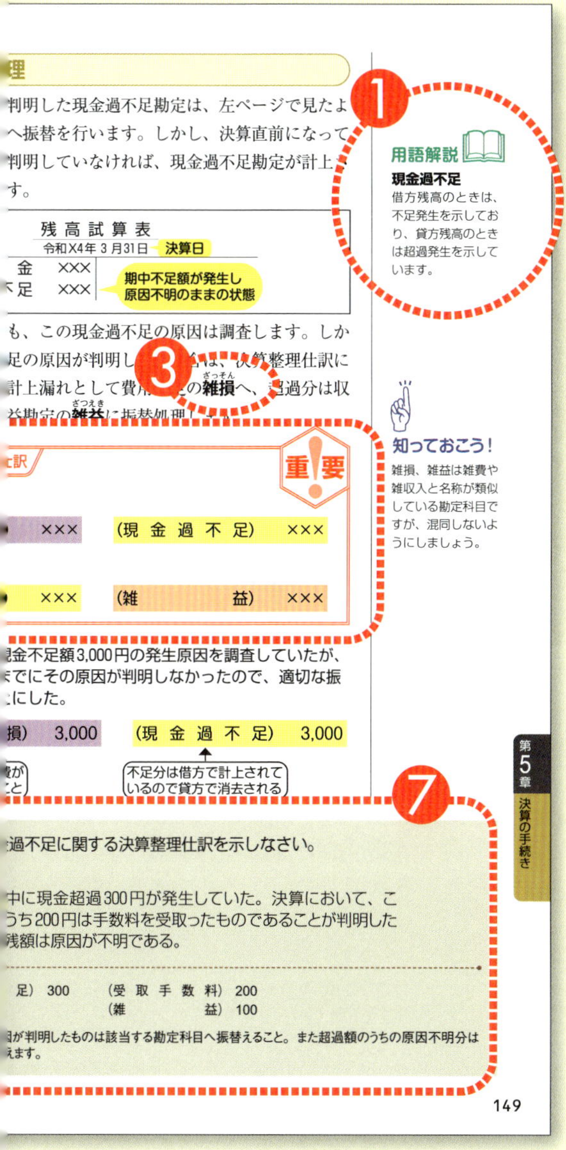

判明した現金過不足勘定は、左ページで見たよ〜へ振替を行います。しかし、決算直前になって〜判明していなければ、現金過不足勘定が計上〜す。

残 高 試 算 表		
	令和X4年3月31日	決算日
金	×××	
不足	×××	期中不足額が発生し原因不明のままの状態

用語解説
現金過不足
借方残高のときは、不足発生を示しており、貸方残高のときは超過発生を示しています。

も、この現金過不足の原因は調査します。しか足の原因が判明し〜は、決算整理仕訳に計上漏れとして費用〜の**雑損**へ、超過分は収〜勘定の**雑益**に振替処理〜

知っておこう！
雑損、雑益は雑費や雑収入と名称が類似している勘定科目ですが、混同しないようにしましょう。

重要

訳			
×××	(現 金 過 不 足)	×××	
×××	(雑 益)	×××	

金不足額3,000円の発生原因を調査していたが、〜までにその原因が判明しなかったので、適切な振〜にした。

| 損) | 3,000 | (現 金 過 不 足) | 3,000 |

不足は借方で計上されているので貸方で消去される

過不足に関する決算整理仕訳を示しなさい。

中に現金超過300円が発生していた。決算において、こ〜うち200円は手数料を受取ったものであることが判明した〜残額は原因が不明である。

| 足) | 300 | (受 取 手 数 料) | 200 |
| | | (雑 益) | 100 |

〜が判明したものは該当する勘定科目へ振替えること。また超過額のうちの原因不明分は〜えます。

149

---

① 本文に出てきた、簿記学習上で重要な用語を取り上げてくわしく解説しています。

② 実務における知識や学習上の注意点などを解説しています。

③ その項目のキーワードは太字にしています。

④ 本文で説明した内容を実際の取引例などで具体的に示し、解説しています。

⑤ 簿記学習上で混同しやすい資産〜収益、5つの勘定科目を色分けし、視覚的に理解できます。

⑥ 簿記の考え方で、混同しやすい部分や特に重要なことなどを取り上げています。

⑦ 各テーマの終わりに練習問題を設け、理解を深められます。

第5章 決算の手続き

CONTENTS

第1章 簿記学習の基礎　11〜34

簿記とは何か　……………………………………………12
1. **会社の儲けと簿記** ……………………… 12
   会社の儲けとは／儲けを把握する方法／会社の儲けは分配される
2. **金銭収支を把握して報告書を作る** ……………… 14
   簿記の目的／儲けは一定期間で計算する／報告書の作成
3. **会社の儲けを計算しよう** ……………………… 16
   儲けの計算方法／収益や費用の具体的項目／損益計算書（P／L）の作成
4. **会社の財政状態を知ろう** ……………………… 18
   貸借対照表に計上される項目／貸借対照表（B／S）の作り方
5. **損益計算書と貸借対照表の関係** ……………… 20
   損益計算書と貸借対照表／当期純利益と期末純資産

取引の記録　………………………………………………22
1. **取引を記録しよう** ……………………………… 22
   簿記における取引とは／取引を二面的に考える
2. **仕訳をしてみよう** ……………………………… 24
   仕訳とは何か／借方と貸方／仕訳の区別
3. **勘定口座へ転記しよう** ………………………… 26
   仕訳を帳簿へ記入する／転記のルール／記帳方法のまとめ
4. **勘定科目を使って仕訳しよう** ………………… 28
   勘定科目の役割／勘定科目の属性
5. **試算表を作成しよう** …………………………… 30
   試算表の作成目的／試算表の計上金額

確認問題 ……………………………………………… 32
第1章のまとめ ……………………………………… 34

第2章 勘定科目をおぼえよう 35〜92

商品売買 …………………………………… 36

1 商品の仕入・売上 …………………………… 36
商品の概念／商品の仕入／商品の売上

2 代金の後日決済 ……………………………… 38
掛仕入時に計上する買掛金／掛売上時に計上する売掛金

3 売買諸費用の取り扱い ……………………… 40
商品仕入時の引取運賃など／商品販売時の発送運賃など

4 消費税の処理 ………………………………… 42
商品購入時の消費税／商品販売時の消費税／決算時における精算

5 予約金 ………………………………………… 44
商品売買時の予約金など／商品引取時の処理

6 クレジット売掛金、受取商品券 …………… 46
クレジット売掛金／受取商品券

現金・当座預金 …………………………… 48

1 現金勘定 ……………………………………… 48
現金勘定／通貨代用証券／通貨代用証券の受取と当所払い

2 小口現金 ……………………………………… 50
小口現金制度／小口現金出納帳の記入／小口現金の補給

3 現金の過不足 ………………………………… 52
現金過不足の発生／不一致の原因判明時

4 当座預金 ……………………………………… 54
当座預金口座とは／小切手の振出／小切手の決済

5 当座借越 ……………………………………… 56
当座借越の利用／決算における当座借越

6 普通預金ほか ………………………………… 58
普通預金勘定／複数の預金口座の処理

手形取引その他 …………………………… 60

1 約束手形 ……………………………………… 60
手形とは何か／約束手形／約束手形の振出と受取

2 手形貸付金・借入金 ... 62
金銭貸借契約の処理／手形を用いた金銭貸借

3 電子記録債権・債務 ... 64
第三者機関による掛代金決済／電子記録債権の換金化／電子記録債権の譲渡

有形固定資産 ... 66

1 固定資産の購入 ... 66
固定資産とは何か／固定資産の購入／付随費用の考え方

2 固定資産の売却 ... 68
固定資産の価値減少／現在の価値と売却額／固定資産売却損益

3 修繕費 ... 70
固定資産の修理／支出額の区分／支出額に関する会計処理

4 リース取引 ... 72
固定資産のリース取引／ファイナンスリース取引の会計処理／リース料総額の取扱い

その他の債権と債務 ... 74

1 未収入金と未払金 ... 74
掛取引に使用する勘定科目／商品売買以外の掛取引

2 仮払金と仮受金 ... 76
仮払金勘定／仮受金勘定

3 貸付金と借入金 ... 78
貸付金勘定／借入金勘定／利息の計算方法

4 立替金と預り金 ... 80
立替金勘定／預り金勘定／源泉所得税などの納付／社会保険料の納付

5 差入保証金 ... 82
不動産の賃借／差入保証金

純資産会計 ... 84

1 株式会社の資本金 ... 84
株式会社の設立／増資

2 繰越利益剰余金 ... 86
会社の純利益／繰越利益剰余金

3 剰余金の配当 ... 88
剰余金／剰余金の配当／利益準備金

確認問題 ... 90
第2章のまとめ ... 92

第3章 帳簿への記入　93〜118

仕訳帳と総勘定元帳 …… 94

1 仕訳帳 …… 94
会社で作成する帳簿／仕訳帳での仕訳

2 総勘定元帳 …… 96
簿記における総勘定元帳の重要性／総勘定元帳の様式／転記のための3要素

補助簿 …… 98

1 補助簿の記入目的 …… 98
会計帳簿の体系／補助簿の記入／補助簿の種類

2 現金出納帳 …… 100
現金出納帳の記入／実務における現金出納帳

3 当座預金出納帳 …… 102
当座預金出納帳の記入目的／当座借越の管理／複数の当座預金口座の管理

4 仕入帳と売上帳 …… 104
仕入帳と売上帳の記入事項／締切方法／記入の目的

5 売掛金元帳と買掛金元帳 …… 106
売掛金元帳／買掛金元帳

6 受取手形記入帳と支払手形記入帳 …… 108
受取手形記入帳／支払手形記入帳

7 商品有高帳 …… 110
商品有高帳の記入／異なる単価の在庫品の扱い／先入先出法／移動平均法／払出欄における売上原価

8 固定資産台帳 …… 114
固定資産管理／固定資産台帳／勘定科目との関係

確認問題 …… 116
第3章のまとめ …… 118

第4章 伝票会計　119〜130

伝票を用いた処理　120
- **伝票会計とは**　120
  伝票による仕訳処理／会計伝票の記入方法

三伝票制　122
1. **伝票記入の方法**　122
   取引の種類と伝票の関係／入金伝票と出金伝票／振替伝票
2. **一部現金取引**　124
   一部を現金で決済する取引／一部現金取引の処理方法／具体的な伝票への記入方法

伝票の集計と転記　126
- **総勘定元帳への転記方法**　126
  伝票から総勘定元帳への転記／補助簿への記入

確認問題　128
第4章のまとめ　130

第5章 決算の手続き　131〜190

決算の概要　132
1. **決算の目的**　132
   決算とは何か／決算での作業／元帳締切と財務諸表／決算で行われる会計処理
2. **決算の手続き**　134
   決算の作業時期／決算の作業手順／棚卸表の作成

商品の棚卸　136
1. **売上原価**　136
   売上原価とは何か／棚卸高の存在／繰越商品勘定／三分割法
2. **売上原価算定の決算整理仕訳**　138
   仕入勘定による売上原価の算定／決算整理仕訳の意味

貸倒引当金 ……………………………………………………… **140**

1 貸倒引当金の計上 …………………………………………… 140
受取手形などの回収不能／貸倒引当金の計上

2 貸倒の発生 …………………………………………………… 142
受取手形などの貸倒／貸倒引当金の繰入／貸倒後の回収

減価償却 ………………………………………………………… **144**

1 減価償却費 …………………………………………………… 144
減価償却費の計上／減価償却費の記帳方法

2 固定資産の売却 ……………………………………………… 146
固定資産の帳簿価額／期中での固定資産の売却／固定資産売却時の処理

現金勘定の確認 ………………………………………………… **148**

1 現金過不足の振替 …………………………………………… 148
期中での現金過不足の処理／原因判明時／決算での振替処理

2 決算での現金過不足の発生 ………………………………… 150
決算時の現金過不足の処理／決算整理仕訳による振替／現金過不足時の処理のまとめ

経過勘定項目 …………………………………………………… **152**

1 発生主義 ……………………………………………………… 152
対価としての費用と収益／継続するサービスの対価／
発生主義による費用と収益の計上／現金主義と発生主義の矛盾

2 前払費用 ……………………………………………………… 154
費用の超過払い／前払費用の計上／前払費用の再振替仕訳

3 未払費用 ……………………………………………………… 156
後払される費用／未払費用の計上／未払費用の再振替仕訳

4 未収収益 ……………………………………………………… 158
継続するサービス提供／未収収益の計上／未収収益の再振替仕訳

5 前受収益 ……………………………………………………… 160
前受収益の考え方／繰延と見越／経過勘定項目のまとめ

貯蔵品の計上 …………………………………………………… **162**

未使用の切手等の資産計上 ………………………………… 162
郵便切手等の購入時／未使用分の郵便切手等／翌期首における再振替仕訳

法人税、住民税及び事業税 …………………………………… **164**

法人税等の処理方法 ………………………………………… 164
未払法人税等の計上／翌期における納付／決算時における法人税等の計上

9

月次決算 **166**

- 毎月末に行う決算 166
  月次決算の目的／月次の減価償却費の計上

帳簿の締切 **168**

1. 費用、収益勘定の締切 168
   勘定口座の締切／損益勘定

2. 資産、負債および純資産勘定の締切 170
   資産勘定などの残高額の取り扱い／資産勘定の締切方法／負債、純資産勘定の締切方法

精算表 **172**

1. 精算表の概要 172
   精算表の作成目的／精算表の作成方法／金額移動のルール

2. 精算表の作成（期末商品棚卸高など） 174
   期末商品棚卸高の計上／貸倒引当金の計上／減価償却費の計上

3. 精算表の作成（現金過不足など） 176
   現金過不足の精算／決算での現金過不足の発生／法人税等の計上

4. 精算表の作成（前払費用など） 178
   前払費用、未払費用の処理／未収収益、前受収益の処理／貯蔵品の計上

財務諸表の作成 **180**

- 損益計算書と貸借対照表 180
  財務諸表作成の作業／財務諸表の種類／財務諸表の作成／財務諸表の作成問題の出題／損益計算書の様式／勘定式の貸借対照表

確認問題 186
第5章のまとめ 190

日商簿記3級模擬試験　　**191**

日商簿記検定3級の概要 192
第1回 194
第2回 208

第1章

簿記学習の基礎

学習のポイント

簿記は会社の儲けを計算するために行う記録システムです。簿記学習の前提として、会社の目的やその組織の形態、儲けの計算方法などを知る必要があります。この章では財務諸表というものの存在や、簿記では仕訳と呼ばれる作業で金銭の流れを記録していくということを理解してください。簿記の基本項目を本章でしっかりおさえることが、以降の学習の足がかりとなるでしょう。

簿記とは何か

1 会社の儲けと簿記

会社はお金を儲けるために存在します。そして、その儲けを記録するために簿記があります。ここでは、会社の儲けのしくみや簿記との関係を考えてみましょう。

会社の儲けとは

みなさんのまわりに数多く存在する会社は、経済社会の基本であり、私たちの生活とも密接な関係があります。会社は、多くの商品を販売して、できるだけたくさん儲けることを目的としています。すなわち、会社は儲ける、つまり**利益を出す**ことが使命であり、重要なのです。

儲け ＝ 利益

知っておこう！
会社の中には、運送業など何らかのサービスの提供により儲けている会社もあります。

儲けを把握する方法

会社は、商品売買などお金の出入りすべてを記録し把握する必要があります。その記録方法には一定のルールがあり、このルールに従いお金の流れを記録していくことを**簿記**といいます。

簿記はおぼえてしまえば非常に簡単で、単純な作業を繰り返し行うだけで、明確に会社の儲けを算出することが可能です。そして、簿記の目的は**金銭の収支を把握する**ことと**会社の儲けを計算する**ことです。

用語解説
簿記
帳簿を記入する記録システムです。

帳簿へ記録する / 会社の儲け / 金銭の収支

簿記 ＝ 記録システム

会社は、多くの**株主**と呼ばれる人たちがお金を出し合い構成されています。このお金を出した人たちを**出資者**といいます。出資者はお金を出すだけで会社の経営はしません。具体的な経営は、社長や役員と呼ばれる人たちが行いますが、会社は出資者のものであると同時に、儲けも出資者のものなのです。

知っておこう！
会社は儲けるために存在し、儲けは出資者（株主）のものです。この儲けは簿記で算出します。

会社の儲けは分配される

会社の儲けは配当と呼ばれる分配金として、会社に出資した株主（出資者）たちに配られることになります。

会社は儲けを出すために従業員を雇い、商品を仕入れ、これをお客さんに販売します。また、会社のお金が足りなくなった場合は、銀行から資金を借入れるなど、さまざまな経済的活動を行います。

そこにかかる従業員への給料や仕入れ代金など費用を売上から差し引いたものを、**儲け（利益）** と呼びます。この具体的な金額を算出するために、簿記が必要なのです。

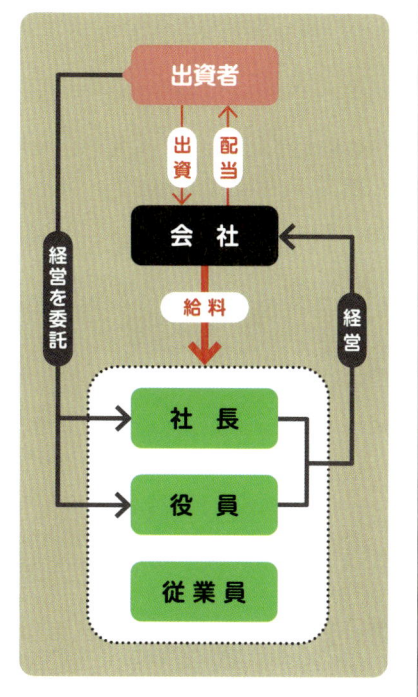

> **知っておこう！**
> 会社の儲けは、出資者に分配されます。

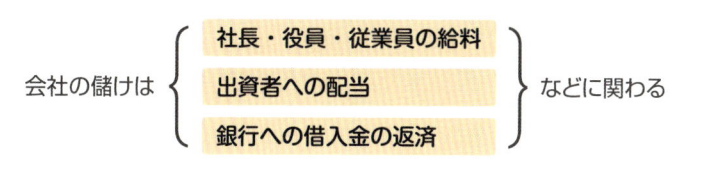

会社の儲けは ｛ 社長・役員・従業員の給料 / 出資者への配当 / 銀行への借入金の返済 ｝ などに関わる

練習問題

会社の組織的構造について下記の（　）に適当な語句を入れなさい。

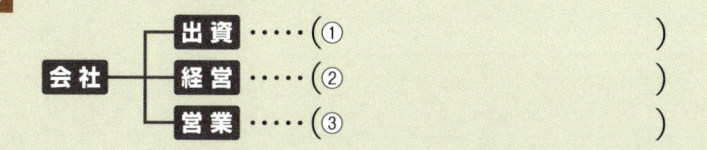

会社 ─┬─ 出資 ……①（　　　　　）
　　　├─ 経営 ……②（　　　　　）
　　　└─ 営業 ……③（　　　　　）

解答 ①株主　②社長などの役員　③従業員

解説 会社は資金提供者である出資者（株主）、出資者から経営を委託された社長などの役員、会社の儲けのために働く従業員の、3部構成になっています。

簿記とは何か

2 金銭収支を把握して報告書を作る

ここでは、簿記の目的が何かを具体的に説明します。簿記で使われる専門的な用語にも、徐々に慣れていきましょう。

簿記の目的

簿記は、儲けの金額をしっかり把握すると同時に、現金など会社の財産や借金がどのくらいあるかを把握することも目的としています。儲けの金額を把握することは、**経営成績**を知ることであり、財産や借金の把握は、**財政状態**を知ることです。このふたつが簿記の大きな目的です。

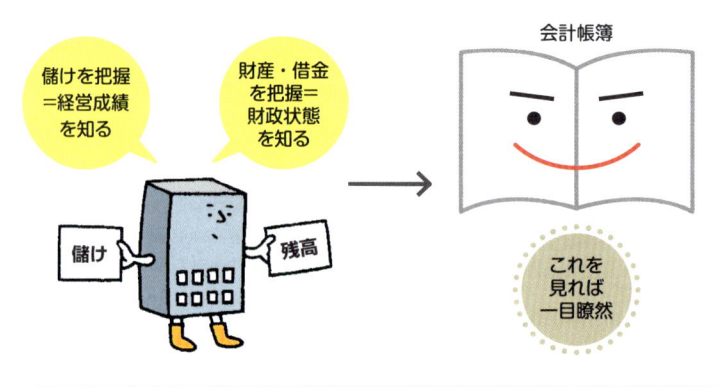

知っておこう！
簿記の目的は、経営成績と財政状態の2つを明らかにすることです。

- 儲けを把握＝経営成績を知る
- 財産・借金を把握＝財政状態を知る
- 会計帳簿 → これを見れば一目瞭然

儲けは一定期間で計算する

儲けの計算は一定の期間（1年間）で区切るのが簿記のルールです。通常は4月1日から3月31日で区切ることが多く、この期間を簿記では**会計期間**と呼びます。期間の始まりの日を**期首**、終わりの日を**期末**または**決算日**ともいいます。期首から期末の設定は、会社が自由に決められます。

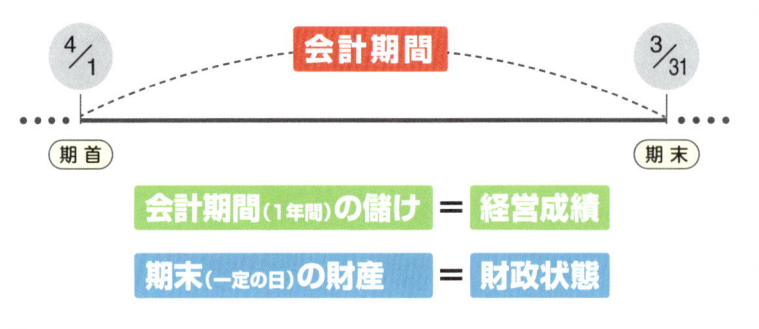

用語解説
会計期間
儲けを計算するための区切りの期間です。

知っておこう！
日商簿記検定3級では、会計期間は4月1日から3月31日が一般的です。

4/1（期首） ── 会計期間 ── 3/31（期末）

会計期間（1年間）の儲け ＝ 経営成績
期末（一定の日）の財産 ＝ 財政状態

報告書の作成

　会計期間で算出された経営成績と財政状態は、2つの報告書に明記します。会社の**経営成績は損益計算書**（➡P16）、**財政状態は貸借対照表**（➡P18）という報告書によってそれぞれ示されます。この2つの報告書は簿記用語で**財務諸表**と呼び、これらは簿記のルールに従い記録された帳簿を基に作ります。会社ではさまざまな財務諸表を作成しますが、日商簿記検定3級ではこの2つしか取り扱いません。

用語解説
財務諸表
会計期間における企業の財政状態などを表した報告書のこと。これら以外にも、キャッシュ・フロー計算書、株主資本等変動計算書などもあります。

報告書の種類

財務諸表 ─┬─ 損益計算書 ‥‥‥ 会計期間の儲け
　　　　　└─ 貸借対照表 ‥‥‥ 期末（決算日）時点の財産

重要

損益計算書で計算される会計期間の儲けが経営成績、貸借対照表で表示される決算日の財産の状況が財政状態です。

　つまり、会社の金銭収支などを記録して2つの財務諸表を作成することが簿記の具体的な作業となります。この2つの財務諸表を作成するまでに、会社では何が行われ、どういった作業をするのかをこれからひとつずつ学んでいきましょう。

簿記の目的は { 儲けなどの報告 / 金銭収支などの記録 } をすること

知っておこう！
現在は、簿記の記録作業はすべてコンピュータを用いて行われています。

練習問題

下記に示す文章内の（　）に入る語句を語群の中から選択しなさい。

会社の現金収支などの記録は（①　　）を単位として行い、一定期間の儲けの結果をまとめたものを（②　　）に、また決算日における財産の状況をまとめたものを（③　　）として作成します。そして②と③を合わせたものを（④　　）と呼び、この報告書を作成することが簿記の目的です。

【語群】　a 損益計算書　b 財務諸表　c 会計期間　d 貸借対照表

解答　①c ②a ③d ④b

解説　簿記は会計期間と呼ばれる1年間を基準にすることや、その具体的な報告がどのような財務諸表によって行われるかをマスターしましょう。

簿記とは何か

❸ 会社の儲けを計算しよう

会社の儲けはどのようにして計算するのか。利益、収益、費用などの用語をおぼえるとともに、損益計算書の内容から儲けを把握しましょう。

儲けの計算方法

会社が物を売るとき、まず商品を仕入れ、これを販売することにより儲けを出します。しかし、実際にはさまざまな諸経費も発生しているので、これらも考慮しなければ正しい儲けを把握できません。

会社の儲けを正しくは**利益**と呼びます。利益は商品の**売上代金**（**収益**）から**諸経費**（**費用**）をマイナスすることにより計算できます。

この利益、収益、費用は簿記での基本用語です。正しい呼び方をしっかりとおぼえましょう。

知っておこう！
収益と類似する用語に、収入があります。これは銀行からの借入収入などを含む広い意味で使われます。

利益の考え方

$$収益 － 費用 ＝ 利益$$

重要

収益や費用の具体的項目

収益とは、取引の対価として受取ったもので、費用とは支払ったものです。

簿記の基礎用語をおぼえよう！

収益 商品の売上、銀行預金の受取利息など利益を計算するためのプラス要素。

費用 商品仕入代金、給料、水道光熱費などの諸経費で、利益を計算するためのマイナス要素。

1年間の会計期間を通じて、最終的に収益のほうが費用より大きいときは**当期純利益**を計上し、逆の場合は**当期純損失**を計上します。

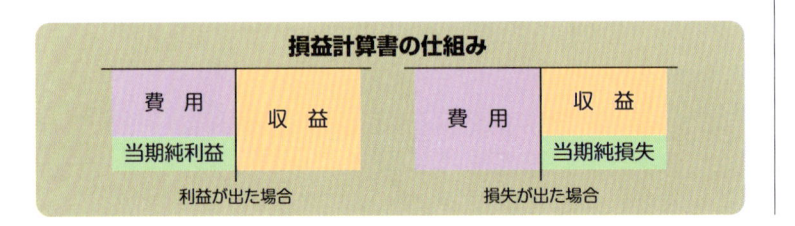

用語解説
当期純利益
当期純損失
会計期間1年間での会社の儲けや損失を示す用語です。

損益計算書の仕組み

費用	収益	費用	収益
当期純利益			当期純損失
利益が出た場合		損失が出た場合	

損益計算書(P／L)の作成

会社の利益を示す損益計算書（P／L）は、下記のような**T字型の表形式**で作成します（➡P182）。この報告書を作成するうえで重要なことは、**左側に費用、右側に収益**を記入するということです。

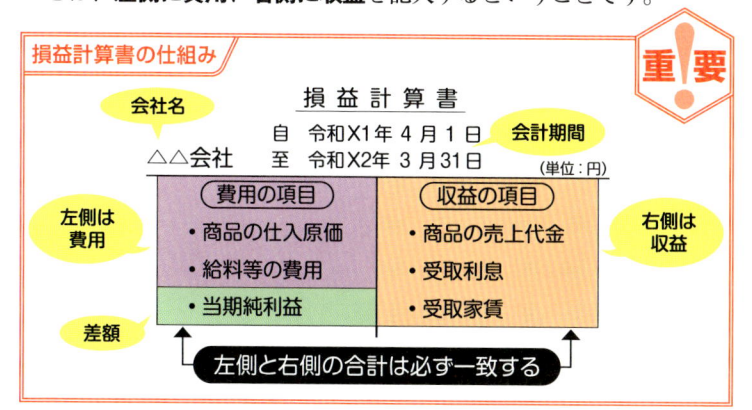

知っておこう！
損益計算書（Profit & Loss Statement）は略してP／Lと呼ぶことが多いです。

知っておこう！
損益計算書を作成する際、各勘定科目を振り分け合計額を出すときに、左右を同じ高さで締切るため斜線を引きます。

損益計算書の仕組み

損益計算書
△△会社
自 令和X1年 4 月 1 日
至 令和X2年 3 月31日
（単位：円）

- 会社名
- 会計期間
- 左側は費用
- 右側は収益
- 差額

費用の項目	収益の項目
・商品の仕入原価	・商品の売上代金
・給料等の費用	・受取利息
・当期純利益	・受取家賃

左側と右側の合計は必ず一致する

練習問題

下記の費用と収益の項目を損益計算書に記載して、当期純利益を計算しなさい。

費用・収益項目

水 道 光 熱 費	5,000円	広告宣伝の費用	12,000円
銀行の預金利息	2,000円	給　　　　料	20,000円
商品の仕入原価	40,000円	接 待 交 際 費	10,000円
商品の売上代金	90,000円		

解答

損益計算書
△△会社　自 令和X1年 4 月 1 日
　　　　　至 令和X2年 3 月31日
（単位：円）

商品の仕入原価	40,000	商品の売上高	90,000
給　　　　料	20,000	受 取 利 息	2,000
広 告 宣 伝 費	12,000		
接 待 交 際 費	10,000		
水 道 光 熱 費	5,000		
当 期 純 利 益	5,000		
	92,000		92,000

解説

まず収益と費用を左右に並べます。右側を先に合計して92,000円を出します。この金額から左側の費用を順番にマイナスして残った金額が当期純利益となります。

まず右側を合計する　　左側の費用を順番にマイナスする　　当期純利益

（90,000円＋2,000円）－40,000円－20,000円－12,000円－10,000円－5,000円＝5,000円

簿記とは何か

4 会社の財政状態を知ろう

財務諸表の中で、会社の財産や借金など財政状態をあらわす貸借対照表とはどのようなものなのか、その内容を見ていきましょう。

貸借対照表に計上される項目

会社において、この1年間（当期）どの程度業績があったかを知るのは重要なことです。また、会社は次の1年間（次期）以降の営業資金である現金や銀行からの借金の残高を知っておく必要があります。

そこで、決算日（期末）における会社の財政状態を明らかにするために**貸借対照表**を作成します。この貸借対照表は一定期間ではなくある期日、つまり**特定日を基準にして作成**します。したがって、決算日現在の財産の明細を示すことになります。

貸借対照表に計上される財産には、現金だけでなく、銀行からの借金の残高や事業開始時の元手である資本金も計上されます。つまり財産といっても、目に見える現金ばかりではないということです。

また、これらの名称も今後は簿記での専門用語により、現金などは**資産**、銀行借入などは**負債**、事業開始時の資本金は**純資産**と呼びます。

知っておこう！
商売を始めるために、自分で用意した元手を自己資金と呼びます。

簿記の基礎用語をおぼえよう！

資　産　会社が保有する現金、銀行預金、建物、土地など財産的価値のあるもの。また会社が将来、金銭を回収することができる貸付金などの権利（債権）。

負　債　銀行からの借金、未払いの商品仕入代金など、会社が将来外部に支払う義務（債務）のあるもの。

純資産　資産から負債を引いた差額であり、会社を始めるために用意した**資本金**を示します。株式会社であれば出資者（株主）から集めたお金が自己資金と呼ばれるものになり、これらがいわゆる商売の元手です。

用語解説

貸借対照表等式
左の式を下記のように変化させることができます。
資産＝負債＋純資産
この形を貸借対照表等式といいます。

会社の財政状態　【重要】

$$資産 － 負債 ＝ 純資産$$

貸借対照表（B／S）の作り方

会社の財政状態を示す貸借対照表（B／S）は、損益計算書の形式と同様に**T字型の表**になっており、左に資産、右に負債と純資産を並べて作成します（➡P183）。**左右の合計金額は必ず一致する**ことをしっかりとおぼえましょう。

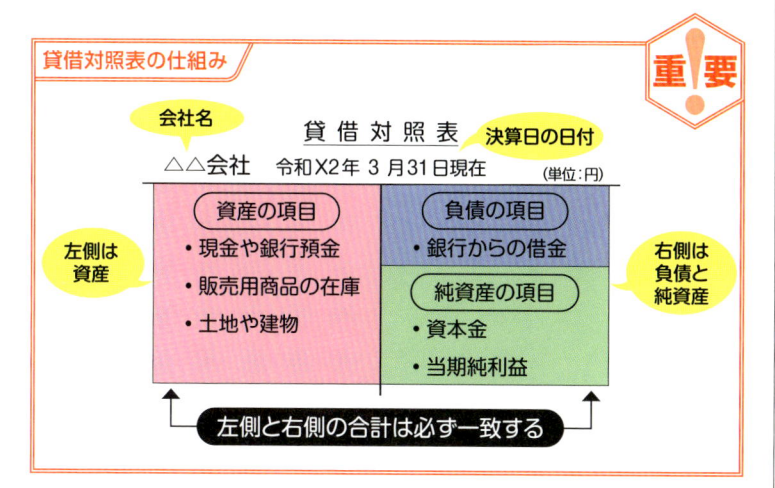

知っておこう！
貸借対照表（Balance Sheet）は略してB／Sと呼ぶことが多いです。

知っておこう！
貸借対照表は、特定日を基準にして作成するので、会計期間ではなく決算日の日付を記載します。

知っておこう！
P／LもB／Sも左右に計上する項目を暗記しましょう。

貸借対照表の仕組み 【重要】

貸借対照表
△△会社　令和X2年3月31日現在　（単位：円）

- 会社名：△△会社
- 決算日の日付：令和X2年3月31日現在

左側は資産（資産の項目）
- 現金や銀行預金
- 販売用商品の在庫
- 土地や建物

右側は負債と純資産
- 負債の項目：銀行からの借金
- 純資産の項目：資本金、当期純利益

← 左側と右側の合計は必ず一致する →

練習問題

下記の資産、負債および純資産を貸借対照表に計上しなさい。

資産、負債および純資産

銀行からの借入金	20,000円	販売用在庫商品	25,000円
事業開始時の資本金	50,000円	建物	15,000円
現金	10,000円	土地	30,000円

解答

貸借対照表
△△会社　令和X2年3月31日現在　（単位：円）

借方	金額	貸方	金額
現　　　　金	10,000	銀行借入金	20,000
販売目的商品	25,000	資　本　金	50,000
建　　　　物	15,000	当期純利益	10,000
土　　　　地	30,000		
	80,000		80,000

解説　資産、負債、純資産の項目を順にならべて、最終的に左側と右側の差額が当期純利益になり、左右の合計が一致します。

簿記とは何か

5 損益計算書と貸借対照表の関係

損益計算書と貸借対照表の２つの報告書からなる財務諸表が、毎年の会計期間の中で、どのような関係性があるかを学習しましょう。

損益計算書と貸借対照表

これまで学んだ通り、損益計算書（P／L）は会計期間という**一定期間の利益**を計上し、貸借対照表（B／S）は期末（決算日）という**ある時点での会社の財政状態**をあらわします。これを連続した会計期間で考えると、次の図のような繰り返しになります。

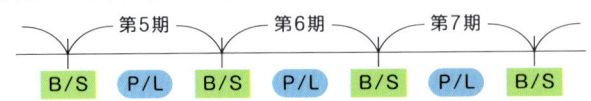

```
  ├─第5期─┤├─第6期─┤├─第7期─┤
 B/S  P/L  B/S  P/L  B/S  P/L  B/S
```

商売をして利益が出れば資産は増え、損失が出れば資産は減ってしまいます。損益計算書と貸借対照表は異なる情報が記されていますが利益の額は必ず一致し、期首と期末の貸借対照表に計上されている財産（純資産）の差額は期中の損益計算書を用いて知ることができます。たとえば、下の図のように期首純資産が80だった場合、当期中に純利益40を計上すれば、期末純資産は120（80 + 40）になり、次期の期首貸借対照表は純資産が120から始まることになります。

用語解説

期末純資産
期末の純資産は資本金と剰余金で構成されています。

〔例〕 簡単な例で下記の財務諸表を考えてみましょう。
① 期首の現金100円、借入金20円、資本金80円とします。
② 期中に商品を50円で購入し、これを90円で販売し現金で決済します。
③ 期中で借入金10円を現金で返済します。
④ 上記の結果、期末では下記の財務諸表が作成できます。

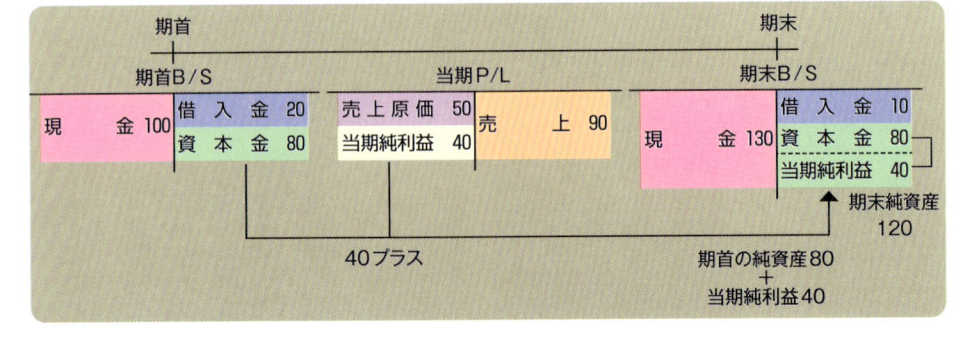

期首B／S		当期P／L		期末B／S	
現　金 100	借　入　金 20	売上原価 50	売　上 90	現　金 130	借　入　金 10
	資　本　金 80	当期純利益 40			資　本　金 80
					当期純利益 40

40プラス

期末純資産 120
期首の純資産80 ＋ 当期純利益40

当期純利益と期末純資産

左ページの例で示す通り、貸借対照表は期首、期末どちらの時点でも左側（資産）と右側（負債と純資産）のバランスが保たれています。

損益計算書では、会計期間の利益が計上されますが、これは必ず資産の増加をともないます。これを等式であらわすと以下のようになります。

知っておこう！
P/LもB/Sも左右の金額がイコールになるということをおぼえましょう。

期末の純資産算出法
期末純資産 ＝ 期首純資産 ＋ 当期純利益

重要

知っておこう！
左記の式を変化させれば下記のようになります。
期首純資産＋（当期収益－当期費用）＝期末純資産

この方法で算出する純資産や当期純利益は、期中の取引を正しく記録することにより、間違いのない財務諸表を作るための情報となります。したがって、完璧な財務諸表を作るためには期中の取引を正しく記録して集計する必要があります。

練習問題

下記に示す財務諸表の（　）に入る金額を答えなさい。（単位：円）

期首　貸借対照表

| 資　産 | 100 | 負　債（ ① ） |
| | | 資 本 金　60 |

当期　損益計算書

| 費　用 | 120 | 収　益　140 |
| 当期純利益（ ② ） | | |

期末　貸借対照表

		負　債　30
資　産（ ③ ）		資 本 金（ ④ ）
		当期純利益（ ⑤ ）

解答　① 40　② 20　③ 110　④ 60　⑤ 20

解説　2つの財務諸表の左右の金額が一致することをイメージしながら考えましょう。損益計算書の当期純利益が、そのまま期末の貸借対照表の純資産に加算される点も注意してください。

① 期 首 負 債：100（期首資産）－60（期首資本金）＝40
② 当期純利益：140（収益）－120（費用）＝20
③ 期 末 資 産：30（期末負債）＋④（期末資本金）＋⑤（当期純利益）＝110
④ 期末資本金：60…期首資本金と同額
⑤ 当期純利益：20…上記②により算定

取引の記録

1 取引を記録しよう

簿記では、どのようなものが記録の対象になるのか、その取引の内容を理解する必要があります。また、取引を2つの側面からとらえる考え方もおぼえましょう。

簿記における取引とは

取引という言葉を、誰でも1度は耳にしたことがあるはずです。簿記は、会社が行った取引を記録する作業ですが、簿記における取引の意味や範囲は、通常のものと異なります。

取引とは…

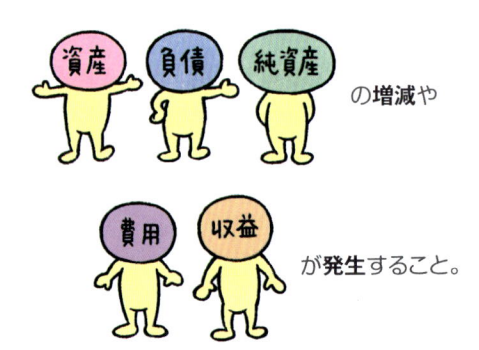

資産 負債 純資産 の**増減**や

費用 収益 が**発生**すること。

これはあたり前のように感じますが、実は下記に示すように、契約を交わしただけでは簿記の取引に該当しないということです。

簿記の取引に該当しないもの	簿記の取引に該当するもの
①不動産賃貸契約	①火災の発生
②商品売買契約	②カードによる商品売買
③代理店契約	③保有株式の時価変動
④ホテルの予約	④損害保険料の受領

つまり、たとえ法的な契約が成立しても、何らかの金銭収支がともなわなければ記録ができないため、簿記では取引に該当しません。しかし、盗難や災害など**通常の取引ではない事柄でも資産の増減があった場合はこれを取引として記録**します。

知っておこう!
取引の発生＝保有する財産の価値が変動したり、お金をもらう、支払うなどの権利や義務が発生したりすれば取引になります。

知っておこう!
資産である現金などは「増減」しますが、費用や収益は増加のみのため「発生」という表現をします。

知っておこう!
簿記上の取引には火災による建物の焼失などが含まれます。これは保有する財産が減少し、損失が発生しているからです。一般常識では考えることができないものでも、簿記上の取引となることに注意しましょう。

取引を二面的に考える

簿記では、「資産が増加し、負債が増加したこと」や「費用が発生し、資産が減少したこと」など、取引が発生したとき**2つの側面から何がどうしたのか**と考えます。これを、取引における二面的考察といいます。

「何がどうしたのか」の二面的な考え方

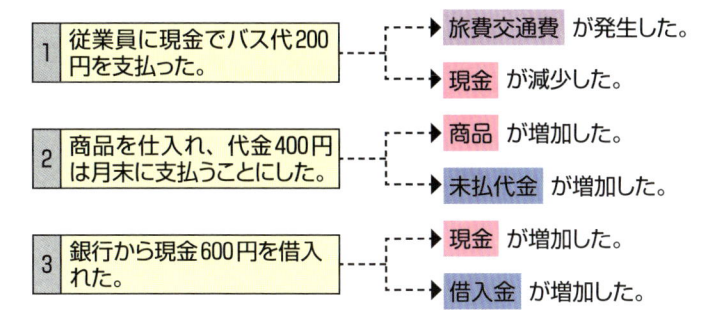

| 1 | 従業員に現金でバス代200円を支払った。 |

- **旅費交通費** が発生した。
- **現金** が減少した。

| 2 | 商品を仕入れ、代金400円は月末に支払うことにした。 |

- **商品** が増加した。
- **未払代金** が増加した。

| 3 | 銀行から現金600円を借りれた。 |

- **現金** が増加した。
- **借入金** が増加した。

簿記は取引の金額を帳簿の左側と右側に記入して、二面的に記録することから、**複式簿記（ふくしきぼき）**と呼ばれています。次ページからは、この二面的な考え方をさらに発展させて、簿記の具体的な記録方法について学習していきます。

知っておこう！
取引を常に「何がどうしたか」と2つの側面から考えることが簿記学習のポイントです。

用語解説
複式簿記
取引を二面的にとらえ、すべての取引について資産や負債など2つの項目を左右同じ金額になるよう記入していく方法です。

練習問題

下記に示す取引を二面的に考え、その内容を説明しなさい。

①事業用の車両を1,000円で購入し、代金はローンで支払うことにした。
②会社名義の普通預金について利息200円を受取った。
③従業員の給料5,000円を現金で支払った。
④銀行からの借金4,000円を現金で支払って返済した。

解答

①	(1) 車両が増加した。 (2) 未払代金であるローンが増加した。
②	(1) 普通預金が増加した。 (2) 受取利息が発生した。
③	(1) 給料が発生した。 (2) 現金が減少した。
④	(1) 借入金が減少した。 (2) 現金が減少した。

解説 問題で示されている取引をよく読んで、それぞれの内容を考えること。解答欄で示す各取引の (1) (2) は上下逆であっても正解です。

取引の記録

2 仕訳をしてみよう

取引を帳簿に記入する前段階として、取引を左右に振り分けて処理する必要があります。この作業を仕訳と呼び、簿記での基本的な作業となります。

仕訳とは何か

たとえば銀行から現金1,000円を借入れれば、現金という資産と借入金という負債がそれぞれ同じ額、左右で増加します。これは、**貸借対照表の左側で資産**が、**右側で負債が増加**することを意味します。

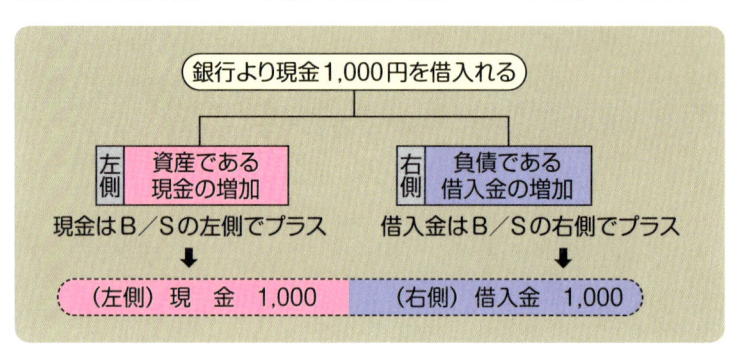

知っておこう！
仕訳を考えるときにP/LとB/Sへ資産、負債などを左右どちらに記入するか、よく考えましょう。

```
            銀行より現金1,000円を借入れる
        ┌──────────┴──────────┐
    左側 │資産である        右側│負債である
        │現金の増加            │借入金の増加
    現金はB/Sの左側でプラス   借入金はB/Sの右側でプラス
            ↓                       ↓
        (左側) 現 金 1,000  (右側) 借入金 1,000
```

この、取引を左側と右側に分けて記録する方法を、簿記では**仕訳**と呼びます。通常は仕分と書きますが、簿記ではあえて仕訳と書きます。

借方と貸方

簿記では帳簿の左側、右側という表現は使わず左側を**借方**、右側を**貸方**とあらわします。たとえば現金の増加の内訳は借方に、逆に貸方には減少の内訳を記入します。

知っておこう！
借方、貸方は単に左側、右側の呼び方で、特別な意味や理由はありません。

〔例〕

現　金	
(借方) 入金の内訳	(貸方) 支払の内訳

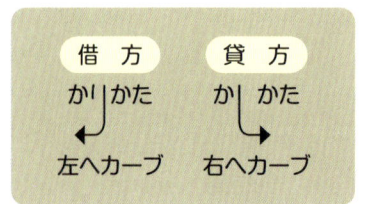

借　方	貸　方
か**り**かた ↙ 左へカーブ	か**し**かた ↘ 右へカーブ

借方の「り」は左側へカーブし、貸方の「し」は右側へカーブしているので、このカーブの方向で借、貸をおぼえましょう。

仕訳の区別

仕訳をするときは、取引を借方と貸方に区分しなければなりません。簿記を学ぶ人が最初に悩むのは、この借方と貸方をどのように区別したらいいのかという部分です。

これにはまず、損益計算書と貸借対照表に計上する5つの項目が、どちらの報告書へ振り分けられ、借方と貸方のどちらへ区分するのかを理解する必要があります。

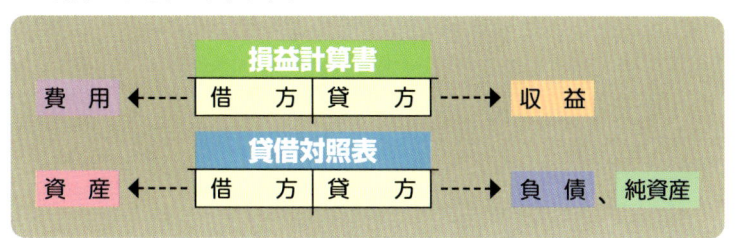

	損益計算書		
費用 ←-----	借 方	貸 方	-----→ 収益

	貸借対照表		
資産 ←-----	借 方	貸 方	-----→ 負債、純資産

知っておこう！
P／LとB／Sの借方が、費用と資産の定位置（ポジション）です。

上記のうち費用は借方、収益は貸方にしか計上しません。しかし、資産や負債は増減するので借方・貸方その両方に計上する場合が考えられます。

仕訳を学習する上で最初のステップは「**現金の増加を借方に、減少を貸方に記す**」というのをおぼえることにあります。これを基本にして、仕訳に少しずつ慣れていきましょう。

知っておこう！
現金をもらったら左側、逆に支払ったら右側で現金を計上するということです。

練習問題

下記に示す取引を仕訳しなさい。

① 会社設立資金100,000円の現金を株主が出資した。
② 事業用のパソコン1台30,000円を購入し、現金を支払った。
③ 事業用の資金が不足しているため銀行から50,000円の現金を借入れた。
④ 取引先より手数料として現金10,000円を受取った。
⑤ 銀行からの借入金の一部20,000円を返済することとし、利息1,000円を加えた金額を現金で銀行に支払った。

解答
① （現　　　　金）100,000　（資　本　金）100,000
② （備　　　　品） 30,000　（現　　　金） 30,000
③ （現　　　　金） 50,000　（借　入　金） 50,000
④ （現　　　　金） 10,000　（受取手数料） 10,000
⑤ （借　入　金） 20,000　（現　　　金） 21,000
　 （支　払　利　息） 1,000

解説
① 事業開始の際の開業資金は貸方を資本金で仕訳します。
② 備品という資産がプラスで、資産である現金がマイナスになります。
③ 借入金は負債なので、貸方で増加します。
④ 問題では手数料ですが、仕訳をするときは収益を示す「受取」を付けること。
⑤ 負債がマイナスするときは、借方に計上します。

取引の記録

3 勘定口座へ転記しよう

仕訳は帳簿に記入するための準備作業です。ここでは、この仕訳を実際に帳簿に記入する「転記」という作業について学習しましょう。

仕訳を帳簿へ記入する

会社で発生した取引は、その内容を左右に分ける**仕訳**という方法で記録することを学びました。これは、仕訳記録専用の**仕訳帳**（➡P94）と呼ばれる会計帳簿で取引発生順に処理します。

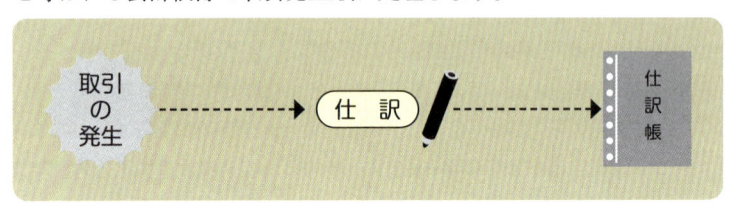

用語解説

仕訳帳
発生した取引を記録する帳簿。総勘定元帳とこの仕訳帳は会社の重要な帳簿です。

仕訳は取引の全容を示したり、取引の詳細を帳簿に記録したりするための準備作業として重要な意味を持っています。

仕訳の内容は最終的に**総勘定元帳**（➡P96）というすべての取引をまとめた帳簿に記録します。この、仕訳を総勘定元帳へ実際に記入する作業を**転記**と呼びます。

用語解説

総勘定元帳
会社の取引すべてを記録する帳簿。仕訳帳は取引発生の日付順に記載しますが、総勘定元帳は勘定科目ごとに記載します。

用語解説

転記
仕訳によって借方、貸方に振り分けられた取引を、各勘定科目ごとに帳簿へ記録します。

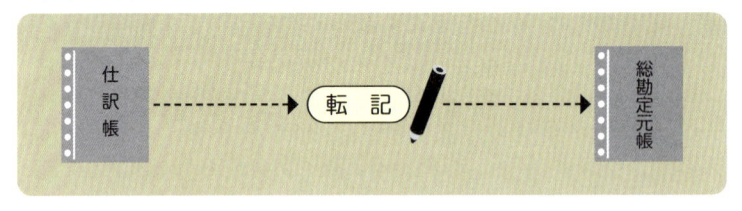

[例] 7月8日に銀行より現金100円を借入れた。

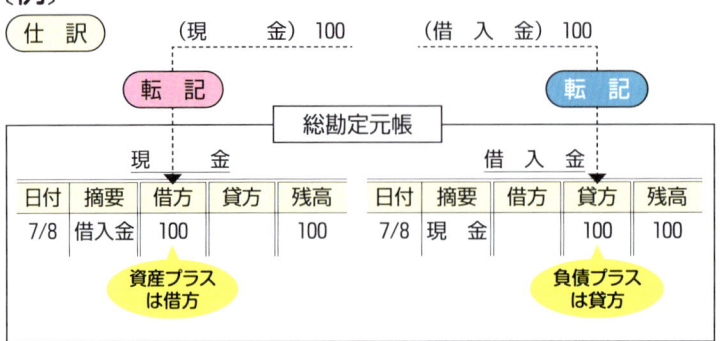

仕訳　（現　金）100　（借入金）100

総勘定元帳

現　金

日付	摘要	借方	貸方	残高
7/8	借入金	100		100

資産プラスは借方

借入金

日付	摘要	借方	貸方	残高
7/8	現　金		100	100

負債プラスは貸方

総勘定元帳の現金勘定借方に100と記入し、同じく借入金勘定貸方に100と記入する。

転記のルール

本書では、転記の際、総勘定元帳の各ページをT字型に簡略化して示します。この各ページを**勘定口座**と呼び、タイトルを**勘定科目**（→P28）として上部に書き、その取引を記載します。

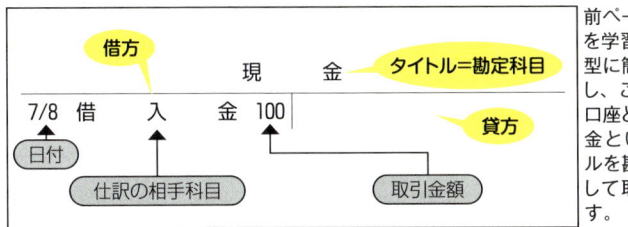

```
            現        金    ← タイトル=勘定科目
 借方
7/8 借 入 金 100  |
 日付  仕訳の相手科目    取引金額       貸方
```

前ページの現金を学習上はT字型に簡略して示し、これを勘定口座と呼び、現金というタイトルを勘定科目として取り扱います。

用語解説

勘定口座
現金などが記入されている、総勘定元帳内の各ページを示すものです。

記帳方法のまとめ

簿記の基本的な作業は、会計期間内に発生した取引を仕訳して、これを総勘定元帳の勘定口座へ転記することです。最終的には、これを決算日にまとめて損益計算書などの財務諸表を作成する必要があります。

簿記学習の中心は、この仕訳を学ぶことにあります。

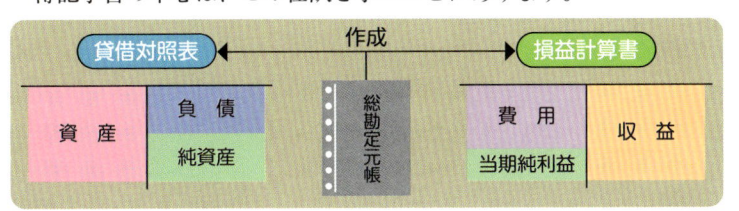

貸借対照表 ←作成→ 損益計算書

| 資産 | 負債 |
| | 純資産 |

総勘定元帳

| 費用 | 収益 |
| 当期純利益 | |

取引の発生を仕訳帳に記録し、それを転記した総勘定元帳をもとに貸借対照表と損益計算書を作成します。

知っておこう！

仕訳をして、これを転記したものが会計帳簿になり、最終的にこれをとりまとめP/LやB/Sを作成します。

練習問題

下記に示す2つの取引を現金勘定へ転記しなさい。
① 6月2日　銀行より現金50,000円を借入れた。
② 7月5日　上記借入金の一部30,000円を返済する際に利息1,000円を加え現金を支払った。

解答

```
              現        金        借方科目が2つあることを示す
6/2 借 入 金 50,000 | 7/5 諸   口 31,000
```

解説

勘定口座へ転記するときには日付、仕訳時の相手科目、また金額を正しく記入すること。

① （現　　　金）50,000　（借　入　金）50,000
② （借　入　金）30,000　（現　　　金）31,000
　 （支 払 利 息） 1,000

②は貸方から借方の相手科目を考えると、借入金と支払利息の2つがあります。このようなときは、相手科目をまとめてしまい、「諸口」（しょくち）とします。

取引の記録

4 勘定科目を使って仕訳しよう

すべての取引は、勘定科目を用いて仕訳することができます。勘定科目を使った取引の分類・整理方法を学びましょう。

勘定科目の役割

会社では、商品の売買や備品の購入など、日々さまざまな取引が発生します。簿記はこれらの取引がどのようなものであっても、「現金」や「商品」などの**勘定科目を用いて仕訳**しなければなりません。

したがって、仕訳のためには、より多くの勘定科目を想定しておく必要があります。この勘定科目は基本的に損益計算書と貸借対照表に振り分ける資産、負債、純資産、費用、収益の5つに分類されます。

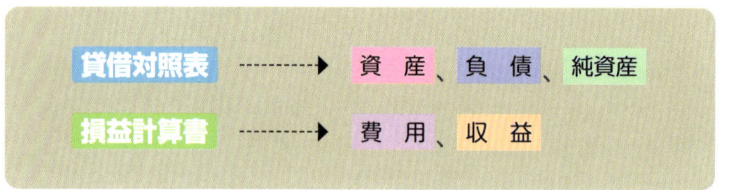

| 貸借対照表 | ────▶ | 資産、負債、純資産 |
| 損益計算書 | ────▶ | 費用、収益 |

知っておこう！
日商簿記検定3級には、約100個の勘定科目が出てきます。ただ、100個といっても交通費や交際費のような説明が必要ないものもあり、特に重要とされる科目は右ページに挙げる約40個です。

ここまでの学習でも、すでにいくつかの勘定科目を紹介しています。その代表的なものが資産に分類される現金勘定です。現金勘定では、会社の現金収支取引のすべてが記録されます。

取引はP23でみたように**二面的**に考える必要があります。これはたとえば、会社が商品を売上げた場合、現金が増加すると同時に売上という収益が発生します。簿記では、この金銭などの動きを現金と売上という2つの勘定口座に記録します。

今後簿記の学習を進める中で、多くの勘定科目を学ぶことになります。これは英語の勉強を進めて英単語や文法をおぼえるのと似ているかもしれません。

勘定科目の属性

簿記の勘定科目は、「現金勘定は資産勘定に属する」などのように基本的に**資産、負債、純資産、費用、収益の5つに分類する**ことができます。

これを貸借対照表と損益計算書の貸借に分類すると、次ページの表のようになります。

用語解説
勘定科目の属性
資産や収益などの分類基準を、科目の属性による分類と呼びます。

第1章 簿記学習の基礎

勘定科目の属性による分類

貸借対照表			損益計算書	
借 方	貸 方		借 方	貸 方
資 産	負 債	純資産	費 用	収 益
・現　金 ・小口現金 ・当座預金 ・売掛金 ・前払金 ・未収入金 ・仮払金 ・商　品 ・備　品 ・建　物 ・土　地	・支払手形 ・借入金 ・未払金 ・前受収益 ・前受金 ・未払費用 ・仮受金 ・買掛金	・資本金 ・利益準備金 ・繰越利益 　剰余金	・給　料 ・交通費 ・通信費 ・消耗品費 ・地代家賃 ・修繕費 ・貸倒損失 ・支払利息 ・仕　入	・売　上 ・受取利息 ・受取手数料 ・固定資産 　売却益 ・雑収入

知っておこう！
勘定科目は基本的に、資産から収益までの5つに分類されます。勘定科目の学習をするときには、常にこの5つの分類区分のいずれに属するのかを意識しましょう。

仕訳　　　　　仕訳

仕　訳　帳

日付		摘　　要	元丁	借　方	貸　方
6	2	(仕　　　　入)	35	50,000	
		(買　掛　金)	18		50,000
		A社より甲商品（@1,000円）50個仕入			

取引が発生したとき、その取引が各勘定科目のどれに当たるかを考え、仕訳帳の借方、貸方へ日付順に記入していきます。本書では仕訳を以下のように表します。

知っておこう！
仕訳が行われる仕訳帳の正式な記入は左記のようになります。

(仕　　　　入) 50,000　　　(買　掛　金) 50,000
　　借　方　　　　　　　　　　　貸　方

練習問題

下記の表中の科目別の属性により借方、貸方でプラスなものには（＋）をマイナスなものには（－）どちらでもないものには（×）を記入しなさい。

属　性	借　方	貸　方
資　　産	①(　　)	②(　　)
負　　債	③(　　)	④(　　)
純 資 産	⑤(　　)	⑥(　　)
費　　用	⑦(　　)	⑧(　　)
収　　益	⑨(　　)	⑩(　　)

解答
① ＋　② －　③ －　④ ＋　⑤ －　⑥ ＋
⑦ ＋　⑧ ×　⑨ ×　⑩ ＋

解説　勘定科目の属性によりプラス・マイナスを正しく理解しておかなければなりません。また、費用の貸方や収益の借方など勘定科目の属性によりマイナスがないものもあるので注意しましょう。

取引の記録

5 試算表を作成しよう

簿記ではすべての取引を勘定口座へ転記した後、確認のために試算表と呼ばれる集計表を作成します。ここでは、その試算表の目的と作成方法をおぼえましょう。

試算表の作成目的

勘定口座への転記が正しくできたかどうかを検証するために**試算表**と呼ばれる集計表を作成します。この試算表は随時作成できますが、一般的には期末や決算時など、ある期間を経過した時点で作成します（➡P134）。

試算表の3つの形式

| 合計試算表 | 各勘定口座の借方と貸方の合計額をそれぞれ集計した表。
| 残高試算表 | 各勘定口座の借方と貸方の差額を集計した表。
| 合計残高試算表 | 上記2つを合体して1つにまとめた表。

用語解説

試算表
総勘定元帳に記載された各勘定科目の金額を一覧表にしたもので、通常はT／B（Trial Balance）と呼ばれます。

試算表の計上金額

上記の3つの試算表には、各勘定の貸借の合計額や残高金額が計上されています。

〔例〕下記の現金勘定の記入を参考にして、上記3つの試算表を作成してみます。

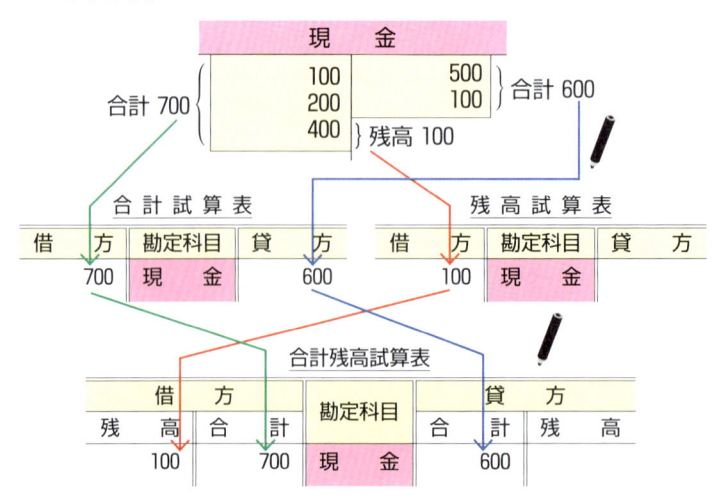

```
            現    金
         100    |    500
合計 700 {200    |    100 } 合計 600
         400    |
              } 残高 100
```

合計試算表

借方	勘定科目	貸方
700	現　金	600

残高試算表

借方	勘定科目	貸方
100	現　金	

合計残高試算表

借　方		勘定科目	貸　方	
残高	合計		合計	残高
100	700	現　金	600	

知っておこう！

残高試算表は勘定口座の貸借を比べて残額の多いほうを記入しましょう。

練習問題

下記に示す勘定口座を参考にして、3つの試算表をそれぞれ作成しなさい。なお各勘定口座の日付と相手勘定科目は省略している。

現　　金	
5,000	200
2,000	300
3,500	2,000
3,000	800
2,500	400

借　入　金	
2,000	3,000
	2,500

資　本　金	
	5,000

通　信　費	
200	
400	

受取手数料	
	2,000
	3,500

旅費交通費	
300	
800	

解答

合計試算表

借　方	勘定科目	貸　方
16,000	現　　　　金	3,700
2,000	借　入　金	5,500
	資　本　金	5,000
	受取手数料	5,500
600	通　信　費	
1,100	旅費交通費	
19,700	計	19,700

残高試算表

借　方	勘定科目	貸　方
12,300	現　　　　金	
	借　入　金	3,500
	資　本　金	5,000
	受取手数料	5,500
600	通　信　費	
1,100	旅費交通費	
14,000	計	14,000

合計残高試算表

借　方		勘定科目	貸　方	
残　高	合　計		合　計	残　高
12,300	16,000	現　　　　金	3,700	
	2,000	借　入　金	5,500	3,500
		資　本　金	5,000	5,000
		受取手数料	5,500	5,500
600	600	通　信　費		
1,100	1,100	旅費交通費		
14,000	19,700	計	19,700	14,000

確認問題

問題1 下記に示す簿記の目的について、カッコに適当な語句を入れなさい。

簿記の目的 ┬ 一定期間の（ **1** ）を計算 …… （ **2** ）書
　　　　　└ 一定時点の（ **3** ）を表示 …… （ **4** ）表

問題2 2つの財務諸表の貸借に入るべき項目を答えなさい。

損益計算書

(**1**)	(**3**)
(**2**)	

貸借対照表

(**4**)	(**5**)
	(**6**)

問題3 下記に示す取引について、その仕訳に用いられる勘定科目を答えなさい。

① 銀行から100,000円を借入れ、利息500円を控除した現金99,500円を受取った。

仕訳 ➡ （ **1** ）99,500　（ **3** ）100,000
　　　　（ **2** ）　　500

② 取引先に貸付けていた20,000円と利息1,000円を合計した金額を現金で返済を受けた。

仕訳 ➡ （ **4** ）21,000　（ **5** ）20,000
　　　　　　　　　　　　　（ **6** ）　1,000

問題4 8月4日に従業員へ給料3,000円を現金で支払った。この取引を給料と現金勘定へ転記しなさい。

給　　料			現　　金	
8/4 (**1**)(**2**)				8/4 (**3**)(**4**)

問題5 下記の現金勘定を参考にして合計試算表のカッコに適当な金額を記入しなさい。（日付、相手科目は省略している）

現　金

30,000	40,000
50,000	10,000

合　計　試　算　表

借　方	勘定科目	貸　方
(**1**)	現　　金	(**2**)

32

第1章 簿記学習の基礎

問題1 　**解答**　**1** 経営成績　**2** 損益計算　**3** 財政状態　**4** 貸借対照

解説　簿記の目的は、会社の取引を記録して会計期間における儲けや、決算日の財産の状況を明らかにすることにあります。
大きな会社になれば、儲けや財産の状況などの数値は広く公表することになります。

（➡P14）

問題2　**解答**　**1** 費用　**2** 当期純利益　**3** 収益　**4** 資産　**5** 負債　**6** 純資産

解説　損益計算書と貸借対照表の借方と貸方に計上される項目は、その左右のポジション、名称を正しくおぼえておかなければなりません。
類似する経費、収入、財産、資本などの名称は誤りですから正しく理解しておきましょう。

（➡P16、18）

問題3　**解答**　① **1** 現金　**2** 支払利息　**3** 借入金
　　　　　　　　② **4** 現金　**5** 貸付金　**6** 受取利息

解説　① 借入時に利息が控除されて現金を入金する取引です。現金と借入金がそれぞれ資産、負債として借方と貸方で増加します。支払利息は費用の発生ですから、借方で計上されることになります。
② 貸付金の返済と利息を現金で受取る取引です。貸付金は資産の勘定ですから減少するときには貸方で計上することになります。

（➡P28）

問題4　**解答**　**1** 現金　**2** 3,000　**3** 給料　**4** 3,000

解説　仕訳を勘定口座に転記するときには、下記の3つの要素を必ず記入しなければなりません。

（仕　訳）8月4日：（給　　　料）3,000　（現　　　金）3,000

転記の3要素 ─ 日　付
　　　　　　　 相手勘定科目
　　　　　　　 金　額

（➡P26）

問題5　**解答**　**1** 80,000　**2** 50,000

解説　合計試算表は各勘定口座の借方、貸方の合計額を集計して作成します。

（➡P30）

第1章のまとめ

POINT 1 会社の存在理由

会社は儲けることを最大の目的としています。そのために、多くの人間が会社組織に関係し、儲けのために活動していることを理解しておきましょう。

POINT 2 出資と経営

会社という組織は、出資者である株主が資金を提供し、この資金を社長などの役員が会社経営のために運用しています。つまり、出資と経営は分離された関係にあるということです。

POINT 3 財務諸表

会社は1年間という会計期間で、儲けを把握するために損益計算書を作成します。また、会計期末を基準日にして財政状態を明らかにする貸借対照表も作成します。これら2つの報告書を財務諸表と呼びます。

POINT 4 損益計算書と貸借対照表

損益計算書には借方に費用と当期純利益が、貸方には収益が計上されます。貸借対照表は借方に資産が、貸方には負債と純資産が計上されます。財務諸表の借方と貸方に何を計上するのかを理解しましょう。

POINT 5 取引記録としての仕訳

会社で発生した取引は、仕訳と呼ばれる方法で借方と貸方に分類・整理されます。このとき、各勘定科目の属性により借方と貸方に取引が区分されます。簿記はこの仕訳の学習だと考えてもいいでしょう。

POINT 6 勘定口座への転記

仕訳は総勘定元帳と呼ばれる帳簿へ記入するための準備作業です。したがって、仕訳の結果は必ず総勘定元帳の該当する勘定口座へ記入します。この帳簿への記入を転記と呼びます。

POINT 7 仕訳から試算表の作成まで

簿記では、それぞれの取引を仕訳したあとに総勘定元帳へ転記し、またこれらの検証のために試算表を作成します。その一連の流れを把握しておきましょう。

第2章

勘定科目をおぼえよう

学習のポイント

簿記の基本は、勘定科目を用いて行う仕訳です。これは実務でも学習でも共通することです。多くの処理を行うためには、たくさんの勘定科目を知っておく必要があります。本章ではひとつひとつの勘定科目に関する具体的な学習をしていきます。それぞれの科目がどのような取引場面で用いられるのか、また各科目の属性なども完全にマスターしましょう。

商品売買

1 商品の仕入・売上

日商簿記検定3級で扱う商業簿記は、商品売買の記録を目的としています。商品売買取引時の処理が、どのように行われるかをまずは学習しましょう。

商品の概念

これから学習する商業簿記の記帳は、商品売買取引がその中心だということの理解が重要です。この「商品」という概念は非常に広く、個人商店で売買される精肉や野菜から、商社で取引される原油のようなものまで、そのすべてが含まれます。

簿記では、会社が商品を入手することを**仕入**、販売することを**売上**として**商品の種類にかかわらず統一した処理を行います**。

今後も「商品」と呼称するだけで、その内容を示すことはありません。

> **知っておこう！**
> 日商簿記検定3級は、商業簿記のみから出題されます。2級になると、これに工業簿記が加わります。

ウチは野菜の取引だ　　八百福

今回は原油の取引だ　　(株)住菱商事

商品の仕入

会社が商品を販売目的で入手した場合、それがどんなに少額であっても、財産つまり**資産**の入手と考えることができます。ただ、簿記ではこれを**仕入勘定**という**費用**の発生としてとらえます。

> **用語解説**
> **商品**
> 会社が販売目的で保有する商品を簿記では棚卸資産と呼ぶこともあります。

商品の入手　→　仕入勘定の計上

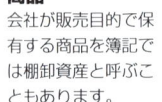

[例] 商品8,000円を仕入れ、代金として現金を支払った。

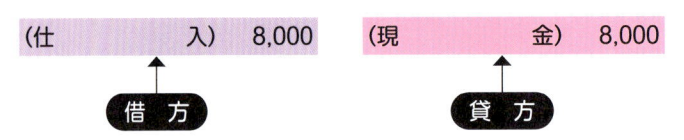

（仕　入）　8,000　　　（現　金）　8,000
　　借方　　　　　　　　　　貸方

勘定科目の色分け……　資産　負債　純資産　収益　費用

商品の売上

商品を販売したとき、販売価額から原価を差引き「いくら儲かったか」という考え方をします。このとき、原価を売上原価という**費用**、儲けを商品販売益という**利益**として一括して処理し、商品販売額を**売上勘定**という**収益**の勘定を用いて処理します。

商品販売時 【重要】

売上勘定 ＝ 販売品原価 ＋ 販売益

用語解説

売上勘定
売上勘定は収益勘定に属し、利益という概念は使わないので注意しましょう。

商品の販売総額を売上として計上するのは、売上という収益と、商品の原価である仕入を対応させるという簿記独特の考え方によるものです。

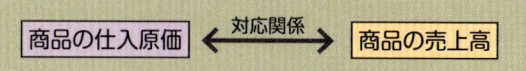

商品の仕入原価 ←対応関係→ 商品の売上高

これにより売上を計上する仕訳処理を考えてみましょう。

[例] 仕入原価8,000円の商品を10,000円で販売して現金を受取った。

（現　　　金）10,000　（売　　　上）10,000

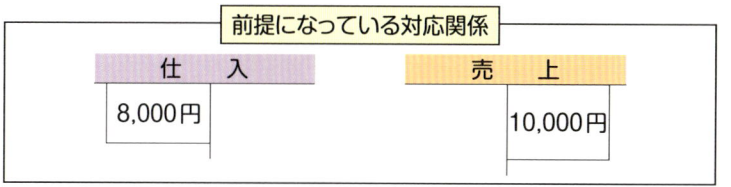

前提になっている対応関係

仕　入	売　上
8,000円	10,000円

この商品が売却されて得られた2,000円（＝10,000円－8,000円）の商品販売益の計上は帳簿のどこにも表われません。また、この売上の原価である仕入商品8,000円は、すでに費用勘定である仕入に計上されているということも考慮しなければなりません。

知っておこう！
簿記では常に、収益のあるところに費用ありという対応関係を持たせます。

知っておこう！
このときどこにも計上しない商品販売益は、1年間分の合計を期末にまとめ、それらが当期純利益を構成します。

練習問題

下記の取引の仕訳をしなさい。

① A社より商品20,000円を仕入れて代金は現金で支払った。
② B社へ上記商品の半分10,000円を15,000円で販売して現金を受取った。

解答
① （仕　　　入）20,000　（現　　　金）20,000
② （現　　　金）15,000　（売　　　上）15,000

解説
① 商品売買の基本的な処理は、商品の入手時に費用である仕入勘定を計上することです。
② 販売時には、販売金額を収益である売上勘定に計上することもポイントです。

商品売買

2 代金の後日決済

会社では商品売買を現金決済で行うことははほとんどありません。その多くは、代金を後日決済する掛取引と呼ばれる方法で行います。

掛仕入時に計上する買掛金

商品を仕入れたとき、費用勘定である仕入を**借方**に計上しました。この仕入代金を現金で支払うのではなく、後日支払い(掛仕入)とした場合「代金を支払わなければならない」という義務が生じます。これを負債勘定に属する**買掛金**として貸方に計上します。

(取引月) 掛でお願いします
(翌月) 払いにきました 手形100万円

[例] 商品20,000円を掛で仕入れ、代金は後日現金で支払った。

| (仕 入) 20,000 | (買 掛 金) 20,000 |

決済処理

| (買 掛 金) 20,000 | (現 金) 20,000 |

仕入時の貸方に計上した買掛金に対応させるため、決済時には借方に買掛金を計上します。

また、仕入れた商品が不要になった場合には、返品をすることが考えられます。このときには、仕入をマイナスする処理を行います。掛仕入の返品をすれば下記の処理が行われます。

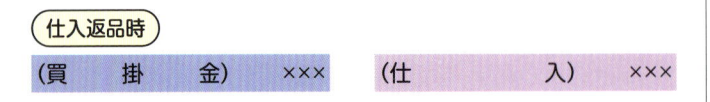

仕入返品時

| (買 掛 金) ××× | (仕 入) ××× |

> **用語解説**
> **掛仕入**
> 代金を、後日支払う約束をして仕入を行うことです。これは商品仕入のポピュラーな取引です。

> **用語解説**
> **純仕入高**
> 商品仕入の総額から返品額をマイナスした金額を純仕入高と呼んでいます。

掛売上時に計上する売掛金

商品の仕入時と同様、商品を販売したときも、代金を後日に回収するという取引（掛売上）が発生します。

掛売上が発生した場合は借方に資産勘定である**売掛金**を、貸方には収益である売上を計上します。

> **用語解説**
> **掛売上**
> 掛仕入と同様に、後日代金を回収する約束をして商品を売上げる取引です。

[例] 商品25,000円を掛で販売し、代金は後日現金で回収した。

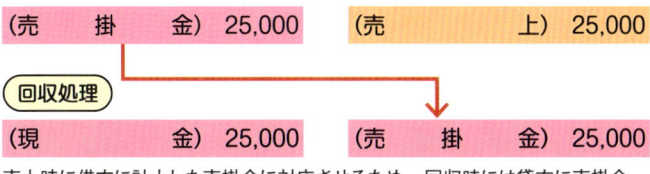

| （売　掛　金）25,000 | （売　　　　上）25,000 |

回収処理

| （現　　　　金）25,000 | （売　掛　金）25,000 |

売上時に借方に計上した売掛金に対応させるため、回収時には貸方に売掛金を計上します。

> **知っておこう！**
> 掛売上とは顧客を信用して行う取引です。しかし、顧客が倒産すれば代金を回収できなくなるというリスクがあります。

仕入れと同様に、売り上げた商品の一部が返品された場合には、売上を取消すことになります。掛売上の返品時には下記の処理が行われます。

売上返品時

| （売　　　　上）××× | （売　掛　金）××× |

練習問題

下記に示す取引を仕訳しなさい。

① 仕入先A社より商品50,000円を仕入れ、10,000円は現金で支払い、残額は掛とした。
② 上記買掛金40,000円を現金で支払った。
③ 得意先B社へ商品30,000円を販売し、半額は現金で受取り、残額は掛とした。
④ 上記売掛金15,000円を現金で回収した。

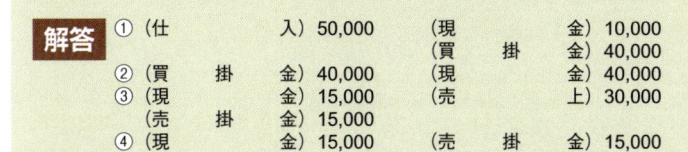

解答
① （仕　　　　入）50,000　（現　　　　金）10,000
　　　　　　　　　　　　　　（買　掛　金）40,000
② （買　掛　金）40,000　（現　　　　金）40,000
③ （現　　　　金）15,000　（売　　　　上）30,000
　（売　掛　金）15,000
④ （現　　　　金）15,000　（売　掛　金）15,000

解説 ①は貸方が、③は借方が上下逆でも正解です。買掛金勘定は負債であるため、貸方で増加し借方で減少することと、売掛金勘定は資産なので借方で増加し、貸方で減少することをマスターしましょう。

商品売買

3 売買諸費用の取り扱い

商品売買に際して発生する諸費用は、仕入時また売上時にそれぞれ細かいルールがあるので整理して理解しましょう。

商品仕入時の引取運賃など

商品を仕入れる際、引取にかかる運賃など諸費用が発生します。これらはすべて、**仕入付随費用**として仕入勘定に加算しなければなりません。

用語解説

仕入付随費用
商品引取運賃や外国からの商品運搬時に支払う保険料などもこれに含まれます。

仕入原価の求め方 【重要】

商品の仕入原価 ＝ 仕入先への支払額 ＋ 仕入付随費用

商品の仕入に直接関連する諸費用は仕入原価の中に含めることによって、「売上」と対応関係を持たせることができます。

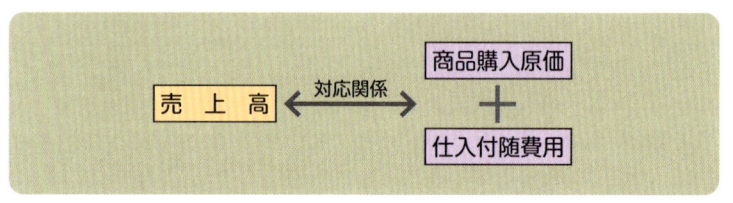

売上高 ←対応関係→ 商品購入原価 ＋ 仕入付随費用

通常、この仕入付随費用として取り扱うのは、商品の引取運賃（宅配便費用など）が中心になります。なお、商品仕入時に発生する消費税などは仕入付随費用という考え方はせず、特別な取扱いをします。

知っておこう！

消費税は商品売買の処理に密接な関係があります。詳細はP42で説明します。

[例] A社より商品50,000円を仕入れ、代金は全額掛とした。なお商品引取時に運送費1,000円が発生したため現金で支払った。

（仕　　　　　入）	51,000	（買　　掛　　金）	50,000
		（現　　　　　金）	1,000

日商簿記検定3級の問題文では、仕入付随費用は必ず上記のように商品仕入時の条件として示されます。

簿記を学びはじめたばかりの人は、仕訳処理をする際、商品引取時の運送費などを、費用勘定の支払運賃として仕訳するミスが多いので注意しましょう。

商品販売時の発送運賃など

仕入時には、諸費用を仕入原価に加算するという処理をしました。これに対して、販売時は発送運賃などを自社、得意先いずれかが負担するかにより処理が異なります。

発送運賃を自社が負担する場合は、代金を支払わねばいけないので**支払運賃勘定**を用いて費用として処理します。また、得意先に負担させるのであれば、支払った運賃分を後日売掛金と一括して回収することになるので**売掛金**に計上します。

用語解説

支払運賃
支払運賃を商品仕入時に計上することはありません。売上時などに使用する勘定科目と考えましょう。

知っておこう!
得意先が運賃を負担する処理は、日商簿記3級では出題されません。

発送運賃の取り扱い

負担関係	取り扱い
自社負担	支払運賃（費用）として処理
得意先負担	掛売上分だけを売上計上 得意先負担運賃は立替金処理

〔例〕得意先に商品10,000円を売上げ、代金は全額掛とした。この商品発送時に現金で支払った運送費500円を自社負担、得意先負担の場合でそれぞれ処理してみます。

自社負担

| （売 掛 金） | 10,000 | （売 上） | 10,000 |
| （支 払 運 賃） | 500 | （現 金） | 500 |

得意先負担

| （売 掛 金） | 10,000 | （売 上） | 10,000 |
| （立 替 金） | 500 | （現 金） | 500 |

練習問題

下記の取引の仕訳をしなさい。

①商品40,000円を仕入れて代金は全額掛とした。なお商品入手時に運賃1,000円が発生し、現金で支払った。

②商品30,000円を掛により売上げた。商品発送時に運賃1,000円が発生（当社負担）し、現金を支払った。

解答
① （仕 入）41,000　（買 掛 金）40,000
　　　　　　　　　　　（現 金）1,000
② （売 掛 金）30,000　（売 上）30,000
　 （支 払 運 賃）1,000　（現 金）1,000

解説 商品売買の運賃は仕入時と売上時の処理が異なるので注意しましょう。

商品売買

4 消費税の処理

会社では、商品売買の際に消費税を支払ったり、受け取ったりしています。ここでは、この消費税の処理について考えてみることにします。

商品購入時の消費税

現在、商品購入時には一定税率の消費税の支払いをしなければなりません。この消費税を処理する方法には**簿記上2つの方法**があります。

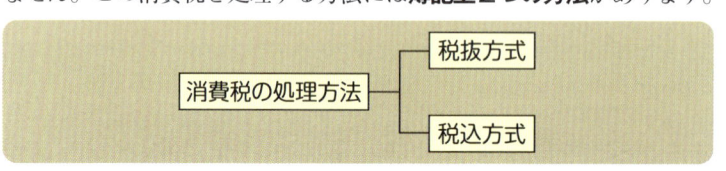

消費税の処理方法 ─┬─ 税抜方式
　　　　　　　　　└─ 税込方式

[例] 商品10,000円を仕入れ、消費税1,000円を含めて代金は掛とした。

（税抜方式）
| （仕　　　　入） | 10,000 | （買　掛　金） | 11,000 |
| （仮 払 消 費 税） | 1,000 | | |

（税込方式）
| （仕　　　　入） | 11,000 | （買　掛　金） | 11,000 |

税込方式の処理は、消費税に関する勘定科目や金額が仕訳には出てきませんが、仕入11,000円の金額に1,000円の消費税が含まれていると考えてください。

$$消費税の額：11,000円 \times \frac{10\%}{100\% + 10\%} = 1,000円$$

商品販売時の消費税

商品販売時にも同様に別々の処理が行われます。

[例] 商品30,000円を売上げ、消費税3,000円を含めた代金は掛とした。

（税抜方式）
| （売　掛　金） | 33,000 | （売　　　　上） | 30,000 |
| | | （仮 受 消 費 税） | 3,000 |

（税込方式）
| （売　掛　金） | 33,000 | （売　　　　上） | 33,000 |

知っておこう！
日商簿記検定3級では、税抜方式が出題され、税込方式は出題されません。

知っておこう！
税込方式では、消費税1,000円が仕入勘定の中に含まれますが、消費税を仕入運賃のような付随費用として取扱っているわけではありません。

知っておこう！
今後、学習する中で商品売買以外の物品購入時などに消費税込・税抜方式処理をすることがあります。

決算時における精算

消費税は商品売買の取引の中で仕入時に支払をして、売上時に受取るということを繰り返しています。これにより、売上時に受取った消費税のほうが、仕入時に支払った消費税額より多くなっています。前頁の税抜方式を例にして、残高試算表を示せば下記の通りです。

残高試算表

仮払消費税	1,000	仮受消費税	3,000

決算では、この仮受消費税と仮払消費税を相殺して、その差額を納付しなければならないために、負債勘定の**未払消費税**に計上します。

[例] 上記の残高試算表を参考にして、決算において未払消費税を計上する決算整理仕訳を行う。

税抜方式の決算整理仕訳

(仮 受 消 費 税)	3,000	(仮 払 消 費 税)	1,000
		(未 払 消 費 税)	2,000

※税込方式の決算整理仕訳の場合

(租 税 公 課)	2,000	(未 払 消 費 税)	2,000

> **知っておこう！**
> 税込方式における決算時の処理は日商簿記3級では出題されませんが、その処理は左記（※）に示してあるので参考にしてください。

> **用語解説**
> **決算整理仕訳**
> 期中に行われる普通の仕訳に対して決算に行われる特別な仕訳で、第5章で詳しく学習します。

練習問題

下記に示す取引を、消費税を税抜方式で処理するものとしてそれぞれの仕訳を示しなさい。

①商品25,000円を仕入れ、消費税2,500円と合計した金額を現金で支払った。
②商品60,000円を売上げ、消費税6,000円と合計した金額を後日回収することにした。
③本日決算であり、消費税に関する勘定残高を調べたところ、（借方）仮払消費税128,000円と（貸方）仮受消費税157,000円であった。これらの勘定を精算して未払消費税を計上する。

解答

①	(仕 入)	25,000	(現 金)	27,500
	(仮 払 消 費 税)	2,500		
②	(売 掛 金)	66,000	(売 上)	60,000
			(仮 受 消 費 税)	6,000
③	(仮 受 消 費 税)	157,000	(仮 払 消 費 税)	128,000
			(未 払 消 費 税)	29,000

解説 ③の未払消費税29,000円は仮受消費税157,000円と仮払消費税128,000円の差額になります。

商品売買

5 予約金

商品売買に先立って、代金の一部を予約金として受け渡すことがあります。このときに使用する2つの勘定科目をマスターしましょう。

商品売買時の予約金など

　商品売買を行う場合、取引確約のために代金の一部を予約金、手付金、あるいは契約金などとして事前に受け渡すことがあります。

　簿記では、この手付金などの受け渡しを、買主側では支払った金額を資産勘定の**前払金**、売主側では受取った金額を負債勘定の**前受金**で処理します。

知っておこう！
問題文では手付金や予約金などの表現が使われますが、勘定科目では必ず前払金、前受金を使用しましょう。

知っておこう！
たとえ50万円の正式な売買契約をしたとしても、金銭の授受がなければ仕訳には出てきません。

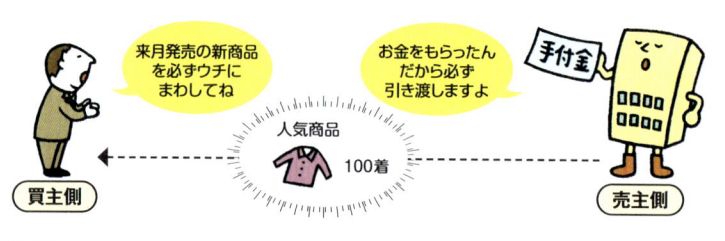

[例] A社は来月新発売される商品500,000円の予約金としてB社に現金100,000円を支払った。

A社（買主側）
（前　払　金）100,000　（現　　　金）100,000

B社（売主側）
（現　　　金）100,000　（前　受　金）100,000

商品引取時の処理

　予約金の受け渡しが行われている取引で、実際に商品の引き渡しがあれば、決済する代金は当然この予約金を控除した金額になります。

代金決済額

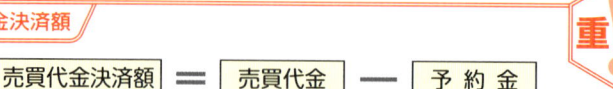

| 売買代金決済額 | ＝ | 売買代金 | － | 予約金 |

重要！

用語解説
予約解約
何らかの理由で予約を解約したときには、手付金などは返還されません。

　これまで学んできたように、商品は掛で取引するのが一般的です。したがって、そのような場合は、残金については掛取引と考えて処理します。

[例] 左ページの例より、予約金100,000円が現金で事前に受け渡しされていたが、本日商品500,000円の引き渡しが行われ、代金のうち200,000円は現金で、残額は掛とすることとした。

A社（買主側）

(仕 入) 500,000	(前 払 金) 100,000
	(現 金) 200,000
	(買 掛 金) 200,000

B社（売主側）

(前 受 金) 100,000	(売 上) 500,000
(現 金) 200,000	
(売 掛 金) 200,000	

用語解説
前渡金
前払金と同じ役割の勘定科目で、その名称が異なる資産勘定です。

知っておこう！
前払金などの受け渡しがある商品売買は、難易度が高い仕訳なので、きちんと処理できるようにしておきましょう。

日商簿記検定3級の予約金に関する出題では、事前に予約金の授受が完了していることを前提として、商品の引き渡しが行われた売主側、もしくは買主側の処理がしばしば出題されます。そのような出題では、一部代金を現金で処理し、残りを掛で処理するのが一般的な方法です。

練習問題

下記に示す取引を仕訳しなさい。

①A社より商品売渡代金150,000円の内金として20%に相当する金額を現金で受取った。
②先月B社より予約金10,000円を現金で受取っていたが、本日契約により商品100,000円をB社に引き渡して予約金を控除した残金を現金で受取った。
③C社より商品120,000円を仕入れ、代金のうち30,000円は内金として支払済であり、残金のうち50,000円は現金で支払い、残額は翌月支払うこととした。

解答

①	(現 金)	30,000	(前 受 金)	30,000		
②	(現 金)	90,000	(売 上)	100,000		
	(前 受 金)	10,000				
③	(仕 入)	120,000	(前 払 金)	30,000		
			(現 金)	50,000		
			(買 掛 金)	40,000		

解説
①お金を支払ったA社では下記の処理が行われています。なお前払金に代わる勘定として同様の性質を持つ前渡金勘定という資産勘定を用いて処理する方法もあります。
　A社（買主側）：(前　払　金) 30,000　(現　　　金) 30,000
②事前に受取っている予約金を、前受金勘定で処理していることに注意しましょう。
③取引全体の金額、また内訳金額を問題文から正確に読み取ることがポイントです。

商品売買

❻クレジット売掛金、受取商品券

会社がクレジットカード払いにより商品を販売したり、商品販売の対価として商品券を受け取るなどの特殊な商品販売取引を考えてみます。

クレジット売掛金

最近は比較的小さな販売店などでもクレジットカードによる支払が可能です。これはクレジット会社が仲介者になり、利用者から販売店に代わり代金を回収し、これを販売店に支払う代金決済システムです。

```
        クレジット会社
       ↗          ↘
     回収           支払
     ↗              ↘
   利用者  ←──────  販売店
             商品
```

販売店にとっては、顧客からの代金回収事務が省略でき、売上代金は必ずクレジット会社から回収できますから非常に便利なシステムです。ただし、その分だけクレジット会社に手数料の支払いをしなければならず、売上代金の一部が回収額から控除されます。

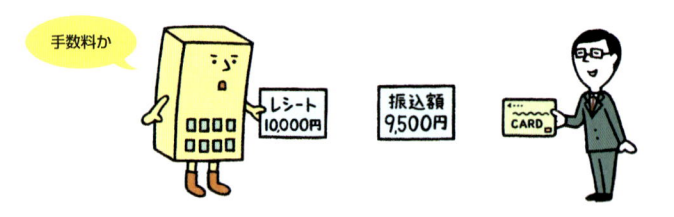

用語解説

回収不能
売上代金が得意先倒産などで回収できないことを貸倒と呼び、回収できなかった売掛金は貸倒損失という費用勘定に振替えます（➡P142）。

[例] 本日、商品10,000円を売上げたが顧客からクレジットカードが提示された。契約により5%はクレジット会社の手数料であるため、販売時にこれを計上した。

| （クレジット売掛金） | 9,500 | （売　　　　上） | 10,000 |
| （支 払 手 数 料） | 500 | | |

知っておこう！
クレジットカードの売上を示すために、クレジット売上勘定を用いることもあります。

クレジット売上に係る代金は毎月所定の日に、クレジット会社から自社の預金口座に振り込まれます。

[例] 上記のクレジット売掛金9,500円が本日、自社の普通預金口座に振り込まれた。

| （普　通　預　金） | 9,500 | （クレジット売掛金） | 9,500 |

知っておこう！
クレジット買掛金勘定という科目は、簿記では存在しません。

受取商品券

商品を販売して提携店などが発行する商品券（ギフトカード、ビール券、商店会発行商品券等）を受取ることがあります。もちろん、この商品券は後日現金化することができるので、受取時には資産勘定の**受取商品券**を計上します。

[例] 商品50,000円を販売し、30,000円は当市商店連合会発行によるギフトカードを受取り、残額は現金を受取った。

| （現　　　　金） | 20,000 | （売　　　　上） | 50,000 |
| （受 取 商 品 券） | 30,000 | | |

受取商品券は、提携している加盟店の統括事務所などに持参すれば現金化することができます。

[例] 上記の30,000円のギフトカードを加盟店連合会の本部に持参して現金30,000円を受け取った。

| （現　　　　金） | 30,000 | （受 取 商 品 券） | 30,000 |

自社でビール券やプリペイドカードを販売することも考えられます。この処理に関しては、日商簿記1級で発行商品券として学習します。

> **知っておこう！**
> 受取った商品券は他人振出小切手（→P54）のように即換金が可能です。しかし、簿記処理上は商品券を受取ったときには現金ではなく、受取商品券勘定を計上します。

練習問題

下記に示す取引の仕訳を示しなさい。

①商品20,000円をクレジットカードにより売上げた。カード会社への支払いが3％あるため、売上時に手数料を計上する。
②本日、上記のクレジットカード売上の代金19,400円が自社の普通預金口座に振り込まれた。
③商品10,000円を売上げ代金としてビール券を受取った。
④当月分の受取商品券の総額18,000円を商店連合会で精算し、現金を受取った。

解答
① （クレジット売掛金）19,400　（売　　　上）20,000
　 （支 払 手 数 料）　　600
② （普 通 預 金）19,400　（クレジット売掛金）19,400
③ （受 取 商 品 券）10,000　（売　　　上）10,000
④ （現　　　　金）18,000　（受 取 商 品 券）18,000

解説 クレジット売掛金、受取商品券は商品売上時に発生する資産勘定です。

現金・当座預金

1 現金勘定

簿記では、通貨以外のものも現金勘定で処理します。ここでは、この通貨以外の現金勘定にどのようなものがあるかをおぼえましょう。

現金勘定

ここまでの学習では諸費用の支払い、売買代金の決済、借入金の貸借などは、すべて現金勘定で処理してきました。これは学習上、代金決済は現金で考えるのがいちばん理解しやすいためです。

しかし、ひとくちに現金勘定といっても、それは通貨だけを指すのではなく、そこに含まれるものにはさまざまなものがあります。たとえば他人振出小切手など通貨と同じ価値のあるものもあり、それらをまとめて**通貨代用証券**と呼び、簿記では**現金勘定**として処理します。

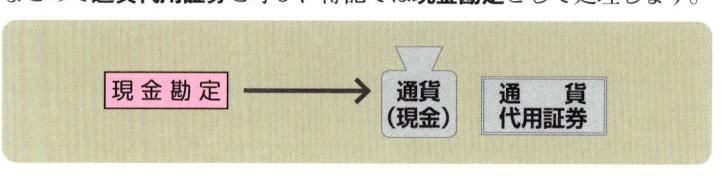

現金勘定 → 通貨(現金) 通貨代用証券

知っておこう!
資産勘定である現金は借方が入金で増加、貸方は支払で減少を示します。

通貨代用証券

下記に示す通貨代用証券は銀行等の金融機関で現金と簡単に引き換えることができます。

通貨代用証券の種類

他人振出小切手	売掛金の回収などとして受取った他社振出の小切手で銀行に持参すれば、即換金が可能。
郵便為替証券	郵便局で購入することができる証券で、送金手段として用いられます。この証券は郵便局に提示すれば即換金が可能。
送金小切手	高額の送金を目的にして銀行が発行する小切手。
配当金領収証	株式会社が株主に利益を分配するために発行する証券。
期限の到来した公社債の利札	国債や社債の利息受取りのための証券で、すでに利息の支払期日が到来しているもの。

用語解説

他人振出小切手
通貨代用証券ではもっとも一般的なもの(→P54)で、他社の振出した小切手を受取ったことを示します。

通貨代用証券の受取と当所払い

通貨代用証券は、**他人振出小切手**(たにんふりだしこぎって)のような売上代金などの回収時に受取るケースが一般的です。このようなときには、借方に現金勘定を計上します。

他人振出小切手受取時

(現 金)	×××	(売 上)	×××

この他人振出小切手は換金性が高いため、通貨に近い証券と考えることができます。そのため、この他人振出小切手を自社の何らかの支払に際して他社へ引渡すこともあります。

他人振出小切手の当所払い

(仕 入)	×××	(現 金)	×××

通貨代用証券に関する取引処理は、日商簿記検定3級の第1問に仕訳問題として出題されます。各証券類の名称と処理を理解しておきましょう。

知っておこう！
左頁の配当金領収証等の受取時の処理は、日商簿記検定2級で学習します。

知っておこう！
売上や仕入など収益や費用が発生する取引を、簿記では損益取引と呼びます。

練習問題

下記に示す取引を仕訳しなさい。

① A社より売掛金20,000円の回収として、A社振出の小切手を受取った。
② B社より顧客紹介の手数料として、5,000円の郵便為替証券を受取った。
③ C社より売掛金50,000円の回収としてN銀行振出の同額の送金小切手を受取った。

解答
① (現 金) 20,000　(売 掛 金) 20,000
② (現 金) 5,000　(受 取 手 数 料) 5,000
③ (現 金) 50,000　(売 掛 金) 50,000

解説
通貨代用証券は、保有すれば現金勘定を計上することになります。またこれら通貨代用証券は換金性が高いことから、買掛金などの支払手段として支払先に引き渡すこともあります。このときには貸方を現金勘定として処理することになります。

[例] 上記③のC社から受取った送金小切手を、N社に対する買掛金50,000円を支払うためにN社に引き渡した場合は下記の処理が行われます。

(買 掛 金) 50,000　(現 金) 50,000

現金・当座預金

2 小口現金

経理課など特定の部署だけで現金を管理することができないときは、各部署で現金管理を行います。このシステムと会計処理方法を理解しましょう。

小口現金制度

会社では、日々小額の経費精算などが発生します。会社の規模が大きくなれば、この精算だけでも大きな負担になります。そこで、現金の管理や精算を各部署の担当者に任せる方法があり、これを**小口現金制度**と呼びます。現金をより正確に管理することを目的に、常に一定額の保管と管理をさせることから**定額資金前渡制度**ともいいます。

経理課 → 現金管理独立 → 営業部（用度係）／財務部（用度係）／海外部（用度係）

経理課は各部署の用度係に一定額を独立管理させ、一定期間で区切りそれを取りまとめます。

知っておこう！
経費精算は、営業マンが使う交通費や交際費などをイメージしてください。

小口現金出納帳の記入

用度係は、自らの部署の現金を管理するため**小口現金出納帳**という**補助簿**（➡P98）への記入を行います。以下に示すように小口現金出納帳は、1カ月単位で記入することが多く、月末にとりまとめます。

小 口 現 金 出 納 帳

受入金額	日付		摘　　要	金　額	支　払　内　訳			
					交通費	通信費	交際費	雑　費
30,000	6	1	前 月 繰 越					
			J　R　代	380	380			
			切　手　代	500		500		
			ゴ ミ 袋	800				800
		29	得 意 先 A 社	2,500			2,500	
		30	計	26,000	7,300	3,700	10,000	5,000

これを、経理部が以下のように仕訳処理します。

（交　通　費）　7,300　　（小　口　現　金）26,000
（通　信　費）　3,700
（交　際　費）10,000
（雑　　　費）　5,000

↑ 6月分の合計で記入する

知っておこう！
各部署の用度係は仕訳をせず、経理部へ小口現金出納帳の支払額を報告し、経理部が左記の仕訳を行います。

小口現金の補給

各部署の用度係は経理課へ支払額を報告し、同額の資金補給が行われます。この補給は、小口現金支払額の報告が月末に行われる場合（**月末補給制**）と翌月の月初に行われる場合（**月初補給制**）があります。

この2つはそれぞれ、その締切方法が異なります。

月末補給制

小口現金出納帳

受入金額	日付		摘要	金額	支払内訳			
					交通費	通信費	交際費	雑費
30,000	6	1	前月繰越					
		30	計	26,000	7,300	3,700	10,000	5,000
26,000		〃	小切手補給					
		〃	次月繰越	30,000				
56,000			計	56,000				
30,000	7	1	前月繰越					

→ 月末に補給

月初補給制

小口現金出納帳

受入金額	日付		摘要	金額	支払内訳			
					交通費	通信費	交際費	雑費
		30	計	26,000	7,300	3,700	10,000	5,000
		〃	次月繰越	4,000				
30,000			計	30,000				
4,000	7	1	前月繰越					
26,000		〃	小切手補給					

→ 月初に補給

> **知っておこう！**
> 日商簿記検定3級では、月末補給制による出題がされます。

月末、月初補給時にいずれも下記の処理が行われます。

用度係への補給時

（小 口 現 金）26,000　（当 座 預 金）26,000

> **知っておこう！**
> 小口現金制度の場合、ほとんどの会社では、その補給を小切手で行うため、貸方は当座預金勘定で仕訳処理します。

練習問題

用度係から下記の小口現金支払いの報告があり、小切手の補給を同額だけ行った。このときの仕訳を示しなさい。

支払額の内訳：通信費　3,000円、消耗品　4,000円、雑費　1,000円

解答

（通　信　費）3,000	（小　口　現　金）8,000
（消　耗　品）4,000	
（雑　　　費）1,000	
（小　口　現　金）8,000	（当　座　預　金）8,000

解説　貸方と借方の小口現金を相殺して、一括した仕訳とし、貸方当座預金8,000円としても正解です。

現金・当座預金

3 現金の過不足

期中において現金の記帳を行っている際、帳簿と実際の残高が合わないことがあります。その場合の処理について学習してみましょう。

現金過不足の発生

現金の収支管理をきちんと行っていても、現金勘定の残高（帳簿残高）と実際の現金の残高（実際残高）が合わないことがあります。このような場合には帳簿を修正して、実際の現金残高にその額を合わせるという作業を行います。

① 現金の帳簿残高 > 現金の実際残高 ⟶ 現金勘定をマイナス
② 現金の帳簿残高 < 現金の実際残高 ⟶ 現金勘定をプラス

現金の過不足は何らかの収支記録漏れが原因なので、当然その理由を明らかにしなければなりません。帳簿上、その原因が判明するまでは**現金過不足勘定**という勘定を用いて一時的な調整を行います。

実際残高が不足しているケース…上記①
（現金過不足） ××× （現　　　金） ×××

実際残高が超過しているケース…上記②
（現　　　金） ××× （現金過不足） ×××

現金過不足勘定は現金の不足、超過いずれの場合にも使用します。この勘定は、現金残高を調整するために用いる特殊な勘定科目で、簿記では**中間勘定**という特殊な属性を持つ科目として取り扱います。

[例] 現金の帳簿残高が8,000円であり、金庫の中の現金の実際残高は7,000円であった。

（現金過不足） 1,000 （現　　　金） 1,000

（現金の帳簿残高をマイナスして実際残高に一致させる）

[例] 金庫の中には現金12,000円があるが、現金勘定の残高は10,000円であった。

（現　　　金） 2,000 （現金過不足） 2,000

（現金帳簿残高が不足しているのでプラスする）

知っておこう！
現金を減少させるときは貸方、増すときは借方です。

用語解説
現金過不足
現金残高を調整するため期中にだけ計上される特殊な勘定科目です。

用語解説
中間勘定
資産〜収益5つの分類のどこにも属さない勘定科目で中性的な意味を持っています。

不一致の原因判明時

現金の過不足が発生した場合、その残高は現金過不足勘定を用いて調整します。しかし、この調整は一時的なものであり、過不足の発生原因をただちに調べなければなりません。

もし、原因が明らかになったときには、現金過不足勘定を**該当する勘定**へ振替えます。

用語解説
振替
仕訳を行うことにより、ある勘定から別の勘定へ金額を移動させる作業のことをいいます。

〔例〕かつて（左ページ）計上した現金不足額1,000円は、交通費を支払った際の記帳漏れであることが判明した。

| （交　通　費） 1,000 | （現 金 過 不 足） 1,000 |

〔例〕先日（左ページ）計上した現金超過額2,000円は、取引先から受取った手数料の記帳漏れであることが判明した。

| （現 金 過 不 足） 2,000 | （受 取 手 数 料） 2,000 |

この現金過不足勘定は、その原因が判明するまではそのまま計上しておきます。しかし、決算になっても原因が判明しないときは特別な処理が必要です（➡P148）。

また、毎月末に現金残高のチェックを行っているような会社では、毎月不足や超過が発生することが考えられます。このようなときには、当月の不足額や超過額を現金過不足勘定に計上し、前月から繰越している計上済のものと合計します。

知っておこう！
現金過不足の発生というのは、対外的に好ましいことではありません。したがって、できるだけ早くその原因を調査する必要があります。

練習問題

下記に示す取引を仕訳しなさい。ただし①と②は連続取引、③は独立取引として考えること。

①期中で現金不足3,500円を発見した。ただちに原因調査をしたところ2,000円は消耗品費であることが判明したが、残額は原因が不明であった。
②上記不足額1,500円は郵便切手購入時の計上漏れであることが判明した。
③現金超過額4,000円を現金過不足勘定の貸方で計上していたが、本日この超過原因のうち3,000円は売掛金回収の記帳漏れであることが判明した。ただし残額1,000円は依然原因不明のままである。

解答
① （消 耗 品 費）2,000　　（現　　　　金）3,500
　 （現 金 過 不 足）1,500
② （通　信　費）1,500　　（現 金 過 不 足）1,500
③ （現 金 過 不 足）3,000　　（売　掛　金）3,000

解説
①過不足発生時にただちに原因が判明したものは現金過不足を計上する必要はありません。
②このような取引処理は判明分を先に借方で処理し、相手科目を現金過不足として相殺します。
③超過原因の判明分だけを処理し、原因不明分は現金過不足勘定へそのまま計上しておきます。

現金・当座預金

4 当座預金

金額が大きい決済には当座預金という事業用の預金口座を用います。ここでは、その引き出しに使う小切手の特徴を理解しましょう。

当座預金口座とは

当座預金は、事業者が大口取引をするために開設する特殊な預金口座であり、事業規模など、ある程度の信用がなければ開設できません。

当座預金は無利息の預金で、その開設にあたっては銀行に**担保**を提供しなければなりません。また、預金の引き出しは**小切手**と呼ばれる証券を用いて行います。当座預金は、あらかじめ担保の提供をしているので実際残高を超えて支払いができるという利便性があります。

知っておこう！
会社は、当座預金以外にも普通預金などの口座があります。学習上はいろいろな預金口座の処理も理解しておきましょう。

小切手の振出

小切手は証券としての機能を持たせるために一定の事項を記入して、これを支払先に引き渡します。この作成から支払先への引き渡しまでの作業を**小切手の振出**と呼びます。

用語解説
担保
債務者が借りたお金などを返せないときに、債権者へその損害を補うために設けるものです。会社の土地や建物などを担保とすることが多く、抵当ともいいます。

[例] 豊島産業が大森商会の買掛金50,000円を支払うために、自らの当座預金口座で決済する小切手を豊島産業が振出した。

豊島産業の小切手振出時の会計処理

(買　　掛　　金) 50,000　(当　座　預　金) 50,000

控　　　　　　　　　本券

```
007032910        No.007032910        小 切 手
令和X3年3月29日                    支払場所  東京都千代田区大手町1の2
金額 ¥50,000                              (株)平成銀行本店
支払先 大森商会                    金額  ¥50,000
摘要 2月分買掛金                   上記の金額をこの小切手と引き換えに持参人にお支払いください。
                                   振出日  令和X3年3月29日
                                   振出地  東京都北区大山田2-3  振出人  豊島産業  [印]
```

(注意) 本券と控
小切手の左側にミシン線が入っています。ここを切り取って右側のほう（本券）を支払先に渡します。左側（控）は、振出した小切手の証拠になります。

大森商会の小切手受取時の会計処理

(現　　　　　金) 50,000　(売　　掛　　金) 50,000

大森商会はこの小切手を現金化するか、自社の預金口座へ入金するためには、大森商会の取引銀行にこの小切手を持参する必要があります。これを**小切手の取立**と呼びます。

知っておこう！
大森商会は、他人（豊島産業）振出の小切手を受取ったことになるので、借方は現金勘定になります。

小切手の決済

小切手の換金は、相互の取引銀行が手形交換所と呼ばれる機関を通じて行います。

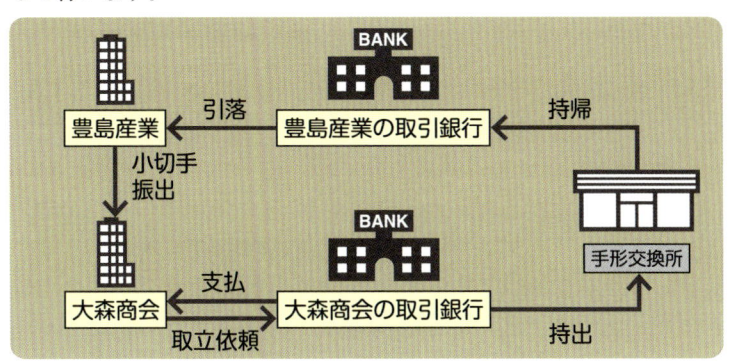

用語解説
手形交換所
各地の金融機関の申し合わせにより手形や小切手の交換決済をするための場所をいいます。

豊島産業は小切手振出時に、貸方へ当座預金を計上しました。また受取人である大森商会は、この小切手の受取時に借方へ現金を計上しました。その後、大森商店は取引銀行に小切手を取立依頼して、実際に入金したときに借方へ当座預金を計上します。

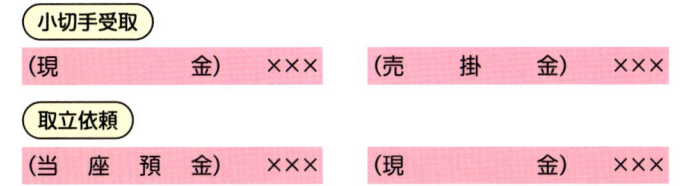

知っておこう!
取引先から受取った小切手を、自社の支払いのために使用することもできます（➡P49）。

小切手受取

(現　　　　金)	×××	(売　掛　金)	×××

取立依頼

(当　座　預　金)	×××	(現　　　　金)	×××

練習問題

下記に示す取引の仕訳をしなさい。

①自社はA社に対する買掛金40,000円を支払うため同額の小切手を振出した。
②B社とC社より売掛金の回収としてそれぞれ20,000円と30,000円の小切手を受取った。この小切手のうちB社分20,000円はただちに取立依頼に出し、当座預金へ預入れた。
③上記C社より受取った小切手30,000円はN社から同額の商品を仕入れた際に支払のために引き渡した。

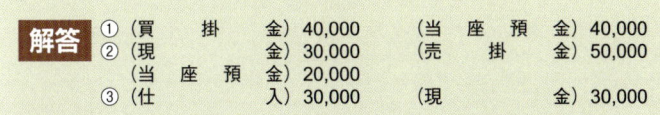

解答
① (買　掛　金) 40,000　　(当　座　預　金) 40,000
② (現　　　　金) 30,000　　(売　掛　金) 50,000
　 (当　座　預　金) 20,000
③ (仕　　　　入) 30,000　　(現　　　　金) 30,000

解説
①小切手を振出した場合は、資産勘定である当座預金をマイナスします。
②他社から受取った小切手は簿記では現金勘定の借方で処理をします。しかし、この小切手をただちに取立依頼に出して当座預金へ入金するような場合には現金勘定は計上しないので注意しましょう。
③自社で他人振出小切手を支払いに使用すれば、受取時に計上していた現金勘定をマイナスします。

現金・当座預金

5 当座借越

会社が当座預金残高を超えて小切手を振出した場合、預金残高の超過分は銀行からの借入になります。この借入に関する処理方法を学びましょう。

当座借越の利用

　当座預金は営業用の口座であるため、入出金が頻繁に発生します。事情によっては、残高を超えて小切手振出が行われることもあります。このようなときは、預金残高不足による**不渡小切手（不渡手形）**を発生させたことになり、銀行取引停止処分を受けることもあります。

　そこで、当座預金口座を開設する際には事前に銀行へ**担保**を提供して、一定額を限度に不足額を自動的に借入れられるように準備しておきます。

　これにより、当座預金残高を超えて小切手を振出すことができ、このようなときには銀行から借入をしている状態になります。この借入金を**当座借越**と呼びます。

　もし当座預金残高を超えて小切手が振出す場合にも、貸方は当座預金勘定で処理します。

用語解説

不渡小切手
小切手振出人の預金残高が少なく、決済することができなかった小切手のことです。

知っておこう！
銀行取引停止処分は、すべての銀行と取引できなくなってしまう厳しい処分です。

〔例〕仕入先A社へ買掛金10,000円を支払うために、小切手を振出した。なお、本日の当座預金残高は3,000円であった。ただし、自社は当座預金口座開設の際に銀行との間で100,000円を限度とする当座借越に関する契約を締結している。

（買　掛　金）10,000　　（当　座　預　金）10,000

用語解説

当座借越
預金残高を超えて小切手を振出し、銀行借入をしていることを示します。

　本来、当座預金は資産勘定ですから借方のほうが貸方より多い状態のはずです。しかし、当座借越が発生しているときは、この状態が逆転して貸方のほうが多くなっています。

残高試算表

	当座預金　7,000

決算における当座借越

当座預金は、銀行での限度額までは小切手を振出しても決済はしてくれます。しかし、当座預金残高を超えた小切手の振出しは当座借越といって銀行から借入をしている状態になっています。

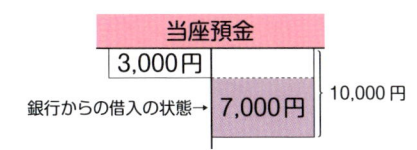

```
       当座預金
    ┌─────────┐
    │ 3,000円 │
    ├─────────┤
    │ 7,000円 │ 10,000円
    └─────────┘
銀行からの借入の状態→
```

決算で当座預金勘定がこのような貸方残高（借方より貸方が多い状態）になっているときには、この超過部分を負債勘定の**当座借越**に振替える処理を行います。

[例] 決算において当座預金勘定は貸方のほうが借方より7,000円多い状態になっていたので、当座借越を計上する。

決算整理仕訳

（当 座 預 金）7,000　　（当 座 借 越）7,000

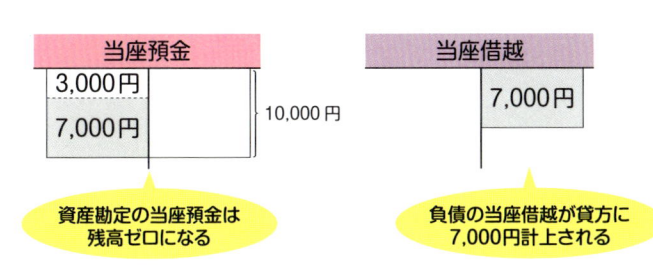

```
    当座預金                    当座借越
┌─────────┐              ┌─────────┐
│ 3,000円 │              │         │
├─────────┤ 10,000円      │ 7,000円 │
│ 7,000円 │              │         │
└─────────┘              └─────────┘
```

資産勘定の当座預金は残高ゼロになる　　負債の当座借越が貸方に7,000円計上される

知っておこう！
当座預金勘定は、本来は資産勘定です。しかし、借入が発生しているときには貸方の残高になり、負債を示すこともあるということです。

知っておこう！
当座借越はB/Sに借入金として計上されます。

用語解説
再振替仕訳
当座借越を計上した翌期首には、決算時の処理を相殺するため、貸借逆の仕訳を行います。

練習問題

下記に示す当座預金の一連の仕訳を示しなさい。

①買掛金1,000円を決済するために小切手を振出した。なお、当日の当座預金残高は800円であった。ただし、銀行と当座借越契約2,000円を締結している。
②本日、決算となったので上記の当座預金勘定の修正仕訳を行った。
③②の翌日に再振替仕訳を行った。

解答
① （買　掛　金）1,000　　（当　座　預　金）1,000
② （当　座　預　金）　200　　（当　座　借　越）　200
③ （当　座　借　越）　200　　（当　座　預　金）　200

解説 ①では800円しか当座預金残高がないため、200円の当座借越が発生します。しかし期中では、貸方には当座借越勘定は計上しないので注意しましょう。

現金・当座預金

6 普通預金ほか

当座預金口座は大規模な企業しか開設できず、一般企業の多くは普通預金口座を利用します。ここでは、普通預金口座について学習します。

普通預金勘定

会社では、希望すれば銀行に普通預金口座を開設することができます。会社の普通預金口座は、私達が利用している普通預金口座と同じように預入や引出が行われます。

預入のケース
・売掛金振込入金
・手形代金入金
・予約金等の入金
・現金売上代金預入

引出のケース
・諸費用の自動引落
・買掛金支払の振込
・借入金期日返済
・給料の支払

> **知っておこう！**
> 銀行の預金なら普通預金ですが、郵貯なら普通貯金になります。ただし、簿記学習では郵便貯金は取扱いません。

普通預金は資産勘定ですから、その預入や引出はそれぞれ借方と貸方で増減が記録されます。この取引をその都度記録することが基本ですが、通帳を参考に後日一括して仕訳を行うことも考えられます。

〔例〕下記の普通預金の通帳を参考にして仕訳を示しなさい。

普通預金7

日付		摘要	引出額	預入額	残高
5	15	キュウリョウ	135,000		省略
	20	スイドウダイ	8,620		
	25	トヨナガ（カブ）※		200,000	

(以下省略)

※5月25日は豊永商事(株)からの売掛金の振込入金である。

普通預金の通帳は、よく見ると私達が商業簿記で学習している借方と貸方が逆になっていて、引出額は左側で預入額が右側になっています。これは、銀行簿記独特の特徴だと考えてください。

5月10日	（給　　　　　料）135,000	（普　通　預　金）135,000
20日	（水　道　光　熱　費）8,620	（普　通　預　金）8,620
25日	（普　通　預　金）200,000	（売　　掛　　金）200,000

> **知っておこう！**
> 最近はネットバンキングを使用する会社も多いようです。ネットバンキングも普通預金口座と考えて処理をすることになります。

複数の預金口座の処理

会社にはメインバンクといって、もっぱら取引を行っている銀行があります。また、これ以外にも近隣の銀行や信用金庫等に預金口座を開設することがあります。

会社で複数の預金口座を利用している場合には、第3章で説明する補助簿を用いて口座残高などを把握する方法があります。

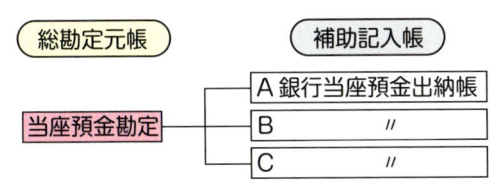

```
総勘定元帳        補助記入帳
              ┌ A銀行当座預金出納帳
当座預金勘定 ─┼ B      〃
              └ C      〃
```

また、口座管理のために総勘定元帳内に独立した銀行名を用いた勘定口座を設ける方法もあります。

　　　当座預金A銀行勘定
　　　当座預金B銀行勘定
　　　　　　︙
　　　普通預金C銀行勘定
　　　普通預金D銀行勘定

この方法だと補助簿はいらないですよ

問題では、単に普通預金、当座預金勘定で処理するか、銀行名称別の科目を使用するかは指示があります。

用語解説

補助記入簿
補助簿にはいろいろな種類のものがあります。当座預金出納帳は当座預金の増減内訳を明確にするための補助簿です（→P102）。

知っておこう！

この銀行別預金口座の方法によれば、各銀行別にそれぞれ勘定口座を設けるので、大企業では取引銀行が多くあるため用いることはありません。

練習問題

下記に示す取引を仕訳しなさい。

①普通預金口座へ得意先から来月納品のための手付金20,000円が振込まれた。
②仕入先N社へ買掛金30,000円を支払うためにG銀行の小切手を振出した。なお、当社では銀行別の当座預金勘定を用いている。
③K銀行の普通預金からガス料金10,000円が引落された。なお、当社では銀行別の普通預金勘定を用いている。

解答
① （普　通　預　金）20,000　　（前　受　金）20,000
② （買　掛　金）30,000　　（当座預金G銀行）30,000
③ （水　道　光　熱　費）10,000　　（普通預金K銀行）10,000

解説　普通預金口座の取引は預入、引出をそのまま処理します。また、銀行別の名称を用いた処理は、その名称を付した預金勘定を使用します。

手形取引その他

1 約束手形

ここで学ぶ約束手形はどのようなときに用いられるものなのか、振出から決済までの一連の流れをしっかり理解しましょう。

手形とは何か

通常、**掛取引**を行う場合は、事前に当事者同士で掛代金の請求日、決済日などを決めます。しかし、買主側の資金繰りが厳しくなれば、事前に取り決めた決済日に決済が行われないこともあります。

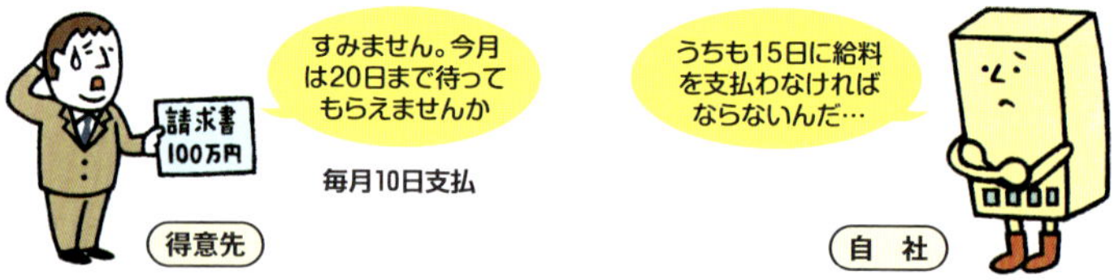

> すみません。今月は20日まで待ってもらえませんか
> （得意先：請求書100万円、毎月10日支払）

> うちも15日に給料を支払わなければならないんだ…
> （自社）

このようなことが起こると、自社も資金繰りに困ることになります。そこで、掛代金を指定の日に確実に決済するため**手形**という証券を用いることがあります。手形には支払日、支払金額、また支払いをする銀行が明記されており、支払日には必ず代金決済ができます。

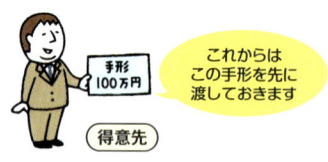

> これからはこの手形を先に渡しておきます
> （得意先：手形100万円）

約束手形

約束手形は債務者が作成し、いつその支払いをするかを明確にした証券です。

手形を作成して相手に引き渡すことを**振出**と呼び、負債勘定の**支払手形**を計上します。また受取った側は、将来手形代金が入金するとして資産勘定の**受取手形**を計上します。

債務者	約束手形	債権者
支払手形 を計上	→ 振出	受取手形 を計上

知っておこう！

掛取引は、私たちが利用するカード決済と同じように、締日や決済日を事前に決めておくことが前提です。

用語解説

手形の振出

手形は振出により、代金の支払いに対する責任を負うことになります。もし手形の決済ができなければ、不渡手形を発生させたことになり、銀行取引停止処分という金融制裁を受けることになります（⇒P56）。

用語解説

債権者と債務者

債権者はお金を返してもらえる権利のある者、債務者はお金の支払いをしなければならない義務がある者です。

約束手形の振出と受取

手形は一般的に**掛代金の決済**に用いられます。ただし、手形を使用しても本当に掛代金が決済されたわけではありません。

[例] 大宮商事は令和X3年3月15日に千葉物産の買掛金30,000円を決済するため、令和X3年4月20日が支払日の約束手形を振出した。

用語解説

約束手形の名宛人
約束手形の名宛人は、手形代金の受取人のことを指します。

```
No.3526         No.3526              約束手形
振出日  令和X3年3月15日    収入      千葉物産 殿      名宛人・受取人      支払期日  令和X3年4月20日
金額   ¥30,000          印紙      金額                                 支払地   東京都千代田区
                       印        ¥30,000※                           支払場所  東京銀行新橋支店
受取人  千葉物産                   上記の金額をあなたまたはあなたの指図人へ
摘要   2月分買掛金                 この約束手形と引き換えにお支払いいたします。
                                 令和X3年3月15日
                                 振出人 大宮商事  印    振出人
```

〔大宮商事〕
(買　　　掛　　　金) 30,000　　(支　払　手　形) 30,000

〔千葉物産〕
(受　取　手　形) 30,000　　(売　　　掛　　　金) 30,000

手形は、支払期日に保有する会社が銀行へ取立依頼をすることにより決済できます。これは小切手の決済（→P55）と同じ流れです。

知っておこう！
約束手形は、振出したときには貸方に支払手形勘定を計上します。

[例] 上記の手形が4月20日の支払期日に相方の会社の当座預金口座を通じて決済された。

〔大宮商事〕
(支　払　手　形) 30,000　　(当　座　預　金) 30,000

〔千葉物産〕
(当　座　預　金) 30,000　　(受　取　手　形) 30,000

手形の決済により、両社の債権と債務が実質的に決済されます。

知っておこう！
手形法という法律では、手形には約束手形と為替手形があるとしています。ただし、日商簿記検定試験では為替手形は出題されません。

練習問題

下記に示す取引を仕訳しなさい。

① A社はB社の買掛金2,000円を決済するためにB社宛の約束手形を振出した。
② B社は上記手形の支払期日に手形代金2,000円を取立て当座預金に入金した。A社はこの手形代金が当座預金口座から引き落とされた。

解答

	A　社　（手形振出人）				B　社　（手形受取人）			
①	(買　掛　金)	2,000	(支払手形)	2,000	(受取手形)	2,000	(売　掛　金)	2,000
②	(支払手形)	2,000	(当座預金)	2,000	(当座預金)	2,000	(受取手形)	2,000

解説 上記のような掛代金の決済ではなく、商品売買に際して直接、手形が振出されるような問題もあります。

手形取引その他

2 手形貸付金・借入金

借金をするとき、債権者と債務者の間で貸借の事実を証明するために借用書を取り交わします。この借用書の代用に約束手形を用いることがあります。

金銭貸借契約の処理

会社間で金銭の貸借が発生した場合、金額や返済期日、利息などの詳細を記載した証書を取り交わします。この証書を**借用書**と呼びます。

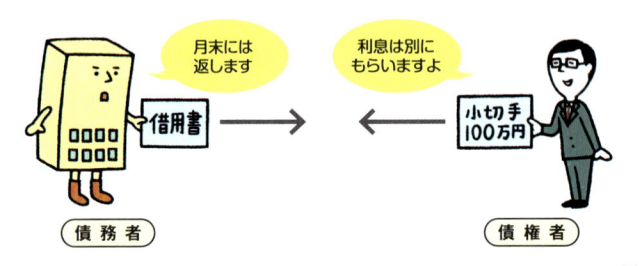

【用語解説】

借用書
借用書は通称で、法律的には金銭消費貸借契約書と呼びます。

借用書は、お金を貸した債権者にとっては自らの債権である**貸付金**の存在を示す重要な証書になります。ただ、金銭の貸借があれば借用書の有無にかかわらず、債権者には資産勘定である**貸付金**が、また債務者には負債勘定の**借入金**が計上されます。

【知っておこう！】

金銭貸借はアパート貸借と同じように、その財産を自由に利用することができるサービスを提供したと考えます。このサービスの対価が利息ということです。

[例] A社は資金繰りが厳しいのでB社より現金500,000円を借入れた。

A社（債務者）
（現　　　金）500,000　（借　入　金）500,000

B社（債権者）
（貸　付　金）500,000　（現　　　金）500,000

借用書は、貸借金額など法律上の必要事項が記載されています。さらにこの借用書には印紙税法により貸借金額に応じて証紙（印紙）を貼付しなければなりません。

そこで、この借用書を相互に取り交わすことを省略して、債務者が債権者宛に借用書の代用として約束手形を振出すことがあります。

【知っておこう！】

一定の契約書などには、印紙を貼る必要があります。例えば50万円の借用書であれば、相互に保有する借用書各1通に400円の印紙を貼付しなければなりません。しかし、これが約束手形なら200円の印紙で済みます。

手形を用いた金銭貸借

会社間で商品売買の決済をする際に用いる手形（➡P60）は、商取引で使用されるため**商業手形**と呼び、これに対して金銭貸借時に借用書の代用として用いる手形を**金融手形**と呼びます。

金融手形が用いられる場合、貸付金と借入金を手形とミックスした下記のような勘定科目を用います。

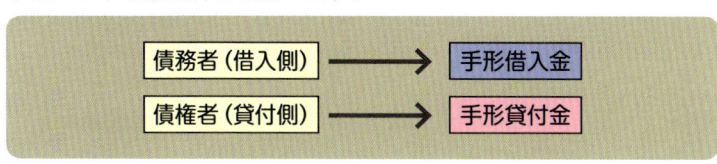

| 債務者（借入側） | → | 手形借入金 |
| 債権者（貸付側） | → | 手形貸付金 |

知っておこう！
実際の取引では商業手形が中心です。しかし、日商簿記検定3級では金融手形も出題されます。

用語解説
金融手形の種類
金融手形として用いられるのは約束手形です。お金を借りる債務者が貸した側を受取人として約束手形を振出すことになります。

[例] A社はB社から10,000円を借入れ、利息1,000円を差し引いた金額を現金で受取った。A社はこの借入の見返りにB社宛の約束手形10,000円を振出した。

A社（債務者）

| （現　　　金） | 9,000 | （手 形 借 入 金） | 10,000 |
| （支 払 利 息） | 1,000 | | |

B社（債権者）

| （手 形 貸 付 金） | 10,000 | （現　　　金） | 9,000 |
| | | （受 取 利 息） | 1,000 |

練習問題

下記に示す取引をA社、B社についてその仕訳を示しなさい。

① A社はB社より現金500,000円を借入れて、A社振出、B社を名宛人（受取人）とする同額の約束手形を振出した。
② 上記の返済期限となったためA社はB社に貸借額500,000円に利息2,000円を加えた金額の小切手を振出した。

解答

	A 社 （債務者）	B 社 （債権者）
①	（現　金）500,000　（手形借入金）500,000	（手形貸付金）500,000　（現　　金）500,000
②	（手形借入金）500,000　（当座預金）502,000 （支 払 利 息）2,000	（現　金）502,000　（手形貸付金）500,000 （受 取 利 息）2,000

解説
① 問題文から債権者（B社）と債務者（A社）を正確に読み取りましょう。また、金銭の貸借があったことと約束手形が存在することから手形貸付金勘定、手形借入金勘定を使用することも忘れないようにしましょう。
② 借入金返済の手段にA社振出の小切手が用いられています。この小切手を受取ったB社は他人振出小切手の受入れですから借方は現金勘定です。

手形取引その他

3 電子記録債権・債務

最近は手形に代わって、第三者が管理する機関のコンピュータにより掛代金の決済等を行う電子取引がしばしば行われます。

第三者機関による掛代金決済

債権者と債務者は相互に同意すれば将来の一定日に、その債権・債務が自動的に決済されることを第三者機構に委託することができます。

知っておこう！
電子記録による掛代金決済は、手形取引をペーパーレス化した取引ということになります。

[例] A社はB社に対する買掛金100,000円を翌日20日に決済する旨を債権管理機構に登録し、その旨がB社にも連絡された。

A社 （買　　　掛　　　金）100,000　（電 子 記 録 債 務）100,000

B社 （電 子 記 録 債 権）100,000　（売　　　掛　　　金）100,000

第三者機構に掛代金を委託登録しておけば、指定日には債務者の預金口座から登録額の引落しが自動的に行われ、債権者の預金口座への代金が振込まれることになります。

[例] 上記の電子記録債権債務が決済日に当座預金を通じて決済された。

A社 （電 子 記 録 債 務）100,000　（当　座　預　金）100,000

B社 （当　座　預　金）100,000　（電 子 記 録 債 権）100,000

知っておこう！
電子記録決済は事前に債権者・債務者が決済金額や決済日などの一定事項を登録する必要があります。

電子記録債権の換金化

電子記録債権は、期日前に換金することができます。

[例] F社は保有する電子記録債権500,000円のうち、100,000円を換金することとし、売却手数料5,000円を差引いた残額を普通預金口座に入金した。

（普　通　預　金）　95,000　（電 子 記 録 債 権）100,000

（電子記録債権売却損）　5,000

用語解説
債権譲渡
電子記録債権の換金化は、債権を譲渡した取引ということになります。

電子記録債権の譲渡

電子記録債権は、第三者機構がコンピュータにより債権・債務者や決済日、債権金額を管理しています。したがって、もし、電子記録債権者が希望をすれば左頁の一部換金や債権を譲渡することも可能です。

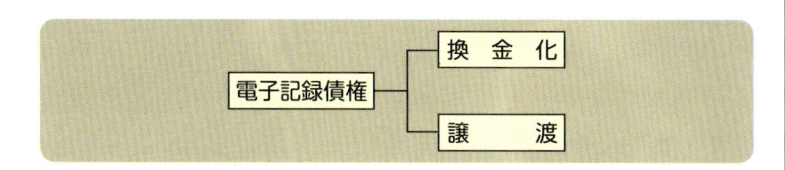

電子記録債権 ─┬─ 換 金 化
　　　　　　　└─ 譲　　渡

電子記録債権の換金化には手数料の支払いが必要でした。しかし、電子記録債権の譲渡には手数料は必要なく、その金額が減少するだけです。

知っておこう！
電子記録債権の換金化や譲渡は約束手形にも認められる取引です。ただし、手形に関するこれらの処理は2級で学習します。

[例] K社は仕入先P社に対する買掛金70,000円を決済するために保有する電子記録債権を同額だけP社へ譲渡することを管理機構に委託した。P社もその旨の連絡を機構から受けた。

K社：（買　　掛　　金）70,000　（電 子 記 録 債 権）70,000
P社：（電 子 記 録 債 権）70,000　（売　　掛　　金）70,000

債権や債務の電子化は、手形等の証券発行の手間や約束手形の印紙代節約などの理由によるもので、今後ますますペーパーレス化が進むものと考えられます。

練習問題

下記に示す取引を仕訳しなさい。

①A社に対する買掛金150,000円を決済するため、来月末に支払をする旨、電子記録債権機構へ委託登録した。
②保有する電子記録債権500,000円のうち、200,000円をB社に対する買掛金を決済するために譲渡することにし、その旨を債権管理機構に委託した。
③運転資金不足のために保有する電子記録債権200,000円を3,000円の手数料を支払って換金化し、代金は当座預金に入金した。

解答
① （買　　掛　　金）150,000　（電 子 記 録 債 務）150,000
② （買　　掛　　金）200,000　（電 子 記 録 債 権）200,000
③ （当　座　預　金）197,000　（電 子 記 録 債 権）200,000
　（電子記録債権売却損）3,000

有形固定資産

1 固定資産の購入

ここでは固定資産とは何か、またこの固定資産を計上する場合の注意事項について学習します。特に、付随費用の取り扱いに注意しましょう。

固定資産とは何か

貸借対照表に計上される資産には、現金などのように財産的価値のあるものや、売掛金や貸付金などのように金銭を受取ることができる権利などが含まれました（→P18）。これらの現金や売掛金は近い将来、支払手段となりうるものなので、簿記では**流動資産**として取り扱われます。

一方、短期的な支払いに用いられる財産ではなく、建物や備品のように長期的に会社が営業目的で使用する財産もあり、これらは流動資産に対して**固定資産**と呼びます。基本的には、会計期間の1年間で現金化できる資産を流動資産、それ以外は固定資産になります。

さらに会社設立時の会社登記などの費用で、支払は終わっているが、その効果が将来にわたって続くものを繰延資産に分類します。

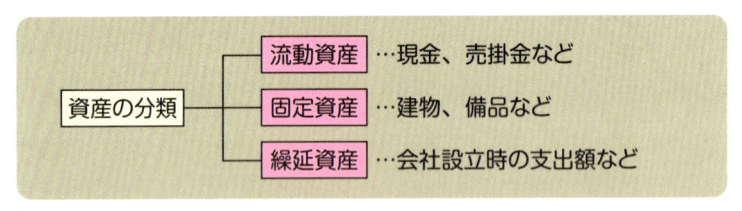

```
           ┌ 流動資産 …現金、売掛金など
資産の分類 ─┼ 固定資産 …建物、備品など
           └ 繰延資産 …会社設立時の支出額など
```

用語解説

繰延資産
会社設立時の支出額などは、支払が終わったあとも将来にわたってその効果が継続すると考えることができます。ただし、この繰延資産は、日商簿記検定1級の学習範囲です。

固定資産はさらに細かく分類することができます。実体のある建物や備品を有形固定資産、また特許権や、店の格式や信用を表す「のれん」のように実体のない無形固定資産、さらに長期貸付金などの投資その他の資産と呼ばれる3つの区分です。

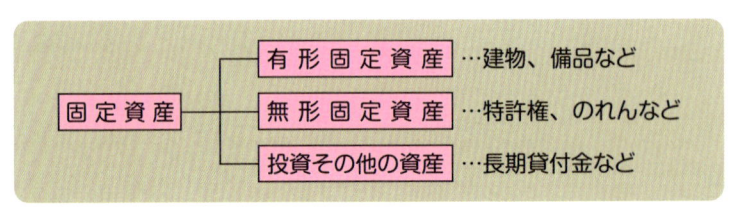

```
         ┌ 有形固定資産 …建物、備品など
固定資産 ─┼ 無形固定資産 …特許権、のれんなど
         └ 投資その他の資産 …長期貸付金など
```

知っておこう！

無形固定資産や投資その他の資産は、日商簿記検定3級では学習しません。

固定資産の購入

会社が固定資産を購入した場合、その取得原価は、購入金額に取得のために支払った手数料等の付随費用を加算した金額になります。

取得原価の計算方法

取得原価 ＝ 購入金額 ＋ 付随費用

重要

付随費用には、支払手数料や固定資産設置のための据付費用、土地など不動産の登録免許税のようなものまで含まれます。

知っておこう！
固定資産購入関連費用は消費税を除き、すべて付随費用になります。

付随費用の考え方

これまでにも商品の引取運賃や支払手数料を取得原価に加算してきました。この付随費用は、なぜ商品や固定資産の原価に加算するのでしょうか。

通常、費用と収益の対応には時間差があり、たとえば当期に仕入れた商品が、必ずしもその期中で販売できるわけではありません。また、固定資産の取得原価も減価償却という**費用配分の原則**により固定資産を使用している各期間に配分します。

つまり、付随費用を原価の一部とすることにより、その後の営業活動により得られる収益と対応関係を持たせることを目的にしているということなのです。

用語解説
費用配分の原則
商品の仕入原価や固定資産の取得原価を各会計期間に配分しようという考え方です。

用語解説
費用収益対応の原則
費用は最終的に収益と対応関係を持たせるという会計の基本的思考です。

練習問題

下記に示す取引を仕訳しなさい。

① 土地1,000,000円を購入し、不動産屋に仲介手数料50,000円、土地登記のための登録免許税30,000円、また整地費用100,000円が発生し、500,000円は現金で支払い残額は小切手を振出した。

② 事務用の備品300,000円を購入し、自社仕様にセットアップするために発生した手数料50,000円、備品運搬に要した運賃20,000円の全額を小切手を振出して支払った。

解答
① (土　　地) 1,180,000　(現　　　金) 500,000
　　　　　　　　　　　　　(当 座 預 金) 680,000
② (備　　品) 370,000　　(当 座 預 金) 370,000

解説　固定資産購入に際して発生する諸費用は、付随費用として取得原価に算入します。付随費用は問題文において、固定資産の購入における資料として与えられるので、それを取得原価に算入しましょう。

有形固定資産

2 固定資産の売却

ここでは固定資産の売却を学習します。この内容は、第5章の決算手続において減価償却を学習してから再度復習するとよいでしょう。

固定資産の価値減少

　建物や備品などの固定資産は、使用していけば少しずつ老朽化してその**価値は減少**していきます。簿記ではこの価値の減少を、**減価償却**という方法により資産原価をマイナスしていきます。ただし、一部は**残存価額**として残すため、価値が0になることはありません。

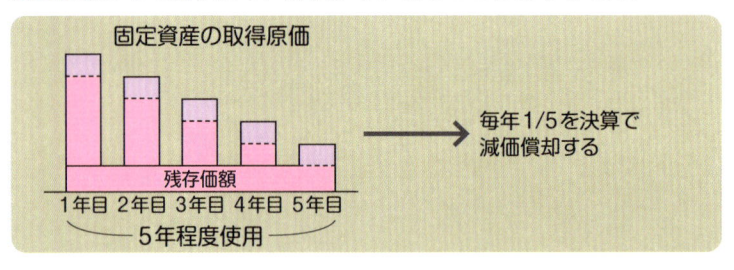

固定資産の取得原価

残存価額
1年目 2年目 3年目 4年目 5年目
5年程度使用

→ 毎年1/5を決算で減価償却する

　減価償却の計上は、下記の処理により行います。借方は費用であり貸方は特殊な科目を使用しているところに注目してください。

減価償却費の計上
（減　価　償　却　費）　×××　　（減価償却累計額）　×××

現在の価値と売却額

　簿記では、建物や備品といった固定資産の価値は、購入時の取得原価や現在の時価では考えません。固定資産の価値は、取得原価から減価償却相当分をマイナスした金額を**帳簿価額**として考えます。

固定資産の価値
帳簿価額 ＝ 取得原価 － 減価償却累計額
重要

　帳簿価額は固定資産の簿記上の価値と考えてよいでしょう。ただ、簿記上の価値ですから、実際にこの建物や備品を売却することになると、売却額との間に差額が発生します。これが**固定資産売却損益**となります。

用語解説
残存価額
一部の金額は、最終的な財産処分額として減価償却しません。

知っておこう!
減価償却累計額
資産の価値をマイナス評価する科目で評価勘定と呼ばれ、決算時に計上されます（→P144）。

固定資産売却損益

固定資産売却損益は、下の図で示す通り固定資産の帳簿価額と売却額の差から計上します。

帳簿価額より安く売却した場合は**固定資産売却損勘定**を、高く売却した場合は**固定資産売却益勘定**を計上します。

```
┌─────────────────────────────────────────────┐
│ 固定資産売却益                               │
│ ┌──────────┐  ┌──────────┐  固定資産売却損  │
│ │          │  │          │  ┌──────────┐   │
│ │  売却額   │  │ 現在の帳簿│  │          │   │
│ │          │  │   価額   │  │  売却額   │   │
│ └──────────┘  └──────────┘  └──────────┘   │
└─────────────────────────────────────────────┘
```

用語解説

固定資産除却損
固定資産を売却ではなく破棄（スクラップ化）するときは、帳簿価額を全額固定資産除却損に計上します。

固定資産を売却した場合には下記の処理が行われます。

安く売却したケース
帳簿価額 ＞ 売却額

(現　　　　　金)	×××	(備　　　　　品)	×××
(減価償却累計額)	×××		
(固定資産売却損)	×××		

高く売却したケース
帳簿価額 ＜ 売却額

(現　　　　　金)	×××	(備　　　　　品)	×××
(減価償却累計額)	×××	(固定資産売却益)	×××

知っておこう！
帳簿価額と売却額の差額を落ち着いて考えて、固定資産売却損益を計上しましょう。

練習問題

下記に示す取引の仕訳をしなさい。

①取得原価150,000円（減価償却累計額100,000円）の備品を60,000円で売却し、代金は売却先が振出した小切手で受取った。

②建物（取得原価1,000,000円、減価償却累計額700,000円）を200,000円で売却して現金を受取った。

解答

①
(現　　　　　金)	60,000	(備　　　　　品)	150,000
(減価償却累計額)	100,000	(備品売却益)	10,000

②
(現　　　　　金)	200,000	(建　　　　　物)	1,000,000
(減価償却累計額)	700,000		
(建物売却損)	100,000		

解説 備品売却益、建物売却損は固定資産売却益、固定資産売却損でも正解です。
①帳簿価額50,000円の備品を60,000円で売却しているので備品（固定資産）売却益が計上されます。
②帳簿価額は300,000円（＝1,000,000円－700,000円）であり、これを200,000円で売却しているので差額100,000円（＝300,000円－200,000円）が建物売却損になります。

有形固定資産

3 修繕費

備品や建物などを修理した場合の簿記上の取り扱いについて考えてみます。修理をすることにより固定資産の価値が増加するという考え方を理解しましょう。

固定資産の修理

車などの固定資産を使用していると、摩耗などが原因で不具合が生じることがあります。このようなときは、新しく買い替えたいところですが、とりあえず修理をして引き続き使用するのが一般的です。

このように固定資産を修理するとき、不具合のある箇所を原状回復する場合と、高額な部品に取り替えるなどの方法をとる場合があります。

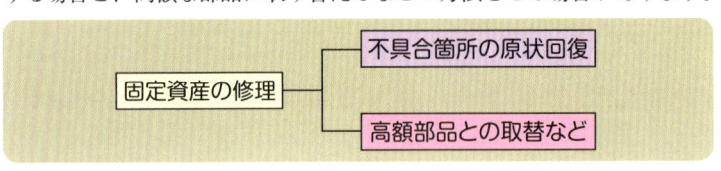

固定資産の修理 ─ 不具合箇所の原状回復
          └ 高額部品との取替など

不具合箇所の修理であれば修繕費を計上しますが、固定資産の価値を増加させるような高額部品への取り替えなどは、固定資産にその額を加算します。

知っておこう！
単に修理したというだけで、修繕費を計上するのではなく修理の内容が大事だということです。

支出額の区分

不具合箇所を修理するための支出は、**収益的支出**として費用勘定である**修繕費**を計上します。これに対して、高額部品などに取り替えたことにより固定資産の価値が上がったものは、**資本的支出**として支出の対象となった固定資産の帳簿価額をプラスさせます。簿記では、それぞれを区別して処理します。

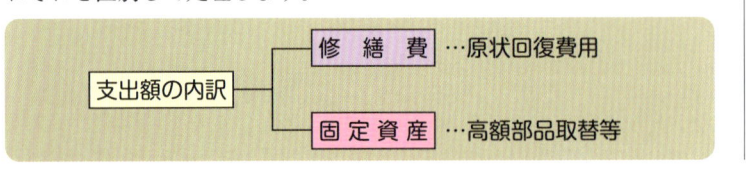

支出額の内訳 ─ 修繕費 …原状回復費用
         └ 固定資産 …高額部品取替等

用語解説
資本的支出
固定資産を修理した際に、その資産価値が上がるような場合は、かかった費用を固定資産勘定に加算します。このような支出のことを資本的支出といいます。

支出額に関する会計処理

　会社が修理のために支出した金額は、必ずしも2つのうちどちらかで区別して処理をしなければならないというわけではありません。修理の状況によっては、支出額の一部が資本的支出になり、残りが収益的支出として費用勘定で処理されることもあります。

修理代の支出時

（車　　　　両）	×××	（現　　　　金）	×××
（修　繕　費）	×××		

> **知っておこう！**
> 修繕や修理は一般的な用語であり、この言葉だけでは収益的支出なのか資本的支出なのかを判断することはできません。

[例] 使用中の営業用車両が故障したため、修理を行い50,000円の小切手を振出した。なお、この金額のうち30,000円は車両の残存耐用年数を延長（または、固定資産の価値を増加）させる支出である。

（車　　　　両）	30,000	（当　座　預　金）	50,000
（修　繕　費）	20,000		

　中古の固定資産を購入する際に、その修理として支払う金額は、ここで取り扱っている修繕費には該当しません。この支出は、どのような内訳にかかわらず全額付随費用として、取得原価に繰入れます。

> **知っておこう！**
> 資本的支出は、問題文で耐用年数延長や価値増加として示されます。

練習問題

下記に示す取引を仕訳しなさい。

①営業用の自動車のバッテリーが古くなったため、新しいバッテリーと交換し、代金15,000円を現金で支払った。
②事務所の雨漏りが激しいため、屋上の床に従来の簡易加工ではない特殊防水加工を行うことにして修理業者に2,000,000円の小切手を振出して支払った。この改修により建物の使用可能年限が延長した。
③不具合の発生したパソコンを修理して修理代30,000円を現金で支払った。この金額のうち20,000円は新型の部品を取り替えたことによるもので、これによりパソコンの処理スピードが上がった。

解答

① （修　繕　費）　15,000　（現　　　　金）　15,000
② （建　　　　物）2,000,000　（当　座　預　金）2,000,000
③ （備　　　　品）　20,000　（現　　　　金）　30,000
　（修　繕　費）　10,000

解説
①不具合の生じている部品の交換であるため、収益的支出として修繕費勘定で処理してください。
②屋上床の全面的改修であり、建物の雨漏りがなくなったという原状回復の事実と、建物の価値そのものが上がったと考えることができるため、資本的支出が行われたと考えて処理しましょう。
③問題文から新型部品の交換部分は資本的支出になることを読み取りましょう。

有形固定資産

4 リース取引

固定資産を購入するのではなく、リースという方法で利用することもできます。この固定資産をリースで使用している処理を考えます。

固定資産のリース取引

現在、多くの会社では固定資産を購入せず、リースを利用しています。これには次のようなメリットがあります。

> **固定資産リースのメリット**
> ・購入のための頭金や多額の借入が不要
> ・費用支払が平準化している
> ・経理事務処理が簡略化できる

固定資産のリース契約は、次のように分類することができます。

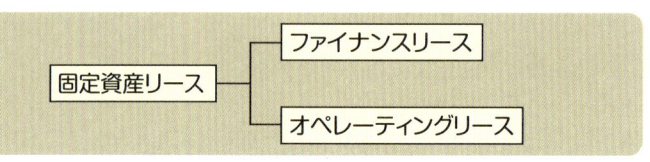

固定資産リース ─┬─ ファイナンスリース
　　　　　　　　└─ オペレーティングリース

ファイナンスリースは、リース資産の借手が希望する物件をリース会社が購入し、これを借手に長期間にわたりリースするものです。これに対してオペレーティングリースはリース会社がすでに所有する資産を借手の希望する期間だけ貸出すものです。

ファイナンスリース取引の会計処理

ファイナンスリースは、リース資産を契約によるリース期間内一定のリース料を支払って長期的に利用することが前提です。つまり、考え方によってはリースとはいえども購入とみなすこともできるため、**固定資産売買取引**として処理します。

リース契約時

(リース資産) ×××　(リース債務) ×××

上記の処理はリース契約によりリース期間内において支払うべきリース料の総額を基礎にして行われます。

知っておこう！
リースは逆に支払リース料の総額が購入より高額になったり、リース契約が途中で解約できないなどのデメリットもあります。

知っておこう！
オペレーティングリースは、毎月のリース料支払額を支払リース料に計上するだけです。したがって、問題で取り上げられることはほとんどありません。

リース料総額の取扱い

ファイナンスリースにより支払うリース料総額は、リース資産の本来の購入額を上回ります。これは、リース会社が利息の立替払いをしたり、リース会社の手数料を含んでいるからです。

```
リース料総額              本来の金額
5年間  約18万円           15万円
```

そこで、借手はこの差額を利息とみなして独立した勘定科目により処理する方法もあり、これをファイナンスリース取引の**利子抜き法**と呼びます。しかし、日商簿記3級ではこの差額分を利息と考えずにリース資産の原価に含める**利子込み法**による処理を学習します。

知っておこう！
利子抜き法で処理すれば、借方はリース資産と貸方はリース債務15万円を計上します。

〔例〕リース会社により本来150,000円のパソコンを5年間のファイナンスリース契約により毎月3,000円、総額180,000円で借り受けた。これを利子込み法により処理する。

(リース資産) 180,000　　(リース債務) 180,000※

※リース未払金の内訳
毎月のリース料3,000円の中には500円の利子が含まれます。
(@3,000円×60カ月－150,000円)÷60カ月＝@500円

その後、リース料を毎月3,000円ずつ支払えば、リース未払金が減少することになります。

用語解説
リース資産の減価償却
リース資産も減価償却します。このときは、リース契約期間を固定資産の耐用期間とみなします。

〔例〕上記のパソコンリース料3,000円を現金で支払った。

(リース債務) 3,000　　(現　　金) 3,000

練習問題

下記に示すファイナンスリース取引の①リース契約時、②第1回目のリース料支払時の仕訳をしなさい。なお、処理は利子込み法により行うものとする。

①リース会社により自動車（正価1,200,000円）を5年間のファイナンスリース契約により、毎月22,000円、総額1,320,000円を支払うことにした。
②第1回目のリース料22,000円を現金で支払った。

解答
① (リース資産) 1,320,000　　(リース債務) 1,320,000
② (リース債務)   22,000　　(現　　金)   22,000

解説 ファイナンスリース契約の利子込み法は、支払総額をリース資産とリース未払金に計上する処理を行います。

その他の債権と債務

1 未収入金と未払金

商品売買を掛とした場合と商品売買以外を掛とした場合では、使用する勘定科目が異なります。この違いを明確にしておきましょう。

掛取引に使用する勘定科目

本書ではこれまで、商品売買代金を後日決済するという場合には掛仕入や掛売上として**買掛金**や**売掛金**という勘定科目で処理してきました。

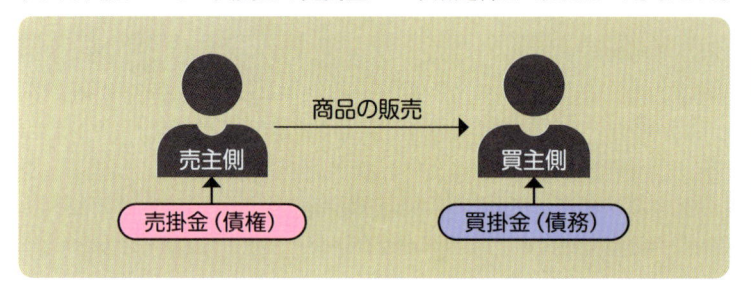

```
売主側 → 商品の販売 → 買主側
売掛金（債権）            買掛金（債務）
```

商取引では、商品売買以外でも代金を後日に決済する取引は数多く発生し、むしろこれらの掛取引のほうが一般的といえます。

商品売買以外の掛取引には次のようなものが考えられます。

商品売買以外の掛取引
① 固定資産の売買代金の後日決済
② 従業員の経費立替払いに関する未精算分
③ 諸費用の請求額の未払分
④ 消耗品購入代金の後日決済

上記のような取引が行われたとき、代金の受け渡しは後日になるので、帳簿上は**未収入金勘定**と**未払金勘定**で処理します。

[例] 不要となった備品10,000円を12,000円で売却し、代金は月末に受取ることにした。

（未 収 入 金）	12,000	（備 品）	10,000
		（備品売却益）	2,000

用語解説

信用取引
掛取引は一般的に信用取引と呼ばれます。

用語解説

未収入金と未払金
日商簿記検定3級の問題文中で「掛」と表現されていても、商品売買でないときは未収入金、未払金を計上します。

知っておこう！

未収入金はお金をもらえる権利があるので資産勘定、未払金はお金を支払う義務があるので負債勘定です。

商品売買以外の掛取引

掛取引とは、代金を後日に決済する取引の総称です。商品売買は売掛金と買掛金で処理しますが、商品売買以外の掛取引に使用する資産と負債の勘定科目も決めておかなければなりません。

そこで下記のように区分をして、**未収入金**と**未払金**という勘定科目を使用して処理します。

掛取引に使用する勘定科目

区　分	資　産	負　債
商品売買	売掛金勘定	買掛金勘定
商品売買以外	未収入金勘定	未払金勘定

知っておこう！
ローン、月賦（リボ払い）などもすべて、未払金を計上します。

〔例〕備品20,000円を購入し代金は翌月に支払うことにした。

（備　　　　品）20,000　　（未　払　金）20,000

練習問題

下記に示す取引を仕訳しなさい。

①A社より商品50,000円を仕入れ、代金は翌月末に支払うことにした。なお、商品引取に際して運賃1,800円が発生したが、これも月末に支払うことにした。
②老朽化した備品（取得原価500,000円、減価償却累計額430,000円）を20,000円で売却し、代金は月末に受取ることにした。
③建物500,000円を新築して代金100,000円は小切手を振出し、残額はローンとして5年間で分割払いする。また登記関係の諸費用20,000円が未払いであった。
④接待で利用するA料亭から今月分の飲食代39,000円の請求があり、翌月に支払うことにした。

解答
① (仕　　　　入) 51,800　　(買　掛　金) 50,000
　　　　　　　　　　　　　　(未　払　金) 1,800
② (未　収　入　金) 20,000　　(備　　　品) 500,000
　 (減価償却累計額) 430,000
　 (備　品　売　却　損) 50,000
③ (建　　　　物) 520,000　　(当　座　預　金) 100,000
　　　　　　　　　　　　　　(未　払　金) 420,000
④ (交　　際　　費) 39,000　　(未　払　金) 39,000

解説
①商品仕入代金の未払いは買掛金勘定、運賃の未払いは未払金勘定として明確に区別しましょう。
②備品売却損：(500,000円－430,000円)－20,000円＝50,000円
③購入代金のローンによる分割払い分と登記関係の未払い分は一括して未払金勘定を計上すること。
④請求書の届いているものは未払費用にはなりません（➡P156）。

その他の債権と債務

2 仮払金と仮受金

会社が一時的に現金を支払ったり、一時的な入金があった場合に用いられる勘定科目が、この仮払金と仮受金です。それぞれの処理をおぼえましょう。

仮払金勘定

　従業員が出張に出かけるような場合、交通費などを仮に支払うことがあります。この仮払いは、従業員が出張から戻れば残金は返金され、支出の内訳も明確になります。この出張などの一時的な支払時の処理に用いられるのが資産勘定の**仮払金**です。

```
出張出発 ───── 仮払金 として計上 ───── 出張戻り
  │                                      │
一時的支払                              仮払の精算
```

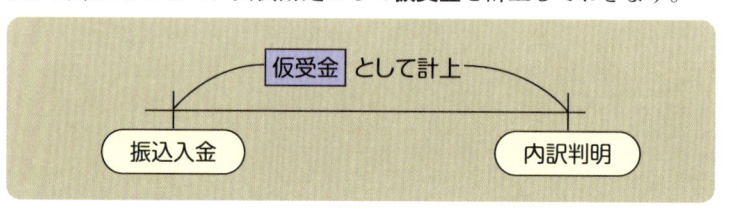

知っておこう！
仮払金も仮受金も一時的処理のために用いられる仮の勘定科目ということです。

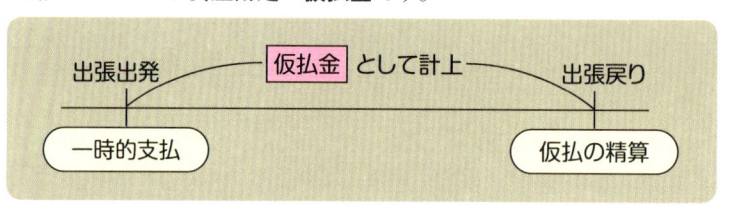

〔例〕下記の仮払処理を考えてみましょう。

1. 従業員が九州へ出張するため現金100,000円を仮払いした。

| （仮　　払　　金）100,000 | （現　　　　　金）100,000 |

2. 上記従業員が帰社し、旅費交通費60,000円、先方の取引先接待30,000円の報告を受け、残金10,000円の返金があった。

（現　　　　　金）　10,000	（仮　　払　　金）100,000
（旅　費　交　通　費）　60,000	
（交　　際　　費）　30,000	

用語解説
仮払金
仮払金は必ずしも返金を受けるわけではありません。仮払金が不足すれば、足りない分は精算時に現金を支払うこともあります。

仮受金勘定

　取引先から内訳が明確でない振込入金があった場合、この入金の内訳が明確になるまで、負債勘定として**仮受金**を計上しておきます。

```
        仮受金 として計上
      ┌──────────────┐
    振込入金            内訳判明
```

用語解説
仮受金
仮受金は、もしかすると返還しなければならないかもしれない、と考えるので負債勘定です。

仮払金と仮受金は名称が似ている勘定科目ですが、それぞれ資産と負債としての属性はもちろん、どのような場合に計上され、減少するのかを正しくマスターしておくことが重要です。

[例] 下記の仮受処理を考えてみましょう。

1. 得意先Ａ社より自社の当座預金口座へ50,000円の振込入金があったが、その詳細は不明であるためＡ社へ問い合わせを行った。

(当 座 預 金) 50,000　　(仮　　受　　金) 50,000

2. 上記振込額50,000円は、20,000円が前月末の売掛金の振込入金の不足分であり、30,000円は来月商品を引き渡す契約をした取引の予約金であった。

(仮　　受　　金) 50,000　　(売　　掛　　金) 20,000
　　　　　　　　　　　　　　(前　　受　　金) 30,000

知っておこう！
前受金と仮受金がミックスされているような取引は落ち着いて仕訳の借方、貸方を考えましょう。

日商簿記検定3級の第1問で出題される仕訳問題では、仮払金は出張関係の精算時の取引として、また仮受金は取引先からの振込入金の内訳判明時の取引として下記のような練習問題が出題されることが多いので、それぞれの取引パターンをマスターしておきましょう。

練習問題

下記に示す取引を仕訳しなさい。

① 本日従業員が出張から戻り、仮払金50,000円の精算をした。内訳は交通費35,000円、諸雑費18,000円であったため不足分は現金で支払った。
② 上記従業員が出張先から、当座預金口座へ100,000円の振込をしたため、仮受金勘定で処理していたが、従業員からの報告によりこの振込は得意先からの売掛金の回収であることが判明した。

解答
① (旅 費 交 通 費) 35,000　　(仮　　払　　金) 50,000
　 (雑　　　　　費) 18,000　　(現　　　　　金) 3,000
② (仮　　受　　金) 100,000　　(売　　掛　　金) 100,000

解説
日商簿記検定3級では、本問のような仮払金や仮受金の精算時の処理が出題されます。仕訳の前提としてすでに仮払金や仮受金が計上されていることを理解しなければなりません。
① 仮払金では出張関係の支出額が不足するケースです。不足分3,000円は従業員が立替えているため現金を支払って精算することになります。
② 仮受金の振込入金時に貸方に仮受金を負債として計上しているので、この取引では仮受金を借方で精算することになります。

その他の債権と債務

3 貸付金と借入金

貸付金と借入金は、資産と負債の代表的な勘定科目です。金銭の貸借が行われた場合や、利息の計上方法についての処理をマスターしましょう。

貸付金勘定

会社が取引先に金銭を貸付けた場合、資産勘定の**貸付金**(かしつけきん)を計上します。貸付金は「金銭を貸付ける」というサービスの提供になるので、その対価として利息を受取ることになります。この利息は貸付時に受取るケース、また返済時に受取るケースがあります。

さらに、毎年一定時期、たとえば3月末日と9月末日などに受取るケースもあります（➡P158）。この利息は月割り、または日割りで計算します。

知っておこう！
借入時の利息支払は前払い、返済時支払は後払いといういい方をすることもあります。

```
        貸借期間
   ┌─────────────┐
 貸付時受取        返済時受取
```

貸付時受取

取引先A社に100,000円を貸付けることにした。利息5,000円を控除した残額の小切手をA社に振出した。

（貸　　付　　金）100,000	（当　座　預　金）95,000
	（受　取　利　息）5,000

返済時受取

先月取引先B社に貸付けていた現金100,000円の返済を受けることになり、利息5,000円を含んだ金額のB社振出の小切手を受取った。

（現　　　　　金）105,000	（貸　　付　　金）100,000
↑他人振出小切手	（受　取　利　息）5,000

用語解説
手形貸付金
借用書として約束手形を受取ったときには、借方に手形貸付金を計上します。

用語解説
役員貸付、借入金
社長等の会社役員に関する金銭貸借は役員貸付金、役員借入金勘定を用いて処理します。

利息の計上が貸付時か返済時かにより現金の受け渡し額は異なります。しかし、どちらの場合も実際に増減する貸付金の金額は契約額の100,000円です。

借入金勘定

借入金は、お金を借りたときに使う勘定科目です。日商簿記検定3級では、借入金も貸付金と同様に、いつ利息を支払うのかという、利息支払時の処理を問われることが一般的です。借入金の利息支払いも貸付金と同様に借入時あるいは借入金返済時と考えてください。

利息の計算方法

利息は1年間お金を借りたとき、いくら払うかという年利率で考えるのが一般的です。ただ金銭の貸借は必ずしも1年単位では行われません。したがって、そのようなときは1日いくらの利息が発生したかという日割りで利息額を計算します。

[例] 令和X3年8月5日に取引先C社から現金100,000円を借入ることにし、利息を控除した金額が自社の当座預金口座に振込まれた。なお、この借入金の返済日は9月24日であり、利率は年7.3%とする。利息計算は日割りにより行うこと。

(当 座 預 金) 99,000　　(借　　入　　金) 100,000
(支 払 利 息) 1,000※

※支払利息を日割りで計算する場合には、8月5日は含めず、翌日の8月6日から9月24日までの日数で計算します。

支払利息：100,000円×7.3%×$\frac{50日}{365日}$ (8/6〜9/24)＝1,000円

用語解説

手形借入金
借入にともない約束手形を振出せば、貸方に手形借入金を計上します。

知っておこう！
日商簿記検定3級では月割りで利息を計算させる出題もあります。

知っておこう！
利息の計算を日割りでするときには貸借したその日を除いて日数計算をし、これを片端入、または片落し計算と呼びます。

練習問題

下記に示す取引を仕訳しなさい。

① 取引先D社より令和X3年5月1日に現金300,000円を借入れ現金を受取った。この現金の借入にともない、自社の保有する土地（時価）300,000円相当分を担保として提供した。なお、利息は返済時に支払う契約である。
② 上記借入金の返済を2カ月後の令和X3年6月30日に行い、利息を含んだ金額の小切手を振出した。利息は年利2%とし、その計算は借入期間満2カ月として月割り計算で支払った。

解答
① (現　　　　金) 300,000　(借　入　金) 300,000
② (借　　入　　金) 300,000　(当 座 預 金) 301,000
　 (支　払　利　息) 1,000

解説
① 借入にともない担保として土地が提供されています。この担保提供は土地の所有者が変わるわけではないため、簿記上の取引には該当しません。このため仕訳の必要はありません。
② 利息の計算をする場合には日数計算により正確な金額を算定する場合と本問のケースのように簡便法で月割りで計算することもあります。

支払利息：300,000円×2%×$\frac{2カ月}{12カ月}$ (5月〜6月)＝1,000円

その他の債権と債務

4 立替金と預り金

会社では従業員との間で一時的な立替、また給料から税金などの控除を行います。これらの取引に関係する勘定科目を学習しましょう。

立替金勘定

会社では、本来従業員が負担すべき支払いを一時的に立替えることがあります。もちろんこれらは立替ですから、後日従業員から返済を受けることになります。

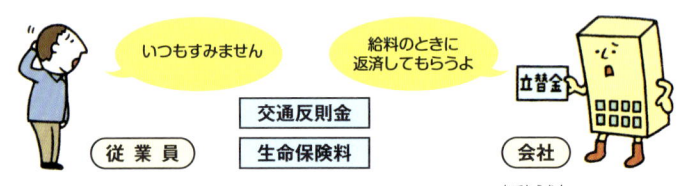

会社では、この立替払いをしたときに資産勘定の**立替金**を計上します。

[例] 従業員が団体加入しているA生命保険会社の保険料10,000円を自社で立替払いすることとして現金を支払った。

(立 替 金) 10,000　(現 金) 10,000

預り金勘定

会社は給料を支払う際、従業員本人が負担すべき所得税や健康保険料などを控除して支給します。会社はこれらの税金などを一時的に預かり、後日それを、国や社会保険事務所などに納付します。

給料支払時に控除される税金などは、負債勘定の**預り金**で処理されます。これは国に支払う税金などを預かっていると考えてください。

[例] 給料200,000円を支給する際に、所得税など15,000円と厚生年金などの社会保険料25,000円を控除した残額を現金で支払った。

(給 料) 200,000　(現 金) 160,000
　　　　　　　　　(預 り 金) 40,000

知っておこう!

従業員給料から税金などを控除しますがこれを「天引き」、受取る金額のことを「手取額」と呼びます。

用語解説

預り金
預り金勘定は従業員預り金、源泉所得税預り金勘定を用いることもあります。

源泉所得税などの納付

会社は、給料支払時に控除した所得税など（源泉徴収と呼ぶ）を、定められた納付期限までに税務署へ納付します。

[例] 左ページで給料から控除した所得税など15,000円の納期になったので、これを現金で税務署に納付した。

（預　り　金）　15,000　　（現　　　　金）　15,000

社会保険料の納付

会社は従業員のために社会保険に加入しなければならず、従業員の社会保険料の半額を負担し、これを費用勘定の**法定福利費**で処理します。

会社が負担する社会保険料を従業員の預り金と一括して納付する際の処理を考えてみます。

会社納付額 ＝ 預り金 ＋ 法定福利費

[例] 左ページで給料から控除した社会保険料25,000円に、会社負担額25,000円を加えた50,000円の小切手を振出し社会保険事務所に納付した。

（預　り　金）　25,000　　（当　座　預　金）　50,000
（法 定 福 利 費）　25,000

知っておこう！

厚生年金や健康保険料などの社会保険料は、従業員が全額負担するのではなく、法律により半分は会社が負担して支払わなければなりません。

用語解説

法定福利費
社会保険料の半額を会社が負担することは法律により定められたものなので、「法定」という名称を付けます。同じ福利費でも、制服の支給など従業員の一般的な福利や、厚生目的の支出である福利厚生費勘定とは区別しなければなりません。

練習問題

下記に示す取引を仕訳しなさい。

①本日従業員に給料200,000円を支給する際、従業員のために一時的に立替をしていた5,000円、源泉所得税15,000円、社会保険料20,000円を控除した残額を現金で支払った。

②本日源泉所得税、また社会保険料（含：会社負担分）の全額を現金で支払った。

解答
① （給　　　　料）200,000　　（現　　　　金）160,000
　　　　　　　　　　　　　　　（立　替　金）　5,000
　　　　　　　　　　　　　　　（預　り　金）　35,000
② （預　り　金）　35,000　　（現　　　　金）　55,000
　（法 定 福 利 費）20,000

解説
①会社は給料支給時に所得税など以外に立替金も控除しています。同じ貸方に計上されていますが、預り金は負債勘定のプラスとして、立替金は期中支払時に計上した資産勘定のマイナスと考えてください。また、預り金は源泉所得税勘定や社会保険料預り金勘定で処理することもあります。
②預り金の納付時の処理は基本的に借方へ預り金を計上します。ただし、社会保険料の納付があるときには従業員から預かっている金額（本問では20,000円）と同額を法定福利費として計上することに注意してください。

その他の債権と債務

5 差入保証金

事務所等を賃借する際に、契約により保証金を支払うことがあります。この不動産賃借時の処理を考えてみます。

不動産の賃借

事務所用として不動産を賃借する場合には、契約により下記の代金の支払いをします。

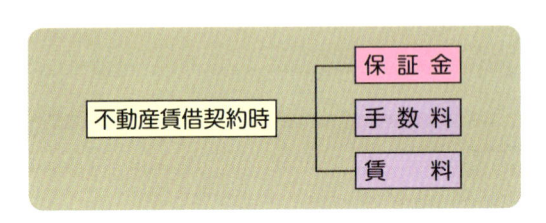

```
不動産賃借契約時 ─┬─ 保 証 金
                 ├─ 手 数 料
                 └─ 賃   料
```

用語解説

保証金
賃借する物件や地域等により、支払の有無や金額等は異なります。また、事務所賃借のような場合は敷金と呼ぶこともあります。

保証金は支払いをしますが、賃借している不動産を返還するときには払戻しされます。また、手数料は不動産会社に対する斡旋手数料です。なお、賃料は慣習により翌月分の家賃等は前払いすることになっています。

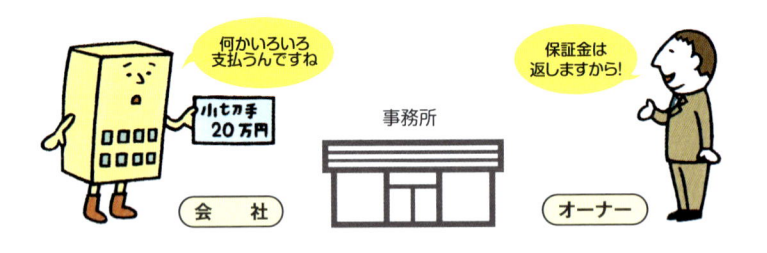

不動産賃借時の支払保証金には次のような意味があります。

```
保証金支払
・家賃滞納時の充当
・物件損傷等の修理代
・その他違約行為等の際の保障料
```

知っておこう！

保証金は家賃をきちんと支払い、多少汚れても物件を返還すればそのまま戻ってきます。しかし、壁紙張替代や畳代等が一部控除されることもあります。

したがって、上記の行為がなければ保証金は物件返還時に無利子でそのまま戻ってきます。

差入保証金

不動産賃借時に支払う保証金は返還されますから、貸主に対して一時的な預け入をしたことになります。したがって、これは債権として資産勘定である**差入保証金**に計上する必要があります。

不動産賃借時

| (差 入 保 証 金) | ××× | (現　　　　金) | ××× |

[例] 事業拡張に伴い、新しい事務所を賃借することにし、保証金120,000円、斡旋不動産屋への手数料40,000円、翌月以降の家賃40,000円の計200,000円の小切手を振出して支払った。

(支 払 家 賃)	40,000	(当 座 預 金)	200,000
(支 払 手 数 料)	40,000		
(差 入 保 証 金)	120,000		

家賃は、慣習で翌月分を前払いします。ただし、これを前払家賃勘定で処理するようなことはせず、**支払家賃勘定**で処理をします。

[例] 賃借していた事務所を撤去するに際して、賃貸契約時に支払った保証金40,000円のうち20,000円は壁紙等の張替費用として控除され、20,000円は現金で返還された。

| (修 繕 費) | 20,000 | (差 入 保 証 金) | 40,000 |
| (現　　　金) | 20,000 | | |

> **知っておこう！**
> 不動産でも土地の賃借契約に係る保証金は、長期であり、土地の上に建物を建築するなどの事情があるために独立した借地権勘定で処理されます。

練習問題

下記に示す取引を仕訳しなさい。

①事務所賃借にあたり、1カ月分の家賃を5,000円として敷金2カ月分と、不動産業者への手数料1カ月分、また翌月家賃1カ月分の合計を現金で支払った。
②月末となったため、翌月分の家賃5,000円が普通預金口座から引落された。

解答
① (差 入 保 証 金) 10,000　(現　　　金) 20,000
　 (支 払 手 数 料) 5,000
　 (支 払 家 賃) 5,000
② (支 払 家 賃) 5,000　(普 通 預 金) 5,000

解説 不動産の保証金や手数料は、一般的に家賃の金額を基本にして計算します。

純資産会計

1 株式会社の資本金

私達が学習しているのは株式会社を前提にした商業簿記です。ここでは、この株式会社の資本金のことを学習します。

株式会社の設立

会社という言葉は一般的によく使われますが、ここではこの会社のことを考えてみることにします。会社は法律により設立が認められた人格を持つ**独立した組織体**です。したがって、人格があることにより法的契約等をすることが認められていますから、ある意味では私達個人と同じと考えることができるかもしれません。

株式会社（法的単位） → 法律行為（契約等）

知っておこう！
現在の会社法では、資本金1円でも株式会社を設立させることができます。

さて、この会社である株式会社はどのようにすれば設立できるのかを考えてみます。正式には、設立までに何段階もの法的な手続を踏みますが、私達は下記の手続を理解していればよいでしょう。

発起人の集合 → 定款の作成 → 資本金払込 → 設立登記

用語解説
定款
会社の名称、所在地、目的などを記載した書面で、公証人と呼ばれる人の認証が必要です。

法人は、会社を作りたい人達が集まり、どのような会社にするのかの概要を定款として決め、資本金を集めて役所に登記をすれば設立させることができます。簿記では、この資本金を株主に払込ませる部分だけをクローズアップして処理することになります。このとき、株主からの払込額がそのまま純資産勘定の**資本金**になります。

[例] A社設立にあたり、10,000円の株式を100株発行し、1,000,000円の払込が普通預金にあった。

（普 通 預 金）1,000,000　（資　本　金）1,000,000

個人事業者が法人化することを**法人成り**と呼びますが、このようなときには個人事業者自身が株主となり、設立する法人に現金等の財産を払込むことになります。

用語解説
発行株式総数
会社は定款の中に将来発行するであろう株式の総数を記載する必要があります。設立時には、この発行株式総数の1／4以上を発行しなければなりません。

増資

　会社設立時には、資本金を最低・最高いくらまでという制限はありません。さらに、設立後一定額までであれば資本金を増加させることもできます。一定額ということですが、これは定款を改めればいくらでも資本金を増加させることができ、法律で資本金は最高これまでという制限はありません。

> 定　款 … 発行する株式数 ← 変更可

　会社が増資を行うときにも、株式を再度発行してその見返りに株主から払込を受けることになります。この払込を受けた金額が**資本金**になります。

> 株主による払込 ─┬─ 設立時 ─┐
> 　　　　　　　　└─ 増資時 ─┴→ 資本金

[例] A社は取締役会の決議により増資を行うことにし、10,000円の株式を200株発行し、2,000,000円の払込金を普通預金とした。

（普　通　預　金）2,000,000　　（資　本　金）2,000,000

　会社に払込をした者は、**株主**という地位を得ることになります。会社はこの株主の意思によりどのような方針で経営を行うのかが決定されます。この株主の総意を決議するのが**株主総会**と呼ばれるもので、株式会社では重要な会議だとされています。
　もうひとつ株式会社には、株主により選任されて直接会社経営にあたる取締役という人達がいます。この取締役が集まって行われる**取締役会**で会社の具体的な経営方針等が決定します。

用語解説

増資・減資
資本金を増額させることを増資、逆に現在の資本金を減少させることを減資と呼びます。

知っておこう！

現在、一部上場の大企業では株券が電子化されており、ペーパーの株券という有価証券は発行されていません。

用語解説

取締役
取締役は役員とも呼ばれ、その中のトップが代表取締役社長になります。これ以外にも常務、専務また監査役などの役員がいます。

練習問題

下記に示す取引を仕訳なさい。

①会社設立にあたり、100,000円の株式を10株発行して払込金を普通預金とした。
②当期中に増資をすることにして、1,000円の株式を2,000株発行して払込金を普通預金とした。

解答
① （普　通　預　金）1,000,000　　（資　本　金）1,000,000
② （普　通　預　金）2,000,000　　（資　本　金）2,000,000

解説　設立時、増資時に株主から払込を受けた金額は、全額を資本金として処理します。

純資産会計

❷ 繰越利益剰余金

会社は営業活動により利益が計上されます。この利益は繰越利益剰余金勘定へ振替られ、その後の配当等の原資になります。

会社の純利益

簿記手続上、会社の利益（または損失）は決算において**損益勘定**で、収益や費用の差額として下記のような状態で計上されます。

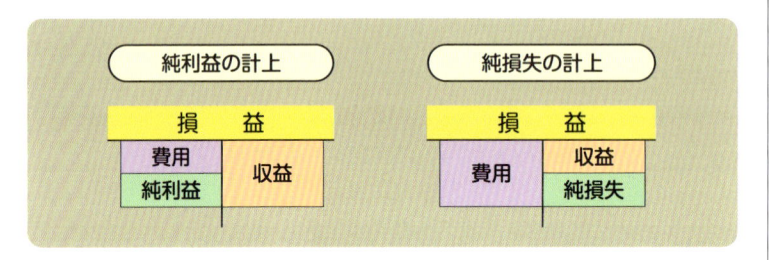

```
純利益の計上            純損失の計上
┌─────損 益─────┐      ┌─────損 益─────┐
│ 費用  │        │      │       │  収益  │
├──────┤  収益  │      │ 費用  ├───────┤
│ 純利益│        │      │       │ 純損失 │
└──────┴────────┘      └───────┴────────┘
```

用語解説

損益勘定
費用収益勘定を集めて純利益（または損失）を計上する特別な勘定です。この損益勘定の属性は集合勘定という分類になります（➡P168）。

純利益は会社が獲得したものですが、会社は株主の出資により存在するので、この**利益は株主のもの**です。また、損失も同じように考えれば株主が負担しなければなりません。

```
(純利益) ─帰属→ 株 主 ←負担─ (純損失)
```

用語解説

当期純利益
当期純利益は損益計算書に利益を計上する際に用いられる表示科目であり、勘定科目ではありません。

この純利益の金額は、株主に**配当金として分配**されます。また、純損失の金額は会社の**純資産の金額により補填**されます。これらの分配や補填の具体的な金額は株主総会の決議により決定されます。

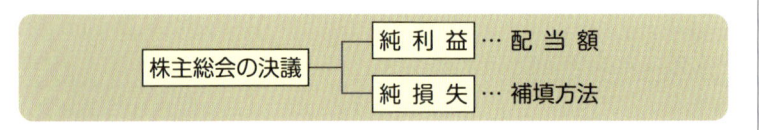

```
                 ┌─純利益…配当額
株主総会の決議 ──┤
                 └─純損失…補填方法
```

知っておこう！

損失補填は株主がお金を出し合い、弁償するわけではありません。過去に計上し、積立ててある剰余金等と相殺をします。

損益勘定で純利益、純損失が計上されて、これをどのように処分あるいは補填するかを具体的に決議するまでの間、この金額は**繰越利益剰余金**という純資産の勘定に計上されます。

繰越利益剰余金

損益勘定で計上された純利益は、**繰越利益剰余金**の貸方へ振替えられます。

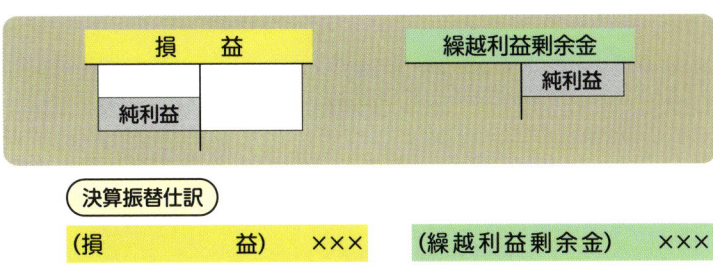

```
     損     益              繰越利益剰余金
 ┌─────────┬─────────┐    ┌─────────┬─────────┐
 │ 純利益  │         │    │         │ 純利益  │
 └─────────┴─────────┘    └─────────┴─────────┘
```

(決算振替仕訳)

（損　　益）　×××　　（繰越利益剰余金）　×××

また逆に、純損失が計上されている場合には繰越利益剰余金の借方へ振替えます。

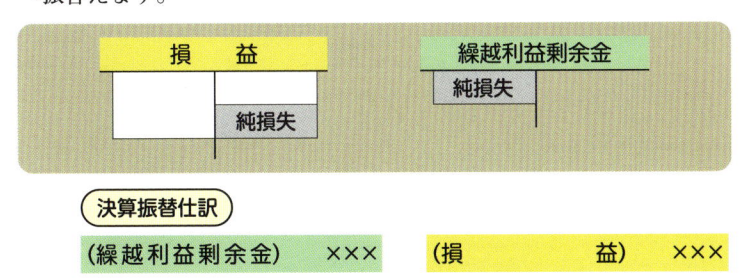

```
     損     益              繰越利益剰余金
 ┌─────────┬─────────┐    ┌─────────┬─────────┐
 │         │ 純損失  │    │ 純損失  │         │
 └─────────┴─────────┘    └─────────┴─────────┘
```

(決算振替仕訳)

（繰越利益剰余金）　×××　　（損　　益）　×××

この繰越利益剰余金への振替は決算日の日付で行われます。したがって、この金額がそのまま翌期へ繰越されることになるため、貸借対照表にはこの繰越利益剰余金の残高が計上されます。

用語解説

繰越利益剰余金
繰越利益剰余金は資本金と同様の純資産に属する勘定科目です。

知っておこう！

繰越利益剰余金は純資産勘定ですが、損失が計上されたときは貸方残高ではなく借方が多くなり、残高試算表では借方残高になることもあります。

練習問題

下記に示す資料を参考にして、決算で行われる繰越利益剰余金に関する決算振替仕訳を示しなさい。

①A社では当期末に損益勘定を作成したところ、下記の状態となった。

```
          損        益
    ┌──────────┬──────────┐
    │ 170,000  │ 240,000  │
    └──────────┴──────────┘
```

②B社で当期中に計上された費用総額は530,000円、収益総額は400,000円であった。

解答
① （損　　益）　70,000　　（繰越利益剰余金）　70,000
② （繰越利益剰余金）　130,000　　（損　　益）　130,000

解説 純利益、純損失が計上された場合の仕訳は、使用する科目は同じですが貸借が相違するので注意しましょう。

純資産会計

3 剰余金の配当

会社の利益は株主のものです。ここでは、会社の利益がどのようにして株主に配当されるのかを学習します。

剰余金

　会社の純資産の金額のうち、資本金以外の金額を**剰余金**と呼びます。会社の剰余金は株主との取引により発生したものと会社が獲得した利益により構成され、前者を**資本剰余金**、後者を**利益剰余金**と呼びます。

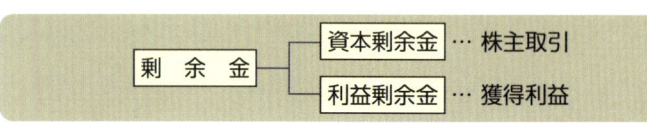

剰余金 ─┬─ 資本剰余金 … 株主取引
　　　　└─ 利益剰余金 … 獲得利益

　会社の剰余金は、株主に配当したり損失を計上したときにこれを補填したり、また状況によっては資本金に振替えたりすることができる便利な純資産です。つまり、この剰余金がたくさんあれば会社の資本は充実しているということになります。

用語解説

資本剰余金
株主からの資本払込額のうち、資本金にしない金額などがあります。これらは日商簿記2級で学習します。

剰余金
資本金

剰余金が多いから安心だ！

剰余金の配当

　利益剰余金の中に属する繰越利益剰余金の源泉は、会社が獲得した利益です。しかし、これは株主に帰属するもので配当しなければなりません。この具体的な配当金額等は、株主総会により決議することになります。ただ、決議をしてから実際に配当をするまでの間は負債勘定の**未払配当金**に計上します。

知っておこう！

会社で計上した利益は、全額配当できるわけではありません。会社の純資産の金額に応じて一定金額までしか配当できないことが会社法に定められています。

配当決議時

（繰越利益剰余金）　×××　　（未払配当金）　×××

　この決議のときには未払配当金を計上しますが、この後で配当金の支払をしたときには下記の処理が行われます。

配当金支払時

（未払配当金）　×××　　（現　　　金）　×××

利益準備金

会社が株主に配当金の支払いをするときには、一定額を**利益準備金**という利益剰余金に積立ることが会社法で定められています。

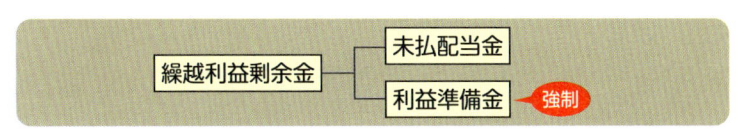

```
繰越利益剰余金 ─┬─ 未払配当金
                └─ 利益準備金  ←強制
```

この利益準備金は配当による純資産の減少を防止し、一部だけ会社に留保させることを目的としています。この利益準備金の積立額は、配当金の1/10と会社法により定められています。

用語解説

利益準備金積立額
会社法では、資本金や準備金の金額の関連で詳細な積立額の定めがあります。日商簿記3級では配当額の1/10を積立ることだけを理解しておきましょう。

[例] 株主総会の決議により、繰越利益剰余金から株主への配当を200,000円行い、20,000円の利益準備金を積立ることにした。

(繰越利益剰余金) 220,000　　(未 払 配 当 金) 200,000
　　　　　　　　　　　　　　　(利 益 準 備 金) 20,000

決算後に行われる株主総会において、配当金額の決議が行われます。このとき、株主総会では代表取締役社長等の会社役員の選任や会社経営に関する基本的な事項も決議されることになります。

練習問題

下記に示す取引を仕訳しなさい。

①損益勘定で当期分の利益300,000円が計上されたので繰越利益剰余金勘定へ振替る。
②株主総会の決議により、上記利益のうち250,000円を株主への配当として25,000円を利益準備金に積立ることにした。
③上記の配当金250,000円を現金により株主に配当した。

解答

① (損　　　　　益) 300,000　　(繰越利益剰余金) 300,000
② (繰越利益剰余金) 275,000　　(未 払 配 当 金) 250,000
　　　　　　　　　　　　　　　　(利 益 準 備 金) 25,000
③ (未 払 配 当 金) 250,000　　(現　　　　　金) 250,000

解説 利益を計上して配当等をしても、繰越利益剰余金は貸方に25,000円の残高が残ります。

```
            繰越利益剰余金
        ┌──────────┬──────────┐
        │ ②275,000 │ ①300,000 │
        │ 残25,000 │          │
```

確認問題

問題 下記に示す取引を仕訳しなさい。

1. A社より商品50,000円を仕入れた。代金は手付金として支払っていた現金10,000円を控除し、約束手形30,000円を振出し、残額は月末に支払うことにした。また、商品の引取運賃3,000円が発生しているが、これも支払が行われていない。

2. 期末にA銀行の当座預金口座が貸方残高で80,000円の当座借越の状態になっていたので適切な処理を行う。

3. 商品20,000円を売上げ、クレジットカードを提示された。なお、カード会社への手数料5%は商品販売時に計上する。

4. 電子記録債権機構から、得意先A社が売掛金30,000円を翌月30日決済の登録をした旨の連絡を受けた。

5. 手持の現金100,000円をA銀行の当座預金口座へ60,000円、B銀行の普通預金口座へ40,000円預け入れた。当社では銀行名称別の勘定科目を用いている。

6. 株主総会で、繰越利益剰余金から30,000円の配当と利益準備金3,000円の積立を決議した。

7. 建物を700,000円で取得し、500,000円は小切手を振出し、不足分200,000円は掛とした。なお、この建物取得のために仲介手数料その他が50,000円発生しているが、これも未払いになっている。

8. 出張中の従業員が戻り、仮払金30,000円の精算を行い、残金2,000円の返金があった。支出した金額はすべて旅費交通費として処理する。

9. 取引先M社に、令和X1年9月10日に返済日同年10月30日の条件で300,000円を貸付けた。利息は年7.3%として日割り計算し、残額について小切手を振出した。なお引き換えにM社から同額のM社振出、自社宛の約束手形を受取った。

10. 従業員に給料100,000円を支給する際に、源泉所得税5,000円、社会保険料10,000円を控除した残額を現金で支払った。

11. 上記で控除した社会保険料10,000円の会社負担額を加算して合計20,000円の小切手を振出し、社会保険事務所に納付した。

解答

1

(仕 入)	53,000	(買　　掛　　金)	10,000
		(前　　払　　金)	10,000
		(支　払　手　形)	30,000
		(未　　払　　金)	3,000

（➡P60、74）

2

(当　座　預　金)	80,000	(当　座　借　越)	80,000

（➡P57）

3

(クレジット売掛金)	19,000	(売　　　　　上)	20,000
(支　払　手　数　料)	1,000		

（➡P46）

4

(電子記録債権)	30,000	(売　　掛　　金)	30,000

（➡P64）

5

(当座預金A銀行)	60,000	(現　　　　　金)	100,000
(普通預金B銀行)	40,000		

（➡P59）

6

(繰越利益剰余金)	33,000	(未　払　配　当　金)	30,000
		(利　益　準　備　金)	3,000

（➡P88）

7

(建　　　　　物)	750,000	(当　座　預　金)	500,000
		(未　　払　　金)	250,000

（➡P66、74）

8

(現　　　　　金)	2,000	(仮　　払　　金)	30,000
(旅　費　交　通　費)	28,000		

（➡P76）

9

(手　形　貸　付　金)	300,000	(当　座　預　金)	297,000
		(受　取　利　息)	3,000

（➡P62）

10

(給　　　　　料)	100,000	(現　　　　　金)	85,000
		(預　　り　　金)	15,000

（➡P80）

11

(法　定　福　利　費)	10,000	(当　座　預　金)	20,000
(預　　り　　金)	10,000		

（➡P80）

解説 **7** 不足分は掛としたとされていますが、未払金勘定を計上します。

仕訳処理は問題文を読み借方、貸方のわかる箇所から組み立てていきましょう。なお、上記 **9** の利息は下記の方法で計算します。

受取利息：$300{,}000\text{円} \times 7.3\% \times \dfrac{50\text{日}}{365\text{日}}$（9/11～10/30）＝3,000円

10 預り金は、所得税預り金と社会保険料預り金勘定に区別して計上しても正解です。

第2章のまとめ

POINT 1 勘定科目の属性

勘定科目には、資産、負債、純資産、費用、収益などの属性があります。仕訳処理をするときは、この属性を考慮して借方と貸方にそれぞれ適切な勘定科目を計上しましょう。

POINT 2 取引の複合性

仕訳は、いくつかの複合した要素を含んでいます。たとえば、商品の仕入であれば、支払にかかる現金や当座預金、手形取引、前払金などです。どのような要素が含まれているかを考えて仕訳をしましょう。

POINT 3 商品売買

商品の仕入、売上の処理はその代金がどのように決済されるかが重要です。したがって、この処理のためには小切手や手形などの取り扱いを完全にマスターしなければなりません。

POINT 4 現金・当座預金

現金は通貨代用証券の内訳に、また当座預金は当座借越勘定の処理方法に注意しましょう。特に通貨代用証券の中でも、他人振出の小切手はしばしば処理することがあるのでしっかりマスターしておきましょう。

POINT 5 手形その他の取引

手形取引は振出、受取りの処理が基本です。また、最近は手形の代用として電子取引も多いので電子記録債権、債務勘定も理解しておきましょう。

POINT 6 有形固定資産

固定資産は、購入した場合の付随費用の取扱い、また売却時の帳簿価額と売却価額との差額の考え方が重要です。また、リース取引も契約時とリース料支払時の処理をマスターしておきましょう。

POINT 7 その他

上記以外の債権・債務の勘定科目も重要ですから、正しい処理ができるようにしておきましょう。また、純資産に関する会社設立や配当金の処理もマスターしておきましょう。

第3章

帳簿への記入

学習のポイント

簿記は取引を帳簿へ記入し、これを集計して財務諸表を作成することが主な目的です。そのために作られる帳簿は仕訳帳と総勘定元帳が主要なものです。ただ、それ以外にも会社ではいろいろな帳簿を作成します。ここでは、それらの帳簿を主要なものと補助的なものとに分け、それぞれの役割を説明していきます。各帳簿には独特な記入方法があるので、ひとつひとつ理解していきましょう。

仕訳帳と総勘定元帳

1 仕訳帳

これまで処理してきた仕訳方法は、学習上の簡易的なものでしたが、本来は仕訳帳という正式な帳簿へ記入します。ここでは正式な仕訳帳で仕訳をしてみましょう。

会社で作成する帳簿

会社では多くの取引が発生します。これまで学んだ通り、取引のすべては仕訳をする必要があります。当然のことですが、会社の規模が大きくなればその作業は膨大になります。

知っておこう！
会社の規模が大きくなれば1日にたくさんの仕訳をしなければなりません。

会社では、その規模にかかわらず、**仕訳帳**で処理したものを**総勘定元帳**へ転記する作業が必ず行われます。

会社で使われる帳簿はすべて会計帳簿に記録されますが、この仕訳帳と総勘定元帳の2冊のことは、会計取引のすべてが記録されている特に重要な帳簿という意味で**主要簿**といいます。この主要簿の作成は法律でも義務づけられており、一般的に帳簿というのは、このうちの総勘定元帳を指しています。

知っておこう！
青色申告をするときにもこの帳簿を記帳していることが条件になります。

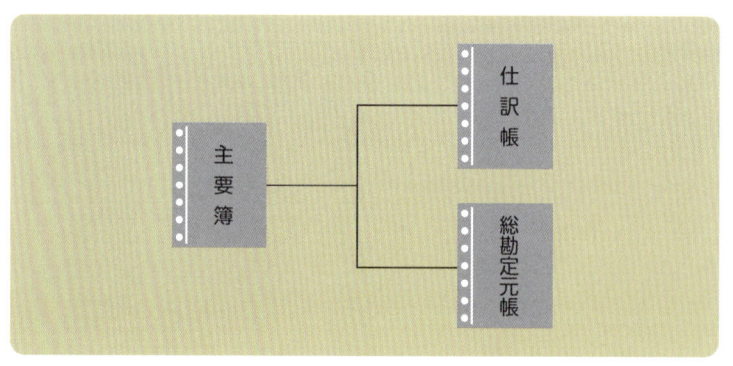

主要簿 ─┬─ 仕訳帳
        └─ 総勘定元帳

勘定科目の色分け……　資産　負債　純資産　収益　費用

仕訳帳での仕訳

本書でこれまで行ってきた仕訳方法は簡易的なものでした。ここでは、正式な仕訳帳を用いた仕訳をしてみることにします。

[例] 6月8日、A社より甲商品5,000円を仕入れ2,000円は現金を支払い残額は掛とした。

(仕　　　　入)　5,000　　(現　　　　金)　2,000
　　　　　　　　　　　　　(買　　掛　　金)　3,000

仕　訳　帳

日付		摘　　　　要		元丁	借　方	貸　方
6	8	(仕　　入)	諸　口	24	5,000	
			(現　　金)	12		2,000
			(買　掛　金)	8		3,000
		A社より甲商品を仕入 一部掛				

- 取引の詳細を小書き
- 貸方科目が2つある
- 取引を区切るための仕切線
- 仕訳は1科目1行で
- 総勘定元帳内のページ数

上記の仕訳は貸方に複数の勘定科目が計上されているので、仕訳帳の最上部1行目の右側に**諸口**と記入します。

元丁欄には数字が記入されていますが、これは総勘定元帳内の該当する勘定口座のページ数を示しています。また、取引仕訳の最後に仕切線を引きます。これは摘要欄にしか引かないので、日付欄や元丁欄まで引かないように注意しましょう。

用語解説

元丁欄
仕訳帳の元帳欄には総勘定元帳内の、該当する勘定口座のページ数を記入します。

知っておこう！

諸口は「しょくち」と言い、借方か貸方に勘定科目が2つあることを示します。

練習問題

下記に示す取引を仕訳帳を用いて仕訳しなさい。

7月9日　購入したばかりの備品20,000円を25,000円で売却し、仲介業者に対する手数料1,000円を控除した金額を現金で受取った。

解答

仕　訳　帳

日付		摘　　　　要		元丁	借　方	貸　方
7	9	諸　口	諸　口	✓		
			(現　　　金)	○	24,000	
			(支 払 手 数 料)	○	1,000	
			(備　　　品)	○		20,000
			(固定資産売却益)	○		5,000
		不要備品を売却した				

解説

実務上では仕訳は第4章で学習する伝票処理するのが一般的です(➡P120)。また、日商簿記検定3級では仕訳帳へ仕訳する問題が出題されることはほとんどありません。したがって、上記のような仕訳帳における仕訳は、今後も目にすることはないでしょう。

仕訳帳と総勘定元帳

❷ 総勘定元帳

総勘定元帳は会計帳簿の中で最も重要な帳簿です。ここでは仕訳をした後、それを勘定口座へ転記する流れをみていきましょう。

簿記における総勘定元帳の重要性

簿記は、発生した取引を一定のルールにしたがい正確に記録していくものです。そして、簿記の目的は取引記録を集計して経営成績などの計算結果を示すことにありました。

この帳簿は大事！
総勘定元帳

それらを知るために、すべての取引は**総勘定元帳**に集計していくことになります。当然ながら、記入漏れや記入ミスがあれば正確な経営成績などの計算はできないので正しい帳簿を作成していくことが、会社にとって、とても重要なことです。

知っておこう！
経理業務の正確性は、いかに正しい会計帳簿を作っているかということに関係します。

総勘定元帳の様式

総勘定元帳には資産勘定の現金などから収益勘定の売上など、さまざまな勘定口座のページがあり、ここにすべての取引を記入していきます。その勘定口座の記入様式には2つの形態があります。これまで本書では、現金などの勘定口座はT字型の簡易的なものに記入をして説明してきましたが、ここでは勘定口座の正式な記入様式を学習します。

総勘定元帳内の勘定口座の様式は下記の**標準式**と**残高式**の2つです。

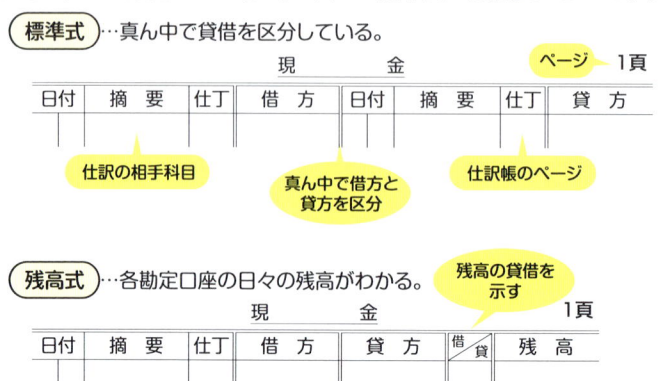

標準式…真ん中で貸借を区分している。

現　金　　　　　　　　　　ページ 1頁

日付	摘要	仕丁	借方	日付	摘要	仕丁	貸方

- 仕訳の相手科目
- 真ん中で借方と貸方を区分
- 仕訳帳のページ

残高式…各勘定口座の日々の残高がわかる。

現　金　　　　　　　　　　　　1頁

日付	摘要	仕丁	借方	貸方	借/貸	残高

- 残高の貸借を示す

知っておこう！
実務上は残高式がスタンダードな様式で、会社ではこちらの様式を用いるのが一般的です。

転記のための３要素

仕訳帳の様式はひとつしかありませんが（➡P95）、勘定口座は左ページのように２つの様式があり、会社はどちらの方法でも選択することができます。

また勘定口座に記入するときは、転記の３要素と呼ばれる記入上のルールを守る必要があります。これは取引日の**日付**、仕訳に際しての**相手勘定科目の名称**、そして**取引金額**の３つを必ず記入することです。

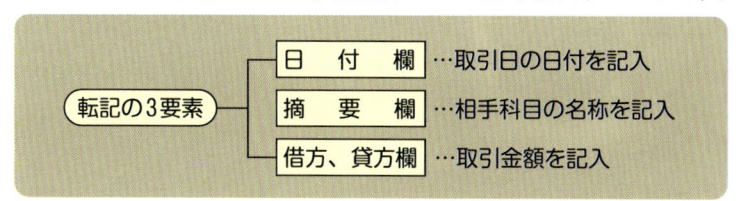

```
                  ┌─ 日 付 欄 …取引日の日付を記入
転記の３要素 ─────┼─ 摘 要 欄 …相手科目の名称を記入
                  └─ 借方、貸方欄 …取引金額を記入
```

知っておこう！
最初のうちは、相手勘定科目を摘要欄に書くことに慣れましょう。

練習問題

下記に示す仕訳帳における仕訳を標準式と残高式の当座預金勘定に転記しなさい。

仕 訳 帳　　　　　　　　　　　　1頁

日付		摘　　　要	元丁	借方	貸方
4	5	（当 座 預 金）	2	3,000	
		（売　掛　金）	○		3,000
		得意先Aより3月分の売掛金回収			
	9	諸　口　　（当 座 預 金）	2		4,200
		（借　入　金）	○	4,000	
		（支　払　利　息）	○	200	
		B銀行へ借入金返済			

（総勘定元帳のページ／勘定口座のページ）

解答

標準式

当 座 預 金　　　　　　　　　　2頁

日付		摘要	仕丁	借方	日付		摘要	仕丁	貸方
4	1	前期繰越	✓	8,000	4	9	諸　口	1	4,200
	5	売掛金	1	3,000					

（仕訳帳のページ／仕訳帳の元丁欄）

残高式

当 座 預 金　　　　　　　　　　2頁

日付		摘要	仕丁	借方	貸方	借/貸	残高
4	1	前期繰越	✓	8,000		借	8,000
	5	売掛金	1	3,000		〃	11,000
	9	諸　口	1		4,200	〃	6,800

・仕訳上の相手科目が２つ以上あることを示す
・当座預金が借方残高であることを示す

解説

転記の３要素を中心にしてどのような勘定記入が行われているのかを理解しましょう。

補助簿

1 補助簿の記入目的

補助簿は、会計記録の補助的な記入を行います。ここでは補助簿の記入目的やその種類を学習しましょう。

会計帳簿の体系

　総勘定元帳は、会社の経営成績や財政状態を明確にするために記入するものです。したがって、金額が正確であればひとつひとつの取引などの詳細を省略しても差し支えありません。

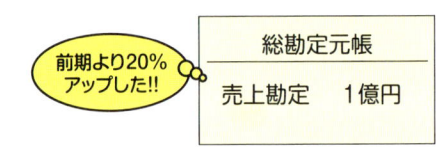

　　　　　　　　　　総勘定元帳
　前期より20%　　　売上勘定　　1億円
　アップした!!

　しかし、総勘定元帳だけでは、どこの得意先にどれだけ販売したことにより、上図のように売上が20%アップしたかはわかりません。
　そこで、取引内容について、詳細な情報を把握するために、主要簿とは別に補助的な帳簿である**補助簿**を作成します。これを会社全体での帳簿の体系として考えると次のようになります。

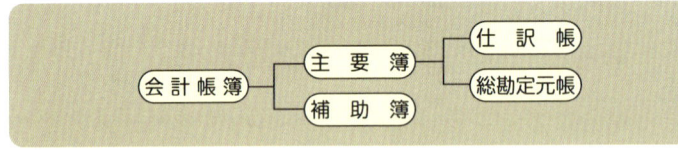

　　　　　　　　　　　　　　　仕　訳　帳
　　会　計　帳　簿　──　主　要　簿
　　　　　　　　　　　　　　　総勘定元帳
　　　　　　　　　　　└─　補　助　簿

知っておこう!
補助簿は財務状態などの把握のためでなく、取引の内訳を知るために作成します。

補助簿の記入

　会社では主要簿である仕訳帳や総勘定元帳の記入は不可欠で、法律でもその作成が定められています。これは、会社の経営管理などに必要な情報を得るために欠かせない帳簿だからです。
　しかし、補助簿に関しては、必ずしも完璧な帳簿を用意する必要はありません。どのような補助簿に記入するかは会社の任意です。
　つまり、会社が主要簿以外に補助簿を設けるのは、必要に応じてということになります。当然のことですが、その必要性が低いものにまで補助簿の記入をすることになれば、経理の業務量が増大することになります。

知っておこう!
中小企業などでは補助簿をまったく設けない会社もあります。会社で記帳する必要がないと判断すれば、作らなくても問題ありません。

補助簿の種類

補助簿は、取引順にその詳細を記入する現金出納帳などの**補助記入帳**と、特定の勘定や取引先との取引内容の詳細を記録する売掛金元帳などの**補助元帳**と呼ばれるものに区分されます。

補助簿の分類

分　　類	具 体 的 名 称
補助記入帳	小口現金出納帳（➡P50）、現金出納帳（➡P100）、当座預金出納帳（➡P102）、仕入帳（➡P104）、売上帳（➡P105）、受取手形記入帳（➡P108）、支払手形記入帳（➡P109）、固定資産台帳（➡P114）
補 助 元 帳	売掛金元帳（➡P106）、買掛金元帳（➡P107）、商品有高帳（➡P110）

知っておこう！
補助簿の記入知識は、実務において必要とされます。日商簿記検定3級でもその記入が出題されることがあります。

[例] 仕入先A社より商品1,000円を仕入れ、代金は月末払いにしたという取引を、どのような補助簿に記入するか考えてみます。

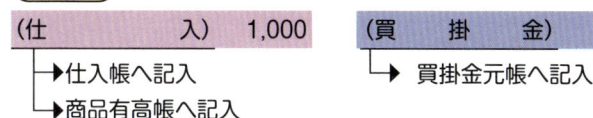

取引仕訳

（仕　　　　　入）1,000　　　（買　　掛　　金）1,000
　→仕入帳へ記入　　　　　　　　　→買掛金元帳へ記入
　→商品有高帳へ記入

もちろん上記の仕訳は、仕訳帳と、総勘定元帳の仕入と買掛金の勘定口座へも記入します。したがって、合計5冊の帳簿へ記入する必要が生じます。

練習問題

下記に示す取引がどのような補助簿に記入されるのか、補助簿の名称を答えなさい。

①得意先A社より売掛金8,000円を回収した。3,000円はA社振出の小切手を受取り、ただちに自社の当座預金口座へ預入れ、5,000円はA社振出、自社宛の約束手形を受取った。

②仕入先B社より甲商品100個を9,000円で仕入れ、3,000円はB社宛の小切手を振出し残額は掛とした。なお、商品引取時に運賃500円が発生し、現金を支払った。

解答
①当座預金出納帳、受取手形記入帳、売掛金元帳
②現金出納帳、当座預金出納帳、買掛金元帳、仕入帳、商品有高帳

解説　それぞれ以下のような仕訳がされています。
①（当　座　預　金）3,000　　（売　　掛　　金）8,000
　（受　取　手　形）5,000
②（仕　　　　　入）9,500　　（現　　　　　金）　500
　　　　　　　　　　　　　　　（当　座　預　金）3,000
　　　　　　　　　　　　　　　（買　　掛　　金）6,000

補助簿

❷ 現金出納帳

現金勘定の詳細を記録するための補助簿が現金出納帳です。現金の収支取引が多い会社では、現金出納帳の記入は必要不可欠です。

現金出納帳の記入

簿記学習上、現金収支による取引は一般的な取引です。現金収支取引の多くは簡単に仕訳することができ、これを勘定口座に転記するということをこれまで学んできました。

知っておこう！
勘定口座の現金と現金出納帳の関係性をよく考えましょう。

[例] 4月7日にA社より甲商品100個（@50円）を仕入れて代金は現金で支払った。

(取引仕訳)

| (仕 入) | 5,000 | (現 金) | 5,000 |

総勘定元帳　　　現　　金　　　詳細は不明

日付	摘要	仕丁	借方	日付	摘要	仕丁	貸方
4	1	前期繰越	√	9,500	4	7	仕　入	○	5,000

上記の現金勘定の貸方では4月7日に商品仕入5,000円の支払いをしたことは分かります。しかし、「どこの会社から何を買ったのか」という取引の詳細はわかりません。そこで、この詳細を明らかにするために用いる補助簿が**現金出納帳**です。

用語解説
現金出納帳
現金勘定では分からない収支内訳を明らかにするために記入します。

補助簿　　　現　金　出　納　帳

日付	摘要	収入	支出	残高
4	1	前期繰越	9,500		9,500
	7	仕入　A社、甲商品（@50円）		5,000	4,500

また、小規模な小売店などでは日々、現金収支が多く発生するため、現金出納帳を仕訳帳や勘定口座である現金勘定の代わりにするということもあります。

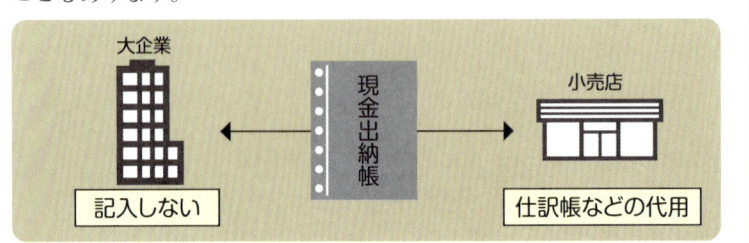

大企業　←　現金出納帳　→　小売店
記入しない　　　　　　　　仕訳帳などの代用

実務における現金出納帳

現金出納帳の記入は、現金収支の内訳を明らかにするという理由で重要な意味があります。しかし、よく考えると勘定口座の現金勘定と記入している内容は同じです。

また、ある程度の規模の会社になると、現金収支取引は営業担当者の交通費の精算程度しかありません。これについても、P50で学習した小口現金制度を採用するなどの理由で、直接的な現金収支取引はほとんど存在しないことになります。

このような理由により、現金出納帳を実際に使用している会社はほとんどありません。もし、現金出納帳を記入している会社があるとすれば現金を中心にした商品の仕入や売上を行っている、かなり小規模な会社と考えられます。

用語解説

帳簿の締切
補助簿に限らず、会計帳簿の借方残高と貸方残高をイコールにしておくことを「帳簿の締切」と呼びます。

練習問題

下記に示す取引を現金出納帳に記入し8月分として締切りなさい。

- 8月 1日　前月繰越額は20,000円である。
- 　　 4日　商品100,000円をA社へ売上げ、現金を受取った。
- 　　 7日　従業員Bの交通費20,000円を現金で支払った。
- 　　17日　取引先C社より手数料30,000円を現金で受取った。
- 　　20日　役員Dの交際費として40,000円を現金で仮払いした。

解答

現 金 出 納 帳

日付		摘　　　　要	収　入	支　出	残　高
8	1	前月繰越	20,000		20,000
	4	売上　A社へ売上	100,000		120,000
	7	旅費交通費　従業員Bへ		20,000	100,000
	17	受取手数料　取引先Cより	30,000		130,000
	20	仮払金　役員Dの交際費		40,000	90,000
		合　計	150,000	60,000	
	31	次月繰越		90,000	
			150,000	150,000	
9	1	前月繰越	90,000		90,000

次月繰越欄は赤字で記入

解説

摘要欄は、まず取引仕訳に際しての相手勘定科目の名称を記入してください。続けて取引の内訳をできるだけ具体的に記入してください。
現金の収支取引を下記に示す仕訳を参考にして現金出納帳に記入します。

```
8月4日 (現　　　　金) 100,000  (売　　　　上) 100,000
　 7日 (旅 費 交 通 費)  20,000  (現　　　　金)  20,000
　17日 (現　　　　金)  30,000  (受 取 手 数 料)  30,000
　20日 (仮　払　　金)  40,000  (現　　　　金)  40,000
```

補助簿

3 当座預金出納帳

当座預金出納帳は、当座預金の残高を管理するためのものです。特に当座借越が発生した場合の記入方法に注目しましょう。

当座預金出納帳の記入目的

当座預金の預入と引出は大口の取引です（➡P54）。そのため、会社は**不渡小切手**を発生させないように当座預金口座を開設するときには、銀行との間で**当座借越契約**を締結します。

[例] 7月4日、仕入先B社へ買掛金 50,000円を支払うために小切手を振出した。ただし、本日の当座預金残高は 30,000円であった。なお自社は口座開設時に銀行との間で当座借越契約を限度額 1,000,000円として締結している。

　　（買　　掛　　金）50,000　（当　座　預　金）50,000

上記の処理により当座預金残高はマイナス20,000円、つまり当座借越が発生したことになります。

当座預金出納帳は、この当座預金の残高がどの程度あるのか、また当座借越契約の限度額を超えないよう借入額を管理するのが目的です。

当座借越の管理

当座預金出納帳では主に当座預金残高、また当座借越の発生を管理する目的から、これらのことを示す「借／貸」という特別な記入欄が設けられています。この欄の記入方法は取引仕訳の際、当座預金残高がプラスかマイナスかを考えることが重要です。

[例] 上記取引を当座預金出納帳に記入してみることにします。

当座預金出納帳

日付		摘　要	預入	引出	借／貸	残高
7	3	仕入　A社甲商品仕入		30,000	借	30,000
	4	買掛金　B社分支払		50,000	貸	20,000
	6	売上　C社分	60,000		借	40,000

→ 前日残高（30,000の行）
→ 借入額（20,000の行）
当座借越の発生

当座預金出納帳の「借／貸」という欄に「貸」と記入されているときは、当座借越が発生していることを意味します。

用語解説

不渡小切手
預金残高不足で決済することのできない小切手をいいます。

知っておこう！

当座借越が発生するときは左記の［例］のように借越限度額の記述があるので、すぐにわかります。

複数の当座預金口座の管理

多くの会社では、複数の銀行と取引をしており、それぞれの銀行に当座預金口座を開設している場合があります。このようなときは、銀行ごとに当座預金出納帳を複数設けて記帳することになります。また、銀行別の名称を用いた勘定科目を使用する方法もあります（➡P59）。

練習問題

下記に示す当座預金に関係する取引を当座預金出納帳に記入し、9月分として締切りなさい。なお当座借越契約（限度額100,000円）が行われている。

- 9月 1日　8月分からの繰越額は80,000円であった。
- 　　 3日　A社から売掛金の回収として受取ったA社振出の小切手90,000円をただちに当座預金口座へ預入れた。
- 　　 5日　6月末日にB社の買掛金200,000円を決済するために振出した約束手形が、本日決済日につき当座預金口座で決済された。
- 　　16日　C社へ商品50,000円を売上げ、C社振出の小切手を受取り、ただちに当座預金口座へ預入れた。
- 　　20日　8月分の電気代10,000円が当座預金口座から引落とされた。

解答

当 座 預 金 出 納 帳

日付		摘　　　　要	収　入	支　出	借/貸	残　高
9	1	前月繰越	80,000		借	80,000
	3	売掛金　A社振出小切手預入	90,000		〃	170,000
	5	支払手形　B社宛約束手形		200,000	貸	30,000
	16	売上　C社振出小切手預入	50,000		借	20,000
	20	水道光熱費　8月分電気代		10,000	〃	10,000
		合　計	220,000	210,000		
	30	次月繰越		10,000		
			220,000	220,000		
10	1	前月繰越	10,000		借	10,000

解説

9月5日に約束手形の決済のために200,000円の引落しがあり、この時点で当座借越が発生するので「借／貸」の欄の記入に注意しましょう。
9月中に行われた当座預金の取引を仕訳で示せば次の通りです。

9月3日	（当　座　預　金）	90,000	（売　　掛　　金）	90,000
5日	（支　払　手　形）	200,000	（当　座　預　金）	200,000
			当座借越30,000円が発生している	
16日	（当　座　預　金）	50,000	（売　　　　　上）	50,000
20日	（水　道　光　熱　費）	10,000	（当　座　預　金）	10,000

補助簿

4 仕入帳と売上帳

仕入帳と売上帳は会社が商品売買を行った場合、その詳細を記録しておく目的で記入される補助簿です。

仕入帳と売上帳の記入事項

商品売買を行った場合、仕入勘定や売上勘定を用いて会計処理をすることにより、期中に発生した仕入や売上金額の総額は明らかになりました。しかし、この仕入勘定や売上勘定からは「何を取引したか」ということの詳細は明らかになりません。

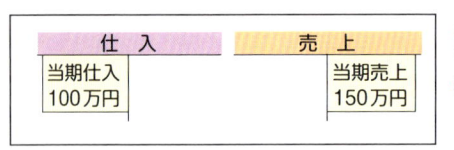

仕 入		売 上	
当期仕入 100万円			当期売上 150万円

何を売買したのか後からではわからないな

そこで、この商品売買の取引内容、たとえば売買した取引先の企業名、商品の種類、数量、金額、さらに取引代金の決済方法などについての詳細を記入しておくために**仕入帳**や**売上帳**を作成します。

[例] 7月2日にN社から甲商品100個（@200円）を仕入れ、5,000円は現金で支払い、残額はN社宛の約束手形を振出した。なお引取運賃（月末一括払）が300円発生している。

仕 入 帳

日付	摘　　　　要	金　額
7 2	N社より甲商品：100個×@200円	
	現金5,000円、約束手形15,000円	
	仕入諸掛費　300円（月末払い）	20,300

知っておこう！
金額の前につけるマーク（@）はアットマークと呼び、単価のことを示します。

知っておこう！
摘要欄の特別な記入ルールはありません。できるだけ取引の詳細を記入しましょう。

締切方法

また仕入帳や売上帳の金額は勘定口座の仕入勘定や売上勘定の金額と一致させておくために月末には締切り、その金額を確認します。

仕 入	
当月総仕入 10,000	返品 3,000
	当月純仕入 7,000

＝ 一致

仕 入 帳

日付	摘　　　要	金　額
31	当月総仕入高	10,000
〃	当月返品高	3,000
〃	当月純仕入高	7,000

知っておこう！
仕入値引きや返品は、期中期末いずれも朱文字で記入します。

記入の目的

仕入帳は、仕入勘定における取引内訳を示す目的で作成します。同様に、売上帳は売上取引の内訳を示すために作成します。費用と収益の違いはありますが、基本的な記入方法は、おおむね同じように行われます。

練習問題

下記に示す取引を売上帳に記入し、9月分として締切りなさい。

9月 7日 D社へ甲商品100個（販売価額@700円）を販売し、代金は掛とした。なお、発送費4,000円（当社負担）は現金で支払った。

9日 E社へ甲商品30個（販売価額@700円）を販売し、10,000円はE社振出の小切手を受取り、残額は掛とした。

12日 E社へ販売した甲商品5個が事情により返品されてきたため、掛代金と相殺した。

15日 F社へ乙商品50個（販売価額@800円）を販売し、代金は掛とした。発送時に3,000円の運賃を現金により立替払いしているが、この金額は売掛金に含めた。

21日 F社へ販売した乙商品5個（@800円）が返品され、代金は掛代金と相殺した。

解答

売　上　帳

日付		摘　　　　要	金　額
9	7	D社　甲商品100個（@700円）掛	
		発送運賃4,000円当方負担	70,000
	9	E社　甲商品30個（@700円）	
		E社振出小切手10,000円、掛11,000円	21,000
	12	E社　甲商品5個（@700円）返品	3,500
	15	F社　乙商品50個（@800円）掛	
		発送運賃3,000円先方負担	40,000
	21	F社　乙商品5個（@800円）返品	4,000
	30	当月総売上高	131,000
	〃	当月返品高	7,500
	〃	当月純売上高	123,500

21,000・40,000 これらを足す → 131,000
7,500 ← 3,500円＋4,000円
123,500 ← 上記の差額

解説

9月中に行われた売上取引を仕訳で示せば次の通りです。

```
9月7日 （売　掛　金）  70,000  （売　　　上）  70,000
       （発　送　費）   4,000  （現　　　金）   4,000
  9日 （現　　　金）  10,000  （売　　　上）  21,000
       （売　掛　金）  11,000
 12日 （売　　　上）   3,500  （売　掛　金）   3,500
 15日 （売　掛　金）  43,000  （売　　　上）  40,000
                                （現　　　金）   3,000
 21日 （売　　　上）   4,000  （売　掛　金）   4,000
```

補助簿

5 売掛金元帳と買掛金元帳

売掛金元帳と買掛金元帳は、取引先別に掛代金残高を把握するために作成されます。この「取引先別に記帳する」という点がポイントです。

売掛金元帳

掛売上をしている会社では、月末に得意先別に売掛金の未回収額を計算して請求書を作成します。この得意先別の請求書は、売掛金勘定を基にして作成することはできません。そのため、売上時と売掛金回収時に、得意先別に売掛金残高を管理する目的で**売掛金元帳**を作成します。

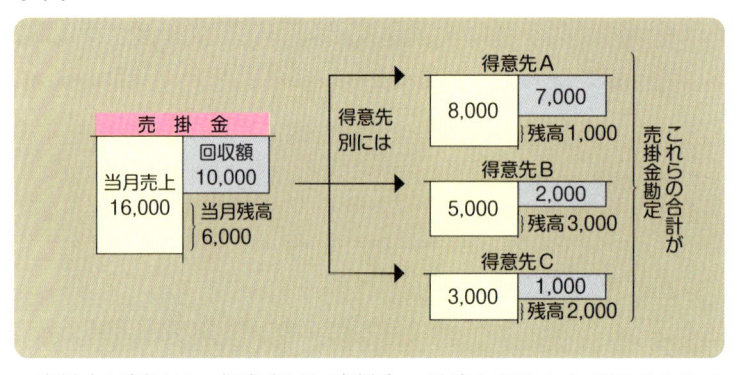

知っておこう！
売掛金勘定では、単に掛代金の増減しか記入しません。

知っておこう！
請求書の金額にミスがあると会社の信用を失います。

売掛金元帳には、得意先別に売掛金の増減を取引のたびに記入します。この売掛金元帳の特徴は得意先別に各ページを設ける点で、得意先が10件あれば同じ数だけ取引先のページが存在します。

[例] 得意先A社に7月中に売上と手形による掛代金の回収があったとすると、売掛金元帳（A社分）の記入は下記のようになります。

用語解説
得意先元帳
売掛金元帳は、得意先元帳と呼ぶこともあり、これらは同じ補助簿を意味します。

売 掛 金 元 帳　　A 社

日付		摘　　要	借方	貸方	借/貸	残高
7	1	前月繰越	4,000		借	4,000
	10	売上	4,000		〃	8,000
	20	約束手形回収		7,000	〃	1,000
		合　計	8,000	7,000		
	31	次月繰越		1,000		
			8,000	8,000		
8	1	前月繰越	1,000		借	1,000

買掛金元帳

買掛金元帳は、仕入先別に買掛金を管理し、仕入先から送付される請求書の金額にミスがないかどうかを検証する目的で作成します。売掛金と貸借は逆になりますが、掛代金を管理するという目的は同じです。

買 掛 金 元 帳　　B社

日付		摘　要	借方	貸方	借/貸	残高
7	1	前月繰越		50,000	貸	50,000
7	5	仕入A商品60個		30,000	〃	80,000

（摘要：取引内容／借方：買掛金−／貸方：買掛金＋）

掛売上をしている会社では、請求書を正確に作成するために売掛金元帳を必ず作成します。しかし、掛仕入を行っていても買掛金元帳を作成する会社はほぼありません。

知っておこう！
買掛金元帳の作成が省略されるのは、仕入先の請求書を信頼しているためです。

練習問題

下記に示す8月中の仕入先A社との取引を参考にして、A社分の買掛金元帳を記入し、締切りなさい。

8月 1日　A社に対する7月末の買掛金残高は30,000円であった。
　　5日　A社へ当月末に仕入れる商品のため、手付金として現金100,000円を支払った。
　　17日　A社に対する買掛金25,000円を決済するため、A社宛の約束手形を振出し、A社に引き渡した。
　　25日　A社から商品140,000円を仕入れた。代金のうち100,000円は8月5日に支払った手付金と相殺し、残額は掛とした。

解答

買 掛 金 元 帳　　A社

日付		摘　要	借方	貸方	借/貸	残高
8	1	前月繰越		30,000	貸	30,000
	17	約束手形振出	25,000		〃	5,000
	25	仕入、一部手付金支払		40,000	〃	45,000
		合　計	25,000	70,000		
	31	次月繰越	45,000			
			70,000	70,000		
9	1	前月繰越		45,000	貸	45,000

解説

8月中に仕入先A社と行った買掛金に関する取引は次のようになります。
なお8月5日の取引は買掛金元帳(A社)には記入されないので注意しましょう。

```
8月5日 （前　払　金）100,000  （現　　　金）100,000
  17日 （買　掛　金） 25,000  （支 払 手 形） 25,000
  25日 （仕　　　入）140,000  （前　払　金）100,000
                              （買　掛　金） 40,000
```

第3章　帳簿への記入

補助簿

6 受取手形記入帳と支払手形記入帳

手形取引において、その支払期限は重要です。期日に決済が行われないときには取立ができなくなったり、不渡手形を発生させてしまうことになります。

受取手形記入帳

受取手形を保有する会社は、支払期日（満期日）に自らの取引銀行へ手形代金を取立てることを依頼（取立依頼）します。会社は受取手形の支払期日の管理や、受取手形勘定の詳細を知る目的で**受取手形記入帳**を作成します。

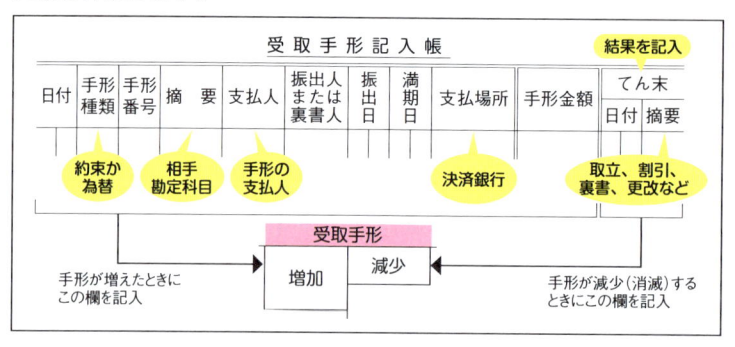

受取手形記入帳の様式:
- 日付
- 手形種類（約束か為替）
- 手形番号
- 摘要（相手勘定科目）
- 支払人（手形の支払人）
- 振出人または裏書人
- 振出日
- 満期日
- 支払場所（決済銀行）
- 手形金額
- てん末（日付・摘要）…結果を記入（取立、割引、裏書、更改など）

受取手形：手形が増えたときにこの欄を記入（増加）／手形が減少（消滅）するときにこの欄を記入（減少）

知っておこう！
受取手形は支払期日を過ぎると手形代金の取立ができなくなってしまいます。

知っておこう！
保有する手形は手形割引といって、期日前の換金化や裏書と呼ばれる買掛金などの支払手段として譲渡できます。

知っておこう！
手形法という法律では、手形には約束手形と為替手形があるとしています。ただし、日商簿記検定試験では為替手形は出題されません。

〔例〕下記に示す取引を受取手形記入帳に記入してみます。

5月10日　A社から売掛金50,000円の回収としてA社振出、自社宛の約束手形を受取った。この手形の支払日は6月30日、支払場所はB銀行で、手形番号はNo.5であった。

11日　C社より売上代金60,000円としてD社が4月30日に振出した約束手形の裏書譲渡を受けた。この手形の支払日は6月10日、支払場所はE銀行で、手形番号はNo.18であった。

20日　G社から売掛金30,000円の回収として、G社振出、自社宛の約束手形を受け取った。この手形の支払期日は8月20日、支払場所はH銀行で、手形番号はNo.21であった。

6月30日　5月10日にA社から受取った約束手形の支払期日となり、当座預金口座に50,000円の入金があった。

受取手形記入帳

日付	手形種類	手形番号	摘要	支払人	振出人または裏書人	振出日	満期日	支払場所	手形金額	てん末日付	てん末摘要
5/10	約束	5	売掛金	A社	A社	5/10	6/30	B銀行	50,000	6/30	取立
11	約束	18	売上	D社	C社	4/30	6/10	E銀行	60,000		
20	約束	21	売掛金	G社	G社	5/20	8/20	H銀行	30,000		

用語解説
てん末欄
受取手形勘定がどのように減少したかを記入するために設けられたものです。

支払手形記入帳

約束手形の振出をしている会社では、不渡手形を発生させないよう手形代金の支払期日を管理しておかなければなりません。そのために作成する**支払手形記入帳**も支払手形勘定の内訳を示しており、その様式は次のようになっています。

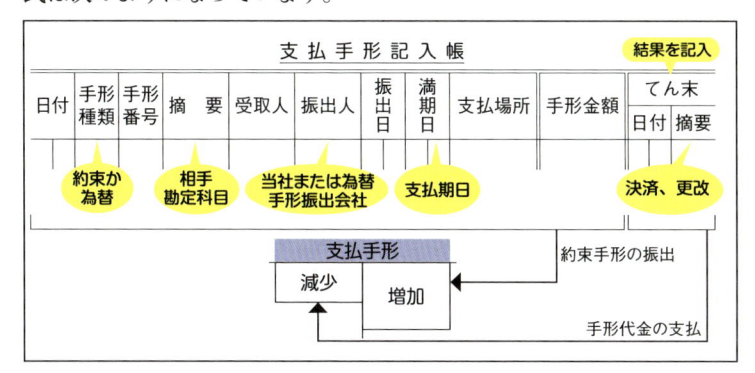

支払手形記入帳の様式：
- 日付
- 手形種類（約束か為替）
- 手形番号
- 摘要（相手勘定科目）
- 受取人
- 振出人（当社または為替手形振出会社）
- 振出日
- 満期日（支払期日）
- 支払場所
- 手形金額
- てん末（日付・摘要）＝結果を記入（決済、更改）

支払手形：減少／増加
- 約束手形の振出 → 増加
- 手形代金の支払 → 減少

用語解説

振出人
支払手形記入帳には「裏書人」という欄がありません。

更改
支払期日に資金が準備できないときに、その支払期日を延期することです。

練習問題

下記に示す取引を支払手形記入帳に記入しなさい。

6月 5日 A社から商品30,000円を仕入れ、7月31日を支払期日とする約束手形を振出した。この手形の支払場所は自社の取引銀行であるB銀行であり、手形番号はNo.19であった。

　　10日 仕入先であるC社の買掛金40,000円の決済のため8月10日を支払期日とするC社宛の約束手形を振出した。なおこの手形の番号はNo.20であり、支払場所はB銀行である。

7月31日 6月5日にA社に対して振出した約束手形30,000円が、B銀行の当座預金口座より本日決済された。

解答

支払手形記入帳

日付		手形種類	手形番号	摘要	受取人	振出人	振出日		満期日		支払場所	手形金額	てん末	
													日付	摘要
6	5	約束	19	仕入	A社	自社	6	5	7	31	B銀行	30,000	7/31	決済
6	10	約束	20	買掛金	C社	自社	6	10	8	10	〃	40,000		

解説

下記に示す仕訳を参考にして支払手形記入帳に記入します。

```
6月 5日 （仕     入） 30,000  （支 払 手 形） 30,000
   10日 （買  掛  金） 40,000  （支 払 手 形） 40,000
7月31日 （支 払 手 形） 30,000  （当 座 預 金） 30,000
```

補助簿

7 商品有高帳

商品の在庫管理のために記入するのが商品有高帳です。具体的な記入方法が2種類あるので、それぞれを完全にマスターしましょう。

商品有高帳の記入

商品売買において在庫品の管理は重要です。これは販売中の商品の在庫切れを防止したり、過剰在庫を保有しないためです。

あまった在庫はバーゲンかなぁ

そこで適切な在庫管理を行う目的で、**商品有高帳**(ありだか)という補助簿を記入することがあります。商品有高帳は商品の種類ごとに用意し、入出庫のたびに、その数量と単価、また在庫品の残高を記入します。

商品有高帳

日付	摘要	受入			払出			残高		
		数量	単価	金額	数量	単価	金額	数量	単価	金額

受入：仕入時に記入
払出：売上時に記入
残高：現在の在庫

知っておこう！
商品有高帳は日商簿記検定3級では、出題頻度の高い補助簿です。

用語解説
払出
在庫している商品を売上げることを示します。

異なる単価の在庫品の扱い

同じ種類の商品であっても、仕入単価の異なる在庫を保有することがあります。このようなときは、払出単価をどのように扱うか考える必要があります。

〔例〕7月5日に仕入れた@100円の商品10個と、同じく7月8日に仕入れた@120円の商品が10個あり、15個の商品が販売されたとします。払い出した商品の原価はどのように考えたらよいでしょう。

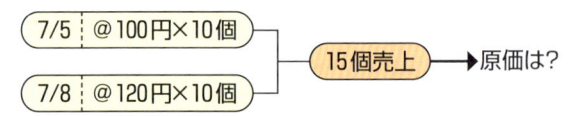

```
7/5  @100円×10個  ┐
                  ├→ 15個売上 → 原価は？
7/8  @120円×10個  ┘
```

このとき、先に仕入れた古い在庫7月5日仕入分の10個と、7月8日仕入分の5個を払出商品の原価と考える方法があります。このように古い在庫品から先に払出をするという考え方を**先入先出法**(さきいれさきだしほう)と呼びます。

知っておこう！
仕入単価が異なるときは、払出単価の計算方法により売上原価が異なります。これは商品販売益にも影響します。

払出原価 7月5日仕入分　7月8日仕入分
@100円×10個+@120円×5個＝**1,600円**

また、単価を在庫品すべての平均値で計算する方法もあり、これを平均法と呼びます。日商簿記検定3級では特に平均法の中の**移動平均法**が出題されます。

払出原価 15個×@110円 $\left(= \dfrac{@100円×10個+@120円×10個}{10個+10個} \right)$ ＝**1,650円**

先入先出法

先入先出法の考え方は、古い在庫品を優先的に払出すという現実の倉庫でも行われている商品の入出庫作業を前提にしています。

下記の練習問題を参考にして、異なる単価の商品が払出される場合の払出欄の単価金額の記入方法をマスターしてください。

知っておこう！
払出（金額）欄の合計が、販売された商品の原価である売上原価を示します。

練習問題

下記に示す7月中の商品売買を参考にして、先入先出法により商品有高帳を記入し、締切りなさい。

7月 1日　前月からの繰越商品は@19円のものが100個あった。
　　 5日　本日@22円の商品を200個、掛で仕入れた。
　　18日　本日商品200個を掛で販売した。
　　21日　本日@24円の商品を200個、掛で仕入れた。
　　27日　本日商品200個を掛で販売した。

解答

先入先出法　　　　　　　　　　商　品　有　高　帳

日付		摘　要	受入			払出			残高		
			数量	単価	金額	数量	単価	金額	数量	単価	金額
7	1	前月繰越	100個	19円	1,900円				100個	19円	1,900円
	5	仕　入	200	22	4,400				{100	19	1,900
									{200	22	4,400
	18	売　上				{100	19	1,900			
						{100	22	2,200	100	22	2,200
	21	仕　入	200	24	4,800				{100	22	2,200
									{200	24	4,800
	27	売　上				{100	22	2,200			
						{100	24	2,400	100	24	2,400
	31	次月繰越				100	24	2,400			
			500		11,100	500		11,100			
8	1	前月繰越	100	24	2,400				100	24	2,400

解説　商品有高帳を先入先出法により記入する際は、常に古い在庫から出荷します。したがって、7月18日の払出時には、前月繰越分の@19円(100個)と7月5日仕入分の@22円(200個)の新旧の商品のうち、前月繰越分の@19円(100個)から(つまり、古いものから)出荷が行われたと考えます。もちろん、足りない分は新しいものを払出します。この方法では、古い在庫と新しい在庫を別々に管理するとイメージしてください。なお、新旧在庫はカッコでくくっておきます。

移動平均法

単価の異なる在庫品を保有する場合、商品の管理方法によっては、古い在庫品と新しい在庫品の区別が不可能なこともあります。

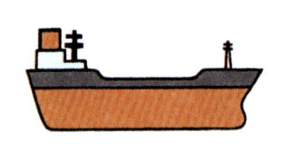

（古い原油も新しい原油もいっしょになっちゃうよ）

このようなときは、新旧の在庫品の単価を平均する方法を用います。この方法を**平均法**と呼び、商品の払出単価の計算をする場合には2つの平均法があります。

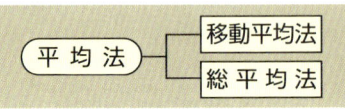

平均法 ── 移動平均法
　　　 └─ 総平均法

通常は一会計期間中に何度かの仕入が行われるはずです。移動平均法では、新しい商品を入手するたびに、古い在庫品の原価を考慮して平均単価を計算します。

用語解説
総平均法
総平均法は1カ月（または1年間）全体で平均単価を算出する方法です。この方法は日商簿記検定3級では出題されません。

移動平均法の平均単価　【重要】

$$\frac{旧在庫品数量 \times 単価 + 新仕入品数量 \times 単価}{旧在庫品数量 + 新仕入品数量}$$

〔例〕下記の例で移動平均法による単価を考えてみましょう。
①3月1日　前月繰越商品＠190円が10個ある。
②3月5日　第1回目の仕入として＠220円の商品を20個入手した。
③3月8日　第1回目の売上として商品20個を販売した。
④3月9日　第2回目の仕入として＠240円の商品を20個入手した。

まず、3月5日に第1回目の仕入を行った時点で平均単価を計算します。

②平均単価：$\frac{＠190円 \times 10個 + ＠220円 \times 20個}{10個 + 20個} = ＠210円$

次に3月8日の売上品20個は単価＠210円の商品を払出します。したがって8日の在庫は単価＠210円の商品が10個残っています。
さらに、3月9日に20個の仕入がありますので、再度平均単価を計算します。

④平均単価：$\frac{＠210円 \times 10個 + ＠240円 \times 20個}{10個 + 20個} = ＠230円$

知っておこう！
日商簿記検定3級では、商品有高帳へ実際に記入する問題が出題されます。

知っておこう！
移動平均法の移動とは、仕入の都度、その単価が変動（移動）するということです。

払出欄における売上原価

商品有高帳の払出欄には、販売された商品の原価が先入先出法、もしくは移動平均法によって記入されます。

払出単価が異なるので、両者の売上原価の金額は違います。

[例] P111とP113の練習問題の売上原価を示します。

```
                    7月18日分           7月21日分
P111  先入先出法：(1,900円＋2,200円)＋(2,200円＋2,400円)＝8,700円

P113  移動平均法：    4,200円   ＋      4,600円  ＝8,800円
```

会社は商品払出原価算出のために、先入先出法か移動平均法を任意で選択します。このとき、商品の価格変動事情や会社の儲けなどを考慮して、いずれかの方法を選択します。

知っておこう！
売上原価が大きくなるほど、商品販売益は少なくなります。

練習問題

下記に示す7月中の商品売買を参考にして移動平均法により商品有高帳を記入し、締切りなさい。（取引内容はP113と同じ）

7月 1日　前月からの繰越商品は＠19円のものが100個あった。
　　5日　本日＠22円の商品を200個、掛で仕入れた。
　　18日　本日商品200個を掛で販売した。
　　21日　本日＠24円の商品を200個、掛で仕入れた。
　　27日　本日商品200個を掛で販売した。

解答

移動平均法

商 品 有 高 帳

日付		摘　要	受　入			払　出			残　高		
			数量	単価	金額	数量	単価	金額	数量	単価	金額
7	1	前月繰越	100個	19円	1,900円				100個	19円	1,900円
	5	仕　入	200	22	4,400				300	21	6,300
	18	売　上				200	21	4,200	100	21	2,100
	21	仕　入	200	24	4,800				300	23	6,900
	27	売　上				200	23	4,600	100	23	2,300
	31	次月繰越				100	23	2,300			
			500		11,100	500		11,100			
8	1	前月繰越	100	23	2,300				100	23	2,300

解説

商品有高帳を移動平均法によって作成する場合には、新たな商品の受入があるたびに平均単価を求める必要があります。

7月 5日　平均単価： $\dfrac{@19円 \times 100個 + @22円 \times 200個}{100個 + 200個} = @21円$

7月21日　平均単価： $\dfrac{@21円 \times 100個 + @24円 \times 200個}{100個 + 200個} = @23円$

補助簿

8 固定資産台帳

固定資産である備品や車両運搬具などを保有する場合に、減価償却費の計上や税金等の管理のために補助簿を記載します。

固定資産管理

会社では営業目的で備品等の多くの固定資産を保有します。この固定資産は長期間使用し、規則的に減価償却費の計上も行わなければなりません。そこで、この固定資産を管理するために**固定資産台帳**と呼ばれる補助簿を作成することが考えられます。

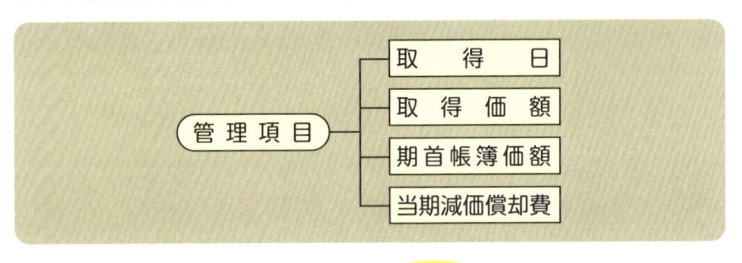

管理項目
- 取得日
- 取得価額
- 期首帳簿価額
- 当期減価償却費

知っておこう！
高額な備品や機械には固定資産税が課税され、この申告をするために固定資産台帳を記帳すると考えることもできます。

いつから走っているの〜？

ちゃんと台帳で管理してますよ

固定資産台帳

固定資産台帳には、おおむね下記のような項目が記載されています。

固定資産台帳

取得時期	種類用途	耐用年数	取得価額	期首減価償却累計額	期首帳簿価額	当期減価償却費
X1.7.1	備品	10	20,000	11,000	9,000	700
X2.5.20	車両	6	5,000	1,500	3,500	300

勘定科目 / 借方で計上 / 貸方で計上 / 当期費用計上額

用語解説

減価償却費
減価償却とは固定資産の費用化の手続で、詳しくは第5章で学習します。

総勘定元帳内の備品や車両の勘定口座では、取得日や減価償却費等の詳細が判明しないため、この台帳が用いられます。

勘定科目との関係

固定資産台帳に記載されている内容は、固定資産と減価償却累計額勘定と関連を持っています。

固定資産台帳

取得時期	種類用途	耐用年数	取得価額	期首減価償却累計額	期首帳簿価額	当期減価償却費
X1.7.1	備品	10	20,000	11,000	9,000	700
			ⓐ	ⓑ		ⓒ

備　　　品

X2.4.1 前期繰越	20,000	X3.3.31 次期繰越	20,000
ⓐ			

減価償却累計額

X3.3.31 次期繰越	11,700	X2.4.1 前期繰越	11,000	ⓑ
		X3.3.31 減価償却費	700	ⓒ

日商簿記検定では、この固定資産台帳の記入内容と勘定口座内の金額の関係が問われることになります。

> **知っておこう！**
> 固定資産台帳にはいろいろな様式のものがあります。ここでは標準的な様式のものを紹介しています。

練習問題

下記に示す当期中の固定資産の取引を参考にして固定資産台帳に記入しなさい。決算は年1回、3月31日とする。

- 4月 1日　前期から繰越された建物（取得日X1年4月7日、耐用年数30年、取得原価40,000円、減価償却累計額17,000円）がある。
- 5月20日　営業用備品20,000円（耐用年数8年）を購入し、代金は分割払いとした。
- 3月31日　決算となり、建物に2,000円、期中購入した備品に1,000円の減価償却費を計上する。

解答

固定資産台帳

取得時期	種類用途	耐用年数	取得価額	期首減価償却累計額	期首帳簿価額	当期減価償却費
X1.4.7	建物	30	40,000	17,000	23,000	2,000
X2.5.20	備品	8	20,000	－	20,000	1,000

解説　取引資料を仕訳などにすると、次のようになります。

4月 1日　与えられている事項をそのまま記載することになります。
5月20日　（備　　　　　品）20,000　　（未　　払　　金）20,000
3月31日　（減 価 償 却 費）3,000　　（建物減価償却累計額）2,000
　　　　　　　　　　　　　　　　　　　（備品減価償却累計額）1,000

確認問題

問題 下記に示す仕入帳を参考にして、仕入帳以外のどのような補助簿に、その取引が記入されるか、解答欄の該当する補助簿のところに○印を付けなさい。

仕　入　帳

日付		摘　　　要	金　額
8	7	宮崎商会　全額掛取引 　A商品　100個　@500円　50,000円 　引受運賃は現金払い　　　　2,300円	52,300
	10	長崎産業　約束手形振出 　B商品　200個　@200円　40,000円	40,000
	18	佐賀商事　約束手形裏書　20,000円 　　　　　小切手振出　　10,000円 　C商品　100個　@300円　30,000円	30,000
	20	宮崎商会　返品 　A商品　10個　@500円　5,000円	5,000
	27	福岡工業　小切手振出 　D商品　200個　@400円　80,000円 　引取運賃は現金払い　　　　3,500円	83,500

解答欄

補　助　簿	8月7日	8月10日	8月18日	8月20日	8月27日
現 金 出 納 帳					
当座預金出納帳					
売 掛 金 元 帳					
買 掛 金 元 帳					
受取手形記入帳					
支払手形記入帳					
売　　上　　帳					
商 品 有 高 帳					

解答

補　助　簿	8月7日	8月10日	8月18日	8月20日	8月27日
現 金 出 納 帳	○				○
当座預金出納帳			○		○
売 掛 金 元 帳					
買 掛 金 元 帳	○			○	
受 取 手 形 記 入 帳			○		
支 払 手 形 記 入 帳		○			
売　　上　　帳					
商 品 有 高 帳	○	○	○	○	○

解説　日商簿記検定3級では、補助簿に関して本問のような出題パターンが多いので解答方法をしっかりマスターしましょう。
　取引をきちんと仕訳して、借方と貸方の勘定科目をよく考えることが重要です。それぞれの勘定科目が何を示しているかを補助簿と関連付けて考えましょう。

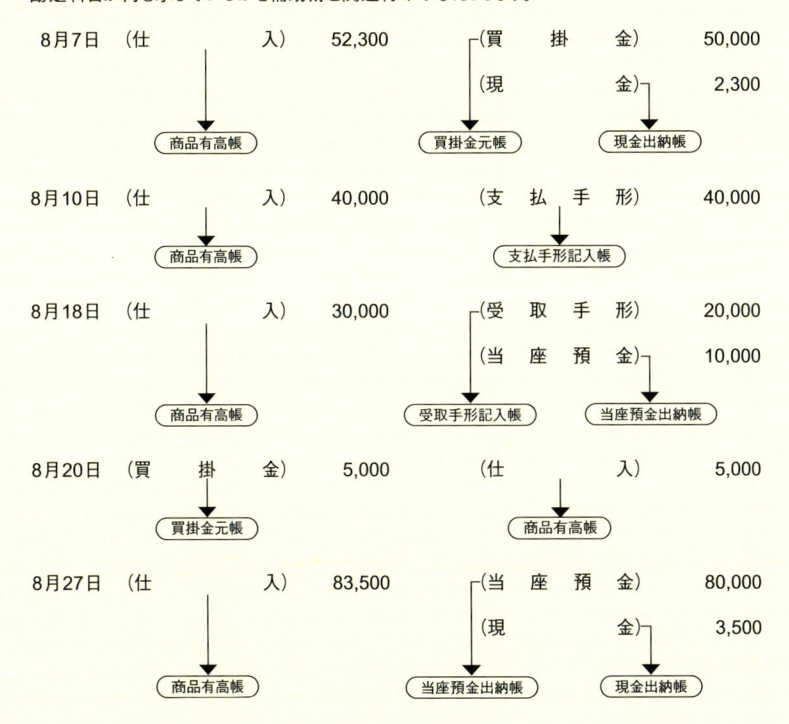

8月7日　（仕　　入）　52,300　（買　掛　金）　50,000
　　　　　　↓　　　　　　　　　　↓
　　　　商品有高帳　　　　　　買掛金元帳
　　　　　　　　　　　　　　（現　　金）　2,300
　　　　　　　　　　　　　　　　↓
　　　　　　　　　　　　　　現金出納帳

8月10日　（仕　　入）　40,000　（支　払　手　形）　40,000
　　　　　　↓　　　　　　　　　　↓
　　　　商品有高帳　　　　　　支払手形記入帳

8月18日　（仕　　入）　30,000　（受　取　手　形）　20,000
　　　　　　↓　　　　　　　　　　↓
　　　　商品有高帳　　　　　　受取手形記入帳
　　　　　　　　　　　　　　（当　座　預　金）　10,000
　　　　　　　　　　　　　　　　↓
　　　　　　　　　　　　　　当座預金出納帳

8月20日　（買　掛　金）　5,000　（仕　　入）　5,000
　　　　　　↓　　　　　　　　　　↓
　　　　買掛金元帳　　　　　　商品有高帳

8月27日　（仕　　入）　83,500　（当　座　預　金）　80,000
　　　　　　↓　　　　　　　　　　↓
　　　　商品有高帳　　　　　　当座預金出納帳
　　　　　　　　　　　　　　（現　　金）　3,500
　　　　　　　　　　　　　　　　↓
　　　　　　　　　　　　　　現金出納帳

第3章のまとめ

POINT 1　主要簿
簿記の記帳の中心になるのは、主要簿である仕訳帳と総勘定元帳の2冊です。発生した取引は仕訳帳で仕訳したあと、総勘定元帳の各勘定口座のページへ転記します。

POINT 2　主要簿と補助簿
主要簿の記入は法律により義務づけられています。しかし、補助簿は会社が必要に応じて記入するという任意的な帳簿です。主要簿だけでは把握できない細かい取引内容などを補助簿がサポートします。

POINT 3　当座預金出納帳
当座預金残高の管理のために作成するのがこの補助簿です。当座預金出納帳は当座借越が発生した場合の「借／貸」欄の記入方法を理解し、具体的な仕訳をできるようにしておきましょう。

POINT 4　売掛金元帳と買掛金元帳
会社は取引を掛によって行うことが多いので、その管理をするために作るのがこの2つの帳簿です。この2冊の記入方法は日商簿記検定3級でも問われることがあるので、しっかりおぼえましょう。

POINT 5　受取手形記入帳など
摘要欄、支払人、振出人または裏書人の氏名欄にはどのようなことが記入されているのかを知り、またこれらを参考にして仕訳ができるようにしておくことが重要です。

POINT 6　商品有高帳の払出欄
第3章の中では商品有高帳がもっとも重要です。この商品有高帳における払出単価をどのように割り出し、記入すればよいのかをマスターしておきましょう。

POINT 7　固定資産台帳
固定資産台帳は、総勘定元帳の各固定資産と減価償却累計額と密接な関係を持っています。両者を比較して、相互の意味がどのようなものかをマスターしておきましょう。

第4章

伝票会計

学習のポイント

会社では、取引を記録するために仕訳作業を行うということをここまで学んできました。ただ、会社ではこれまでみてきた仕訳帳を作って仕訳作業を行うのではなく、伝票によってその処理を行うことがほとんどです。ここでは、その伝票処理の方法を学びます。伝票会計の学習ポイントは、いままで学んできた仕訳作業を伝票上に記入するだけ、という点を理解することです。

伝票を用いた処理

伝票会計とは

会社の取引は仕訳帳という会計帳簿で処理することを学んできました。しかし、便宜的な方法として伝票と呼ばれる1枚の紙票で処理する方法もあります。

伝票による仕訳処理

会社の経理における簿記作業の多くは、現在コンピュータにより処理されています。コンピュータによる記帳システムとは、総勘定元帳に関するデータをコンピュータで管理するという意味です。

しかし、取引仕訳だけは現在も人の作業により行なわれています。また、この仕訳も仕訳帳で処理されているわけではなく、**会計伝票**という紙票を用いて行われるのが一般的です。仕訳は総勘定元帳の各勘定口座への記入をするための準備作業です。したがって、仕訳帳でも伝票でも仕訳する場所が違うだけということになります。

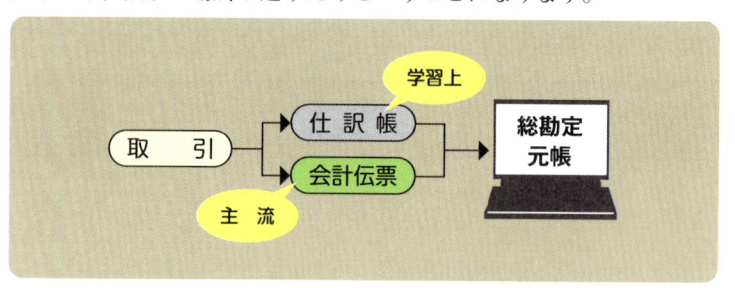

会社では日々発生する取引のすべてを伝票で仕訳処理し、その後これを経理課などが取りまとめて、コンピュータに入力するという作業が行われることになります。

ここでは、これまで学習してきた仕訳を仕訳帳で処理するという方法ではなく、会計伝票で処理する方法を学習します。

知っておこう！
取引仕訳の際の勘定科目の選定は、人間の判断に委ねられています。そのため、仕訳は人間の手により行う必要があります。

知っておこう！
最新の会計システムでは、伝票の記入をパソコンの画面上で行ってしまうので、伝票の記入もしないのが普通です。

会計伝票の記入方法

会計伝票上で取引を仕訳処理するためには、これまでに学んだ借方と貸方の左右へ勘定科目を振り分けるという仕訳をイメージしながら伝票へ記入する必要があります。

そのためには、まず伝票の種類と伝票システムを理解しなければなりません。伝票記帳の方法で、もっともオーソドックスなものに**三伝票制**（➡P122）と呼ばれるシステムがあります。まずは、この方法をマスターしましょう。

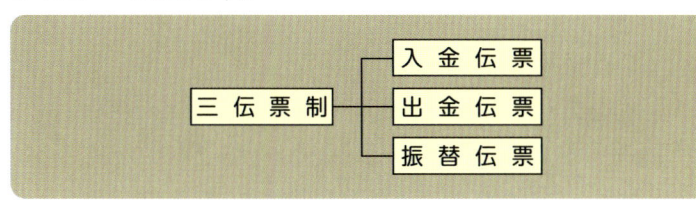

```
           ┌─ 入 金 伝 票
三 伝 票 制 ─┼─ 出 金 伝 票
           └─ 振 替 伝 票
```

また、やや高度であり専門的な伝票記帳の方法として、商品売買取引を中心に考えた五伝票制というシステムもあります。これは、上記の３種類の伝票に仕入伝票と売上伝票を加えたものです。

用語解説

伝票会計
仕訳を伝票上で処理するシステムのことを示します。

知っておこう！
会計伝票への記入を起票と呼びます。

知っておこう！
五伝票制は日商簿記検定には出題されません。

練習問題

下記に示す伝票会計に関する説明文の（　）の中に入る適当な語句を語群の中から選びなさい。

　伝票会計制度とは、会社で発生する取引を（①　　）ではなく（②　　）を用いて処理する方法です。仕訳には（②　　）を用いますが、総勘定元帳の各勘定口座へは従来通り（③　　）が行われます。

　この伝票会計システムには（④　　）と呼ばれる方法があり、入金伝票、出金伝票、（⑤　　）が用いられます。また、（④　　）に対して（⑥　　）という方法もあります。

【語群】 a.三伝票制　b.仕訳　c.五伝票制　d.振替伝票
　　　　e.仕訳帳　　f.転記　g.会計伝票

解答 ①e ②g ③f ④a ⑤d ⑥c

解説 仕訳帳と伝票を用いての仕訳の相違について点検しておきましょう。
三伝票制の基本は３種類の伝票をどのように使用するかを理解することです。

三伝票制

1 伝票記入の方法

会計伝票の記入はこれまで学んできた仕訳作業そのものです。したがって、まずこの「伝票記入 ＝ 仕訳作業」という感覚に慣れましょう。

取引の種類と伝票の関係

三伝票制で取引を仕訳する場合、取引を大きく２つに区分します。一方は現金収支を伴うもの、もう一方は現金収支を伴わないものです。

現金収支のある取引で、入金に関するものは入金伝票へ記入し、支払いをしたものは出金伝票に記入します。また、現金収支の伴わない取引は振替伝票に記入することになります。

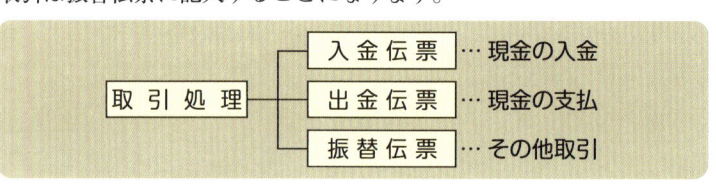

```
取引処理 ┬ 入金伝票 … 現金の入金
         ├ 出金伝票 … 現金の支払
         └ 振替伝票 … その他取引
```

知っておこう！
会社によっては、入金伝票を使用せず、すべて振替伝票だけで処理することもあります。

入金伝票と出金伝票

入金伝票・出金伝票への記入は、これまで現金の増減を貸借の左右で区別していた仕訳を、別々の伝票に記入すると考えてください。

[例] 下記に示す２つの取引を入金伝票と出金伝票に記入してみましょう。
取引A　６月２日　A社へ甲商品10,000円を売上げ現金を受取った。
取引B　６月８日　営業担当者Bへ交通費2,000円を現金で支払った。

取引A
入　金　伝　票
令和X2年６月２日
（売　　上）　10,000
A社へ甲商品売上

取引B
出　金　伝　票
令和X2年６月８日
（旅費交通費）　2,000
営業担当Bへ支払

上記の伝票記入を従来の通り仕訳すると、以下のようになります。

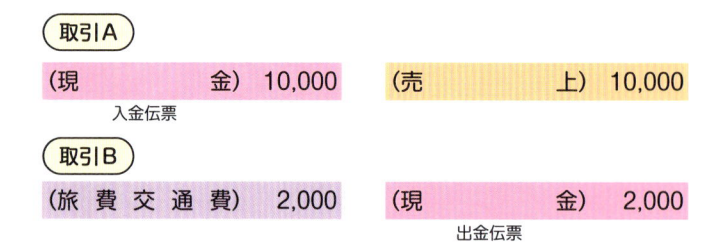

取引A
（現　　　　金）10,000　　（売　　　　上）10,000
　　入金伝票

取引B
（旅　費　交　通　費）2,000　　（現　　　　金）2,000
　　　　　　　　　　　　　　　　　出金伝票

振替伝票

掛取引など、入金伝票・出金伝票に記入できない取引は、振替伝票に記入します。振替伝票は、1枚の伝票の左右に貸借を示す形式で記入するので、取引の内訳を考えるのが簡単です。

用語解説
一取引一伝票
伝票は取引を簡略的に仕訳処理するために使います。そのため、1枚の伝票には1つの取引しか記入しません。

[例] 8月4日に得意先Cより7月分の売掛金30,000円をC社振出し、自社宛の約束手形により回収した。

```
           振 替 伝 票
          令和X3年8月4日
(受 取 手 形) 30,000 (売 掛 金) 30,000
          C社より約束手形を回収
```

会社で発生するすべての取引は、この3種類の伝票を用いることで仕訳処理できます。

練習問題

下記に示す取引を該当する伝票に記入しなさい。

4月3日　仕入先A社の買掛金50,000円を小切手の振出しにより支払った。
　　4日　得意先B社に商品60,000円を売上げ、10,000円は3月20日に現金で受取っている内金と相殺し、残額50,000円を現金で受取った。
　　5日　先月末に得意先Cに販売した商品の一部に欠陥があったため商品が返品され、これにともない、売上代金の一部3,000円を現金で返金した。

解答

4月3日
```
              振 替 伝 票
             令和X4年4月3日
(買    掛    金) 50,000 (当 座 預 金) 50,000
             仕入先A社への支払として
```

4月4日
```
    入 金 伝 票                    振 替 伝 票
   令和X4年4月4日                  令和X4年4月4日
(売    上) 50,000     (前  受  金) 10,000 (売   上) 10,000
  B社への売上代金として              3月20日分の内金を相殺した
```

4月5日
```
    出 金 伝 票
   令和X4年4月5日
(売    上) 3,000
  C社分の返品代金として
```

解説
4月3日　買掛金の小切手振出による決済であるため、振替伝票だけで処理ができます。
4月4日　このような取引は、下記のような通常の仕訳をしてから記入すべき伝票を考えるとよいでしょう。取引によっては複数の伝票に記入しなければならないものも多くあります。
　　　　(現　　　　金) 50,000　　(売　　　　上) 60,000
　　　　　　入金伝票
　　　　(前　受　金) 10,000
　　　　　　振替伝票
4月5日　売上返品に伴う返金ですから出金伝票だけで処理することになります。

三伝票制

2 一部現金取引

伝票会計でもっとも重要なのが、この一部現金取引です。三伝票制における一部現金取引の2つの処理方法を完全にマスターしましょう。

一部を現金で決済する取引

実際の取引では、決済代金の一部を現金で行うことがあります。このような取引を**一部現金取引**と呼びます。

[例] 商品50,000円を仕入れ、10,000円は現金で支払い残額は掛とした。

(仕 入)	50,000	(現 金)	10,000
貸方の一部に現金勘定を含んでいる →		(買 掛 金)	40,000

ただし、次のような取引は、一部現金取引には該当しません。

[例] 得意先B社より売掛金回収として40,000円、また今月末に引き渡す商品の内金として10,000円を、現金で合計50,000円受取った。

(現 金)	50,000	(売 掛 金)	40,000
↑ 借方に現金勘定しかない		(前 受 金)	10,000

知っておこう！
日商簿記検定3級では、必ずこの一部現金取引が出題されます。

知っておこう！
どのような取引が一部現金取引になるかどうかは仕訳を実際に行って判断してください。

一部現金取引の処理方法

一部現金取引には2つの処理方法があります。

処理方法 ─┬─ 分解処理 …各金額と処理科目を分解して処理
　　　　　└─ 擬制処理 …振替伝票上で仮装取引をして処理

[例] 8月4日に得意先C社に商品50,000円を販売し、10,000円は現金で受取り、残額は掛とした。

分解処理 上が入金伝票の処理で、下が振替伝票の処理。

(現 金)	10,000	(売 上)	10,000
(売 掛 金)	40,000	(売 上)	40,000

擬制処理 上が振替伝票の処理で、下が入金伝票の処理。

(売 掛 金)	50,000	(売 上)	50,000
(現 金)	10,000	(売 掛 金)	10,000

知っておこう！
擬制処理はまず掛売上の処理を行い、即掛代金を回収していると考えます。

具体的な伝票への記入方法

一部現金取引は、2つの処理方法で該当する伝票に記入します。その際、擬制処理では相殺されるということに注意しなければなりません。

[例] 左ページ下の例の処理を2つの方法で該当の伝票に記入します。

分解処理

入　金　伝　票
令和X2年8月4日
（売　　　上）　10,000
C社からの売上代金

振　替　伝　票
令和X2年8月4日
（売　掛　金）　40,000　（売　　　上）　40,000
C社に対する売上

擬制処理

振　替　伝　票
令和X2年8月4日
（売　掛　金）　50,000　（売　　　上）　50,000
C社に対する売上

入　金　伝　票
令和X2年8月4日
（売　掛　金）　10,000
C社からの回収として

知っておこう！

日商簿記検定3級の伝票会計の出題では、擬制処理のほうが出題頻度が高いです。

練習問題

下記に示す一部現金取引を、2つの処理方法により該当する伝票にそれぞれ記入しなさい。

9月7日　事務用の備品としてパソコン70,000円を購入し、20,000円は現金で支払ったが、残額は月末に支払うこととした。

9日　営業担当者が出張から戻り、仮払金50,000円を精算し、残金2,000円の現金の返還を受けた。支出内訳はすべて旅費交通費である。

解答

9月7日

分解処理

出　金　伝　票
令和X3年9月7日
（備　　　品）　20,000
パソコン購入代金の一部

振　替　伝　票
令和X3年9月7日
（備　　　品）　50,000　（未　払　金）　50,000
パソコン購入代金として

擬制処理

振　替　伝　票
令和X3年9月7日
（備　　　品）　70,000　（未　払　金）　70,000
パソコン購入し、一部現金払い

出　金　伝　票
令和X3年9月7日
（未　払　金）　20,000
パソコン代金支払

9月9日

分解処理

入　金　伝　票
令和X3年9月9日
（仮　払　金）　2,000
仮払金の精算

振　替　伝　票
令和X3年9月9日
（旅費交通費）　48,000　（仮　払　金）　48,000
出張による仮払金の精算として

擬制処理

振　替　伝　票
令和X3年9月9日
（旅費交通費）　50,000　（仮　払　金）　50,000
出張による仮払金の精算、一部返金あり

入　金　伝　票
令和X3年9月9日
（旅費交通費）　2,000
仮払金の精算

解説　9月9日の擬制処理は、まず旅費交通費50,000円を計上してから、このうち2,000円を入金伝票で相殺しています。

伝票の集計と転記

総勘定元帳への転記方法

伝票会計により各取引仕訳が伝票で処理されるとしても、総勘定元帳や補助簿へは従来通りの転記が行われます。

伝票から総勘定元帳への転記

伝票で処理された取引は、伝票から直接各勘定口座に転記されるか、あるいは**仕訳日計表**と呼ばれる集計表を通じて各勘定口座へ転記されます。

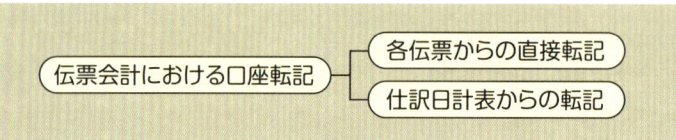

伝票会計における口座転記 ─┬─ 各伝票からの直接転記
　　　　　　　　　　　　　└─ 仕訳日計表からの転記

〔例〕8月5日にA得意先から先月分の売掛金2,000円を現金で回収した。入金伝票から各勘定口座へ直接転記する。

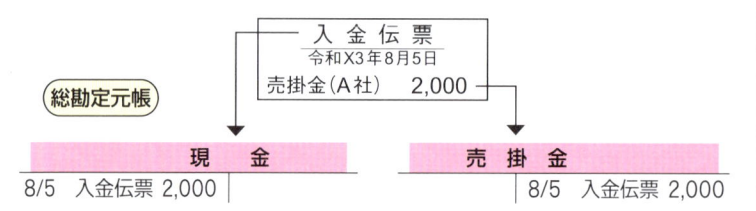

```
          入 金 伝 票
         令和X3年8月5日
        売掛金（A社）　2,000
```

総勘定元帳

現　　金		売 掛 金	
8/5 入金伝票 2,000			8/5 入金伝票 2,000

知っておこう！
伝票から勘定口座へ直接転記するときは、仕訳の相手科目ではなく転記元の伝票の名称を書きましょう。

〔例〕上記取引を仕訳日計表を通じて勘定口座へ転記する

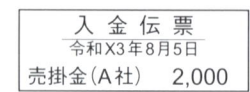

```
          入 金 伝 票
         令和X3年8月5日
        売掛金（A社）　2,000
```

仕 訳 日 計 表
令和X3年8月5日

借　方	勘定科目	元丁	貸　方
2,000	現　　金	1	
	売　掛　金	4	2,000

現　　金　　　1		売 掛 金　　　4	
8/5 仕訳日計表 2,000			8/5 仕訳日計表 2,000

知っておこう！
仕訳日計表から勘定口座へ転記する場合は仕訳日計表とします。

補助簿への記入

伝票会計が行われても、必要があれば補助簿への記入を行います。この補助簿への記入は、伝票からの各勘定口座への転記が直接行われていても、仕訳日計表を用いたとしても各伝票からそれぞれ補助簿に記入されるために同一の方法により行われます。

[例] 9月4日、N仕入先へ買掛金4,000円を支払うためにN社宛の約束手形を振出した。伝票からの勘定口座への転記は直接行うものとし、転記と仕入先元帳の記入を示しなさい。

```
            振 替 伝 票
           令和X3年9月4日
  (買掛金:N社) 4,000  (支 払 手 形) 4,000
```

(総勘定元帳)

支 払 手 形		買 掛 金	
	9/4 振替伝票 4,000	9/4 振替伝票 4,000	

(補 助 簿)

(仕入先元帳)	N 社	
9/4 約束手形 4,000		

※支払手形記入帳…支払手形の振出しがあるので、その旨を支払手形記入帳にも記録します。

知っておこう!
補助簿の仕入先元帳N社の借方「約束手形」は「支払手形」等を記入してもよいでしょう。

練習問題

下記に示す7月3日の各伝票を仕訳日計表(現金勘定のみ)に集計し、勘定口座の現金勘定への転記を示しなさい。

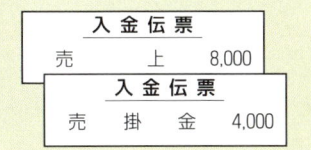

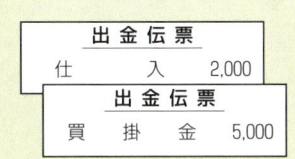

```
  入 金 伝 票              出 金 伝 票
 売    上  8,000         仕    入  2,000
  入 金 伝 票              出 金 伝 票
 売 掛 金  4,000         買 掛 金  5,000
```

解答

仕 訳 日 計 表
令和X3年7月3日

借 方	勘定科目	元丁	貸 方
12,000	現 金	1	7,000

現　　金　　　　　　1

7/3 仕訳日計表 12,000	7/3 仕訳日計表 7,000

解説 勘定口座へは仕訳日計表の合計額が転記されます。

確認問題

問題 1

下記に示す2枚の伝票は、三伝票制を採用している場合の、ある取引を記入したものである。この取引を通常の仕訳の形式で示しなさい。

```
     入 金 伝 票
     令和X3年3月9日
(前   受   金)  2,000
```

```
             振 替 伝 票
             令和X3年3月9日
(前   受   金)  8,000  (売       上)  8,000
```

問題 2

3月8日　仕入先甲社から商品3,000円を仕入れ、代金のうち1,000円は現金で支払い、残額は掛とした。三伝票制を採用することとして、出金伝票に下記の処理をした場合の振替伝票の記入を示しなさい。

```
     出 金 伝 票
     令和X3年3月8日
(仕      入)  1,000
      甲 社
```

問題 3

下記の未払金勘定は3月7日に備品Aを購入した際に転記されたものです。出金伝票の記入を示しなさい。

```
              未 払 金
3/7 出金伝票  10,000 | 3/7 振替伝票  20,000
```

問題 4

下記に示す振替伝票を(1)直接転記(2)仕訳日計表を用いた場合の仕入勘定の転記を示しなさい。

```
            振 替 伝 票
            令和X3年7月5日
(仕       入)  5,000  (受 取 手 形)  5,000
```

問題1 解答 （現　　　金）2,000　（売　　　上）8,000
　　　　　　　（前　受　金）6,000

解説　一部現金取引に該当し上記の処理が行われます。

（➡P124）

問題2 解答

振　替　伝　票
令和X3年3月8日
（仕　　　　　入）2,000　（買　掛　金）2,000
甲社から商品仕入

解説　出金伝票、振替伝票には下記の処理が行われます。
　　　　出金伝票：（仕　　　　　入）1,000　（現　　　金）1,000
　　　　振替伝票：（仕　　　　　入）2,000　（買　掛　金）2,000

（➡P124）

問題3 解答

出　金　伝　票
令和X3年3月7日
（未　払　金）10,000

解説　備品20,000円を購入し10,000円は現金、残額は未払いとした取引です。
　　　　振替伝票：（備　　　品）20,000　（未　払　金）20,000
　　　　出金伝票：（未　払　金）10,000　（現　　　金）10,000

（➡P124）

問題4 解答　(1)直接転記

仕　　入	
7/5　振 替 伝 票　5,000	

(2)仕訳日計表

仕　　入	
7/5　仕訳日計表　5,000	

解説　いずれの方法も相手勘定科目の記入方法に注意すること。

（➡P126）

第4章のまとめ

POINT 1 伝票会計とは
仕訳は仕訳帳を用いて行うのが基本です。しかし、実際には伝票を用いて仕訳することも多く、この伝票上で仕訳するシステムを伝票会計と呼びます。

POINT 2 伝票での仕訳
伝票で行う仕訳作業は、これまで学んできた仕訳の作業をそのまま伝票上でやるということです。このとき、仕訳を左右で処理するという仕訳帳で行ってきた貸借の振り分けをイメージしながら記入をしましょう。

POINT 3 三伝票制
入金伝票、出金伝票、振替伝票の3つの伝票を用いて処理するのが、この三伝票制です。この会計処理は伝票会計の基本なので、それぞれの伝票への記入方法をマスターしておかなければなりません。

POINT 4 一部現金取引の処理方法
取引の一部を現金で行う一部現金取引には、下記POINT5の2つの処理方法があります。日商簿記検定3級には必ずこの一部現金取引が出題されます。2つの処理をできるようにしておきましょう。

POINT 5 分解処理と擬制処理
一部現金取引は各金額を分解して処理する分解処理と、取引を特別に想定して処理する擬制処理の2つがあります。その違いと、処理方法をおぼえましょう。

POINT 6 仕訳日計表の作成
勘定口座へ転記するために集計表として仕訳日計表が作成されます。この仕訳日計表は複数の伝票を集計して作成しますが、この作成方法をマスターしておく必要があります。

POINT 7 勘定口座への転記
各伝票から勘定口座への転記には直接転記する方法と仕訳日計表を用いる2つのケースがあります。それぞれ勘定口座へ転記したときの相手科目としてどのような名称を用いるのかを理解しておきましょう。

第5章

決算の手続き

学習のポイント

簿記学習の目的は、会社の経営成績を計算し、財政状態を把握することにありました。期中取引が完了すると1年間の経営成績等を知るための作業として決算整理という帳簿の修正処理を行い、そのあと帳簿を締切ります。また、決算では当期純利益を計算するために精算表という一覧表形式の集計表を作成します。この精算表を作成できるようになることが本章の最終的な目標です。

決算の概要

1 決算の目的

会社において決算がなぜ必要なのか。ここでは決算とは何か、どのような作業が必要なのかということを理解しましょう。

決算とは何か

決算とは、一定期間の経営成績などを知るために会計帳簿を締切る作業です。会社の目的は儲けることにあるため、これは重要な意味を持っています。また、簿記の記帳は**会計期間**という1年間を単位に行います。つまり期末に会計帳簿を締切り、財務諸表を作成することが決算の目的ということになります。

- 会計帳簿の締切!!
- P/L、B/Sの作成!!

この2つが決算の目的か

知っておこう!
経理部では決算時には通常の経理業務と決算業務という異なる2つの作業を行います。

決算での作業

会社では、期中に発生した日々の取引を仕訳し、総勘定元帳に転記することにより取引記録の管理をしています。

しかし、この帳簿作成は、どんなに正確に厳格に行ったとしても完璧なものではありません。これは現在の簿記という記帳システムの一部に不完全な要素があるからです。

たとえば、期中に仕入れた商品は、費用として仕入勘定に計上しますが、これは期末までに完全に売却されているでしょうか。必ず若干の在庫があるはずです。そうであれば、「仕入=費用」という処理は間違いです。決算ではこのような修正を細かく行うことになります。

用語解説
決算手続
会計帳簿の締切から、財務諸表の作成とその監査、さらに申告手続きまでの作業を示します。

決算で考えなければいけないこと
① 仕入商品の期末在庫の把握
② 備品などの使用による価値減耗
③ 受取手形などの回収不能見積
④ 現金勘定の確認
⑤ 水道光熱費等未払分の計上、その他

知っておこう!
すでに消費税や減価償却費の学習はしましたが、これからさらに左記の決算修正事項を学習します。

元帳締切と財務諸表

簿記の目的は、最終的に損益計算書と貸借対照表を作成することです。これらの財務諸表を作成するため、期中で記帳した取引記録を決算で修正する作業を行います。さらに、会計帳簿は決算日の日付で一年間の区切りをつけるために、**締切**という作業を行います。財務諸表は、この締切が完了した会計帳簿を基にして作ります。

```
会計帳簿  │ 期中作業  │    │ 決算作業    │ ⇒ │ 財務諸表 │
          │ 取引記録  │ →  │ 修正 + 締切 │   │ の作成   │
```

知っておこう！
日商簿記検定3級では、第3問のためにこの決算整理手続をマスターすることがポイントです。

財務諸表を作成する前に、決算と呼ばれる会計帳簿を修正し締切る作業があることを理解しておきましょう。

決算で行われる会計処理

決算では財務諸表を作成することが最重要です。しかし、この財務諸表を作成する前に、まず会計帳簿を修正するという地味な作業をしなければなりません。この会計帳簿の修正は仕訳により行います。これを**決算整理仕訳**と呼び、第5章で学ぶことの多くは、この決算整理仕訳に関する内容です。これから説明する7種類の決算整理仕訳はとても重要な仕訳です。

用語解説
決算整理仕訳
帳簿を修正して当期純利益を正確に計算するために、決算で行う特別な仕訳を示します。

```
決算時 ▷ 帳簿修正の仕訳 ⇒ 決算整理仕訳
```

練習問題

簿記における決算の目的に関する文章について、下記の（ ）の中に適当な語句を答えなさい。

　簿記における決算は、期中の取引が記録された会計帳簿を（①　　）仕訳により修正することから行われます。この会計帳簿の修正が完了した後は、すべての勘定口座の（②　　）作業を行います。
　簿記の最終目的である損益計算書などの（③　　）の作成は、この締切が完了した会計帳簿を基にして作成します。

解答 ① 決算整理　② 締切　③ 財務諸表

解説 決算は期中取引記録のまとめとして行われます。まず、決算の手続として行われるのが会計帳簿の修正のための決算整理仕訳です。これにより正しい金額が計上された各勘定口座を締切ります。最終的には、この締切後の会計帳簿を基にして財務諸表を作成します。

決算の概要

2 決算の手続き

決算は一定の手順により行われます。ここでは、この決算に関する手順やその手続きを具体的にみていきましょう。

決算の作業時期

決算は会計帳簿を締切り、財務諸表を作成することを目的に決算日（期末）に行われます。しかし、この作業を**決算日１日で行うことはできません**。帳簿を締切り、財務諸表を作成するためには膨大な時間の作業が必要だからです。

実際の決算の作業は翌期に入ってから行われます。つまり実際には、翌期の期首から決算の作業が始まることになります。

4/1　会計期間　3/31　4/1から決算の作業を開始する

期首　────　当期　────　期末　────　翌期　→

もちろん決算日より前に事前準備は行いますが、その多くの手続きは翌期になってから始めます。このため、決算の作業期間中は通常の期中処理と決算の作業という二重の仕事を行うことになります。

決算の作業手順

まず、決算が期中処理の完了した時点から、どのような手順により進められ、最終的に財務諸表が完成するのかをみてみましょう。

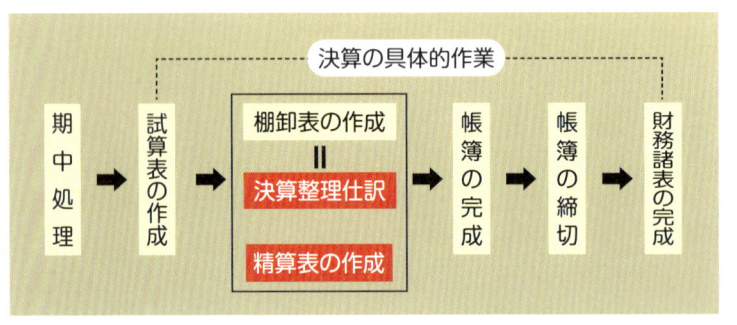

決算の具体的作業

期中処理 → 試算表の作成 → 棚卸表の作成 ＝ 決算整理仕訳／精算表の作成 → 帳簿の完成 → 帳簿の締切 → 財務諸表の完成

上記の図は決算の大きな流れを示しています。本章で学習する内容の中心は決算整理仕訳による帳簿の修正と**精算表**（➡P172）と**財務諸表**（➡P180）の作成になります。

知っておこう！
決算の作業は実際には決算日にはやっていないということです。

知っておこう！
株主総会は決算日後２カ月以内に開催されます。これを定時株主総会と呼びます。

知っておこう！
この二重の作業量を理由に、「決算時は忙しい」ということになるわけです。

用語解説
精算表
精算表は、当期純利益を計算するための簿記独特の集計表です。

棚卸表の作成

会社で発生する取引は経理課で仕訳しています。それぞれの部署で行われた取引は、その情報が経理課に伝えられ、経理課がこれを仕訳しているということです。

```
営業1課  ──販売の情報──→  経理課
A社の商品10万円販売            仕訳処理→元帳転記
```

用語解説
経理課
経理課の中心業務は、会計帳簿を作成することです。

決算も同様に、経理課は各部署で必要な修正を具体的に会計処理していきます。

経理課では各部署から出される決算の情報を**棚卸表**という一覧表にまとめます。棚卸表は決算に関する重要な資料で、公認会計士による監査や税務調査においても、その内容を精査されるほどです。

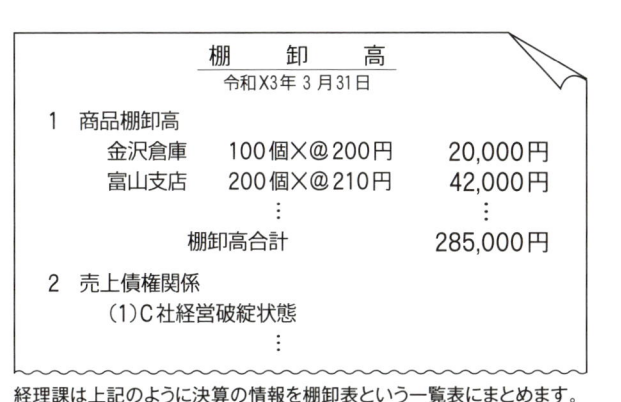

```
金沢倉庫  ──棚卸の情報──→  経理課
期末在庫品100個               期末棚卸高として処理
```

用語解説
棚卸
帳簿上の在庫量と実際在庫量が合っているか確認するための作業を示します。

```
            棚　卸　高
          令和X3年3月31日

1  商品棚卸高
    金沢倉庫    100個×@200円      20,000円
    富山支店    200個×@210円      42,000円
         ⋮                          ⋮
    棚卸高合計                   285,000円
2  売上債権関係
    (1)C社経営破綻状態
         ⋮
```

経理課は上記のように決算の情報を棚卸表という一覧表にまとめます。

練習問題

下記に示す決算の手順に関する文章について（　）の中の適当な語句を答えなさい。

決算の具体的な作業は、各部署から提出された決算数値を一覧表にしたものである（①　　）に基づき行われる。経理課ではこの一覧表に記載された各項目の（②　　）仕訳を行う。また、この決算の作業は（③　　）に入ってから行われる。

解答　① 棚卸表　　② 決算整理　　③ 翌期

解説　決算整理仕訳の基となる情報が棚卸表と呼ばれる一覧表によりまとめられていることを理解しましょう。

第5章 決算の手続き

商品の棚卸

1 売上原価

期末の売残り商品のことを期末商品棚卸高と呼びます。これを基にして1年間の販売品原価の金額を計算しましょう。

売上原価とは何か

会社が商品を販売した場合、儲けは商品販売価額と販売した商品の原価から把握できます。販売品原価を正式には**売上原価**と呼びます。

商品販売益 ＝ 販売価額 － 販売品原価

原価は、販売された個々の商品について把握することもできます。しかし、簿記の学習上ではこれを**会計期間に取引されたすべての商品の総額で考えます**。

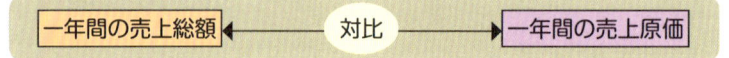

一年間の売上総額 ← 対比 → 一年間の売上原価

用語解説：棚卸資産
商品は期末に倉庫内の棚に売残っている品物の数をカウントして在庫を把握するので、棚卸資産と呼ばれます。

棚卸高の存在

商品は入手時に仕入勘定として計上しますが、入手した商品がただちに販売されるわけではないので、常に在庫品（棚卸資産）が存在しています。なので、期首と期末の棚卸高を考慮した当期商品の仕入高との差引計算により、一年分の売上原価は計算できるはずです。

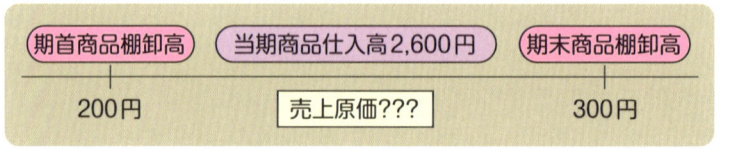

期首商品棚卸高	当期商品仕入高 2,600円	期末商品棚卸高
200円	売上原価???	300円

当期分の売上原価は下記の方法で計算することができます。

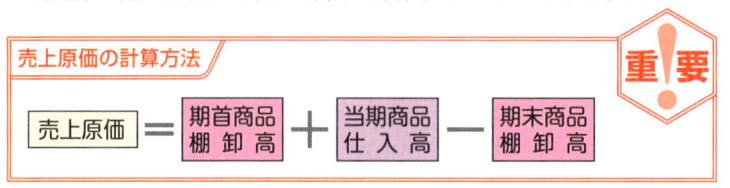

用語解説：棚卸高
商品の売残品などを示します。期首と期末の売残品を、それぞれ期首・期末商品棚卸高と呼びます。

売上原価の計算方法　【重要】

売上原価 ＝ 期首商品棚卸高 ＋ 当期商品仕入高 － 期末商品棚卸高

この算式によれば、上記の売上原価は2,500円（＝200円＋2,600円－300円）ということになります。

繰越商品勘定

　商品はそもそも、財産価値があるものをあえて仕入という費用勘定で処理していました。これは売上勘定と仕入勘定との間に対応関係を持たせる必要があったからです。

　しかし、期末に在庫品があれば、これは当期中の費用としてではなく、期末における財産の保有高と考え、期末棚卸商品として貸借対照表に計上すべきです。そこで、この期末在庫品を仕入勘定から特別に用意した資産勘定の**繰越商品**に振り替えます。

> 仕入勘定 ----棚卸高----▶ 繰越商品勘定

用語解説

繰越商品勘定
期中に仕入れた商品は仕入という費用に計上し、売残品は繰越商品という資産勘定で処理します。

　この棚卸高は前期末（期首）にも存在しますから、当期末分と前期末分（期首商品棚卸高）の両方を考慮する必要があり、左ページのケースであれば下記のように処理します。

```
                        仕  入              繰越商品
                    当期仕入 │ 300 円  →  期首 200 円 │ 仕入へ振替済
  繰越商品          2,600 円 │            期末 300 円 │
  期首 200 円 ---------------→ 200 円 │ 売上原価
                                       │ 2,500 円
```

知っておこう！

繰越商品勘定は期中では使用せず決算整理仕訳でしか使用しない科目です。

三分割法

　これまで商品売買は仕入勘定と売上勘定という2つの勘定科目を使って処理をしてきました。そして決算では棚卸商品を資産勘定の繰越商品で処理する必要があることを説明しました。これにより、この3つの勘定科目を用いて商品売買を処理する方法を**三分割法**と呼びます。

練習問題　下記に示す資料により、当期における商品売上原価を計算しなさい。

(資料)
1. 期首商品棚卸高　　15,000円
2. 当期商品仕入高　　185,000円
3. 期末商品棚卸高　　20,000円

解答　売上原価：180,000円

解説　売上原価は、期首商品棚卸高が当期商品仕入高にプラスされ、期末商品棚卸高はここからマイナスされることにより計算されます。

売上原価　　　期首商品棚卸高　　当期商品仕入高　　期末商品棚卸高
180,000円　＝　15,000円　　＋　185,000円　－　20,000円

商品の棚卸

❷売上原価算定の決算整理仕訳

ここから学習する決算整理仕訳は、すべて仕訳パターンが同じです。仕訳に計上する金額を、それぞれのようにして求めるのかに注意しましょう。

仕入勘定による売上原価の算定

商品の売上原価は、期首と期末の棚卸高を考慮して、仕入勘定で算出します。そのため、繰越商品勘定と仕入勘定の間で棚卸高の**振替仕訳**が行われます。

用語解説
振替仕訳
ある勘定科目の数字を他の勘定科目へ移動させるような仕訳のこと。

〔例〕期首商品棚卸高を3,000円、当期商品仕入高40,000円、また期末商品棚卸高を6,000円として、まず決算直前の勘定残高を考える。

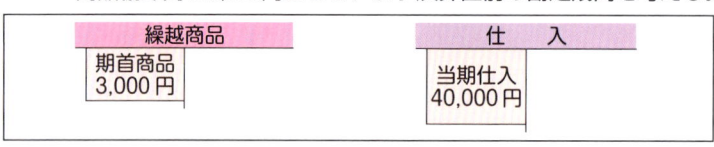

繰越商品		仕　入	
期首商品 3,000円			当期仕入 40,000円

まずは、上記の資料により売上原価を計算してみることにします。

売上原価：3,000円（期首商品棚卸高）＋ 40,000円（当期商品仕入高）－ 6,000円（期末商品棚卸高）＝ 37,000円

この売上原価37,000円を仕入勘定で計上するためには、繰越商品勘定と仕入勘定の間で期首商品棚卸高と期末商品棚卸高を相互に振替えます。

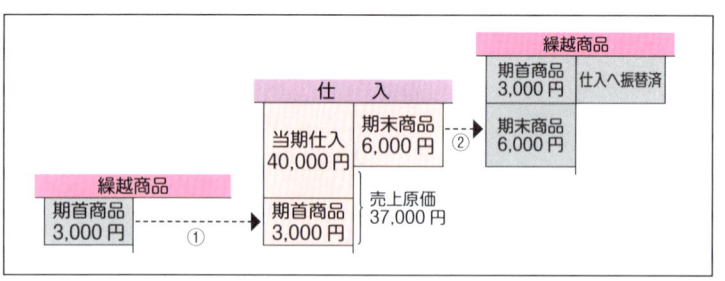

知っておこう！
売上原価は商品の個々の売買で考えるのではなく、一年間の総額として把握します。

この振替仕訳を①期首商品棚卸分と②期末商品棚卸分と別々に考えれば次のような決算整理仕訳が行われたことになります。

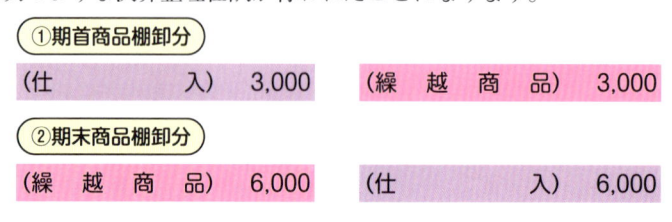

①期首商品棚卸分
（仕　　　　入）　3,000　（繰　越　商　品）　3,000

②期末商品棚卸分
（繰　越　商　品）　6,000　（仕　　　　入）　6,000

決算整理仕訳の意味

商品の棚卸高に関する決算整理仕訳は、必ず「仕、繰、繰、仕」です。決算整理仕訳を語呂で暗記し、それぞれの金額をどこから引用するのかをマスターしておけば仕訳は完璧です。今度はこの2つの仕訳にどのようにして金額を入れるのかを考えてみます。

知っておこう！
「仕、繰、繰、仕」の語呂はでるが、金額が分からないことが多いので要注意です。

決算整理仕訳 【重要】

①期首商品棚卸分：
（仕　　　　入）AAA　　（繰　越　商　品）AAA ← 残高試算表上の繰越商品勘定

②期末商品棚卸分：
（繰　越　商　品）BBB　　（仕　　　　入）BBB ← 問題文資料により提示

練習問題

下記に示す資料により商品に関する決算整理仕訳を示しなさい。なお、当期末の商品の棚卸高は3,000円である。

（資料）　　上記BBBの金額

残高試算表
令和X3年 3月31日

| 繰　越　商　品 | 2,000 | ← 上記AAAの金額 |
| 仕　　　　入 | 16,000 | |

解答
（仕　　　　入）2,000　　（繰　越　商　品）2,000
（繰　越　商　品）3,000　　（仕　　　　入）3,000

解説
決算整理仕訳は仕訳パターンをマスターしてしまえば簡単にできるようになります。ただし、決算整理仕訳も大事なのですが、売上原価の金額を仕入勘定から算出できるようにしておかなければ完全に決算整理仕訳を理解したことにはなりません。

①売上原価の算定
　期首商品棚卸高　当期商品仕入高　期末商品棚卸高
　2,000円 ＋ 16,000円 － 3,000円 ＝ 15,000円

②勘定口座への転記

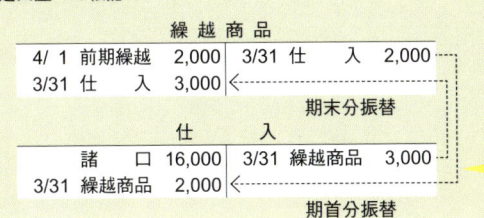

繰越商品
| 4/1 前期繰越 | 2,000 | 3/31 仕　　入 | 2,000 |
| 3/31 仕　　入 | 3,000 | | |
　　　　　　　　　　期末分振替

仕入
| 　　諸　　口 | 16,000 | 3/31 繰越商品 | 3,000 |
| 3/31 繰越商品 | 2,000 | | |
　　　　　　　　　　期首分振替

→ 仕入の借方と貸方の差額が15,000円になっている

第5章 決算の手続き

貸倒引当金

1 貸倒引当金の計上

売掛金などが回収不能となるなど、将来貸倒が発生することの準備として貸倒引当金を計上する処理をそれぞれ学習しましょう。

受取手形などの回収不能

受取手形や売掛金などの債権は、得意先が倒産するなどの事情により回収できなくなることがあります。このような受取手形などが回収できなくなった状態を**貸倒**と呼び、受取手形勘定などを費用勘定の**貸倒損失**に振替えなければなりません。

[例] 得意先A社が倒産した。自社ではA社からの未回収の受取手形30,000円と売掛金20,000円があったので、これらを貸倒として処理する。

(貸 倒 損 失) 50,000	(受 取 手 形) 30,000
	(売 掛 金) 20,000

知っておこう！
得意先の所在不明や焦げ付きでは、貸倒になりません。

知っておこう！
貸倒損失は決算ではなく期中取引として計上されます。

損益計算書
売上高 50,000
貸倒損失 50,000
利益 ±0

貸倒引当金の計上

会社は、得意先の倒産が翌期以降に発生することが予想される場合、この貸倒に備えて**貸倒引当金**を設定することが認められています。この貸倒引当金勘定は、**評価勘定**という独特の属性を持つ科目です。

貸倒引当金は、損益計算書においては売上高との間で**貸倒引当金繰入勘定**を計上することにより費用と収益の対応関係を持たせます。また、貸借対照表においては受取手形などの一部に将来貸倒が発生するかもしれないという可能性を評価勘定である貸倒引当金でマイナス評価できるということです。貸倒引当金の繰入額は期末の受取手形などに過去の実際貸倒発生割合（繰入率）を乗じて計算します。

用語解説
評価勘定
評価勘定は、ある勘定をマイナス評価する意味があります。

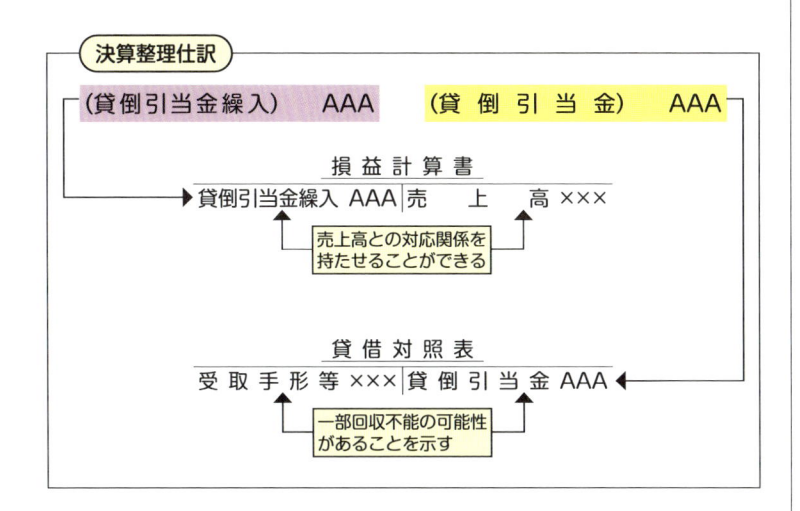

決算整理仕訳

(貸倒引当金繰入) AAA　　(貸倒引当金) AAA

損 益 計 算 書
貸倒引当金繰入 AAA ｜ 売　上　高 ×××

売上高との対応関係を持たせることができる

貸 借 対 照 表
受 取 手 形 等 ××× ｜ 貸倒引当金 AAA

一部回収不能の可能性があることを示す

用語解説

貸倒引当金繰入
貸倒引当金繰入も貸倒損失と同様に費用勘定の属性を持ちます。

貸倒引当金繰入額　期末の受取手形と売掛金の残高 × 繰入率

[例] 貸借対照表に計上される当期末の受取手形60,000円と売掛金40,000円の残高について、2%の貸倒引当金を計上するときの決算整理仕訳をしてみます。

(貸倒引当金繰入) 2,000※　　(貸 倒 引 当 金) 2,000

※貸倒引当金繰入額：(60,000円 + 40,000円) × 2% = 2,000円

知っておこう!

日商簿記検定3級では、問題文で繰入率を何%にするかの指示があります。

練習問題

下記に示す資料を参考にして期末受取手形と売掛金残高に3%の貸倒引当金を設定し、損益計算書と貸借対照表を示しなさい。

(資料)

残 高 試 算 表
令和X3年3月31日

| 受 取 手 形 | 120,000 | 売　上 | ××× |
| 売　掛　金 | 80,000 | | |

解答

損 益 計 算 書

| 貸倒引当金繰入 | 6,000 | 売　上　高 | ××× |

貸 借 対 照 表

| 受 取 手 形 | 120,000 | 貸倒引当金 | 6,000 |
| 売　掛　金 | 80,000 | | |

解説

貸倒引当金の繰入は受取手形と売掛金残高の3%で設定します。
(貸倒引当金繰入) 6,000※　　(貸 倒 引 当 金) 6,000
※貸倒引当金繰入額：(120,000円 + 80,000円) × 3% = 6,000円

第5章 決算の手続き

貸倒引当金

2 貸倒の発生

ここでは実際に受取手形などの回収不能が発生した場合を考えてみます。貸倒引当金の残額が、翌期末にどのように取り扱われるのかもポイントです。

受取手形などの貸倒

貸倒引当金は貸倒が発生することを予想して計上したものです。したがって、実際に貸倒が発生すれば借方に貸倒引当金を計上します。

[例] 前期から繰越してきた売掛金3,000円が回収不能となった。なお、前期末に設定した貸倒引当金勘定が貸方に5,000円計上されている。

| （貸 倒 引 当 金） 3,000 | （売 掛 金） 3,000 |

知っておこう！
前期分の売掛金などの貸倒は、前期末計上分の貸倒引当金と相殺します。

この処理で考えなければならないことは、売掛金の計上時期が前期か当期かの点です。もし当期分であれば、前期末に計上してある貸倒引当金と相殺はできず、**貸倒損失勘定**で処理します。

またもう一点、回収不能となった前期分の売掛金などの金額が、準備していた貸倒引当金の金額を超える場合があります。このときの超過分も**貸倒損失勘定**として計上します。

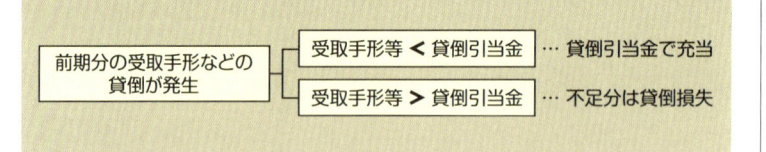

知っておこう！
貸倒損失勘定は、当期分売掛金等の貸倒時と貸倒引当金不足時の2パターンの計上があるということです。

```
前期分の受取手形などの     受取手形等 < 貸倒引当金 … 貸倒引当金で充当
       貸倒が発生          受取手形等 > 貸倒引当金 … 不足分は貸倒損失
```

[例] 期中に得意先A社が倒産して売掛金32,000円が回収不能となった。売掛金は前期繰越分が12,000円、当期計上分が20,000円である。なお前期から繰越してきた貸倒引当金の残高が10,000円ある。

| （貸 倒 引 当 金） 10,000 | （売 掛 金） 32,000 |
| （貸 倒 損 失） 22,000 | |

前期から繰越した貸倒引当金の残高は10,000円なので、前期繰越分の売掛金のうち不足分の2,000円（＝12,000円－10,000円）は貸倒損失勘定で処理します。また、当期計上分の売掛金20,000円はそのまま貸倒損失勘定に振替えます。

貸倒引当金の繰入

前期末の貸倒引当金残高がある場合、当期末の決算で貸倒引当金を計上するときは、この残高を考慮して設定します。このような差額だけを繰入れる方法を**差額補充法**と呼びます。

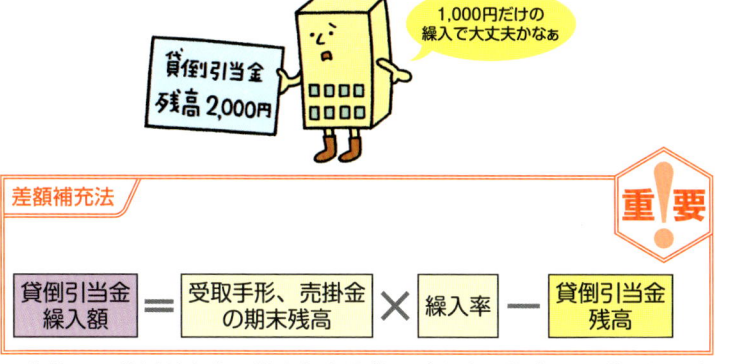

用語解説

差額補充法
すでに計上されている金額を考慮して差額だけを設定する方法です。

貸倒引当金残高 2,000円
1,000円だけの繰入で大丈夫かなぁ

差額補充法 【重要】

| 貸倒引当金繰入額 | ＝ | 受取手形、売掛金の期末残高 | × | 繰入率 | － | 貸倒引当金残高 |

知っておこう！

差額を繰入れるのですが前期分の残高のほうが多いこともあります。このときは、戻入処理が行われます。ただし、これは日商簿記検定3級では出題されません。

今後は、貸倒引当金の繰入額を決算で計上する場合、必ず上記の式による差額補充法で引当金の設定額を算出することになります。

貸倒後の回収

前期以前に貸倒処理した受取手形等が何らかの事情により当期中に一部回収されることがあります。このときには収益勘定の**償却債権取立益**を計上します。

（現　　　金）×××　　（償却債権取立益）×××

練習問題

下記に示す資料を参考にして当期末の貸倒引当金の計上に関する決算整理仕訳だけを示しなさい。

資料

残高試算表

| 受取手形 | 60,000 | 貸倒引当金 | 800 |
| 売掛金 | 43,000 | | |

1. 期中に、得意先から売掛金の回収として自社宛の小切手3,000円を受取っていたが、未処理であった。
2. 期末受取手形と売掛金の残高に対して、差額補充法により2％の貸倒引当金を設定する。

解答　（貸倒引当金繰入）1,200　　（貸倒引当金）1,200

解説　期中の売掛金回収に関する未処理事項があるので、まずこの金額を修正してから貸倒引当金を設定することになります。ただし、下記の仕訳は解答では要求されていません。

未処理事項：（現　　　金）3,000　　（売　掛　金）3,000
　　　　　　　　他人振出小切手

貸倒引当金繰入：（60,000円＋43,000円－3,000円）×2％－800円＝1,200円

減価償却

① 減価償却費

減価償却費は一定の計算方法により計上されます。この計算方法を理解し、その仕訳ができるようになることがここでの目標です。

減価償却費の計上

固定資産は長期にわたり使用することを前提に資産へ計上しました。

ただし、固定資産の備品や建物は日々使用していくことで摩耗するため、その価値は年々減少していきます（➡P68）。

そこで、この価値が減少していくことを考慮し、これを何らかの方法で帳簿にも反映させる必要があります。この手続きを、**減価償却**という方法により行います。

固定資産の取得原価 ----▶ 減価償却により費用として計上していく

この減価償却では、取得原価を基にして、固定資産を使用できるであろう年限（耐用年数）と、この固定資産の処分価値（残存価額）により以下の図のような金額を費用として計上します。

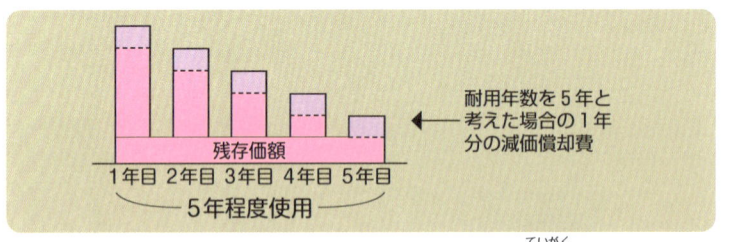

耐用年数を5年と考えた場合の1年分の減価償却費
残存価額
1年目 2年目 3年目 4年目 5年目
5年程度使用

このように一定額を毎期計上するので、この方法を**定額法**と呼びます。

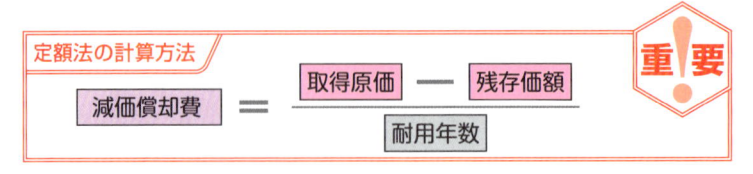

定額法の計算方法

$$減価償却費 = \frac{取得原価 - 残存価額}{耐用年数}$$

重要！

〔例〕備品について取得原価100,000円、残存価額を取得原価の10％、耐用年数5年として定額法による減価償却費を計算してみます。

$$減価償却費：\frac{100,000円 - 100,000円 \times 10\%}{5年} = 18,000円$$

用語解説

減価償却の3要素
取得原価、耐用年数、残存価額を減価償却の3要素といいます。

知っておこう！
減価償却費の計算方法には、一定の率で計上していく定率法という方法もありますが、日商簿記検定3級では扱いません。

知っておこう！
残存価額というのは耐用年数到来時の処分見込額として、取得原価の10％程度とすることが一般的です。

減価償却費の記帳方法

減価償却費を計上するには、貸方に**減価償却累計額**という**評価勘定**を計上します。

> 決算整理仕訳
>
> （減 価 償 却 費）×××　（減価償却累計額）×××

[例] 左頁の備品について、減価償却費を計上する決算整理仕訳をやってみます。

> （減 価 償 却 費）18,000　（減価償却累計額）18,000

この決算整理仕訳を前提にして貸借対照表を作成すると、下記のようになります。

```
           貸 借 対 照 表
備   品   100,000 │ 減価償却累計額 18,000
```

毎年、減価償却により18,000円ずつ増額する

簿記では、固定資産の購入額である取得価額から減価償却累計額を控除した金額を**帳簿価額**と呼び、重要な金額とされています。

> 帳簿価額 ＝ 取得価額 － 減価償却累計額　**重要**

用語解説

減価償却累計額
固定資産の種類が多くなれば、この科目の冒頭に備品減価償却累計額や建物減価償却累計額などの資産の名称を追加します。

知っておこう！

簿記では、この減価償却累計額勘定を計上する方法を間接記帳法と呼びます。

用語解説

帳簿価額
いわゆる経理上の価値を示し、実際の市場価格はこの帳簿価額より低いのが一般的です。

練習問題

下記に示す資料を参考にして、減価償却費を計上するための決算整理仕訳を示しなさい。なお、決算は年1回3月31日とする。

[資料]

```
        残 高 試 算 表
         令和X2年3月31日
建   物   500,000 │ 減価償却累計額 225,000
```

建物は定額法、耐用年数30年、残存価額は取得原価の10％として、間接記帳法により減価償却費を計上している。

解答 （減 価 償 却 費）15,000　（減価償却累計額）15,000

解説 減価償却費を下記の通り計上する。

建物：$\dfrac{500,000円 － 500,000円 \times 10\%}{30年} = 15,000円$

減価償却

２ 固定資産の売却

固定資産は使用中に売却することがあります。この取引は期中に仕訳を行いますが、減価償却との関係を理解するため、もう一度ふりかえりましょう。

固定資産の帳簿価額

固定資産の取得原価から減価償却相当分を控除した金額を**帳簿価額**といいました（➡P68）。この帳簿価額は、いわゆる簿記（経理）上における、その資産の現在の価値を示しています。

しかし、この帳簿価額は必ずしも現時点における資産の実際の価値である**時価**とイコールではありません。通常、資産の時価は帳簿価額と異なるため、売却すれば**固定資産売却損益**が計上されます。

> **知っておこう！**
> 固定資産として売却できるものは、実体のある建物や車両など、有形固定資産が中心です。

期中での固定資産の売却

また期中に固定資産が売却された場合には、期中使用分の減価償却費を月割りで計上して、売却時の帳簿価額を計算します。

売却時の帳簿価額の計算方法

売却時の帳簿価額 ＝（取得原価 － 減価償却累計額）－ 当期分の減価償却費※

重要

※この期首から売却時までの減価償却費は月割計算により計上します。

$$当期分の減価償却費：\frac{取得原価－残存価額}{耐用年数} \times \frac{使用月分}{12カ月}$$

> **用語解説**
> **減価償却費**
> 固定資産は１日でも使用していれば、１カ月間使用したとして減価償却費を計上します。

[例] 取得原価50,000円（減価償却累計額 36,000円、期中減価償却費 8,000円）の備品を10,000円で売却し現金を受取った処理を考えます。

（現　　　　金）	10,000	（備　　　　品）	50,000
（減 価 償 却 費）	8,000	（備 品 売 却 益）	4,000
（減価償却累計額）	36,000		

※備品売却益
　　売却額　　　取得原価　　　減価償却累計額　　減価償却費
　10,000円 －（50,000円 － 36,000円 － 8,000円）＝ 4,000円

固定資産売却時の処理

期中に固定資産を売却した際の固定資産売却損益は、当期分の減価償却費を考慮して次のように考えてください。

売却損が出たケース

帳簿上	売却時
減価償却累計額	
当期償却費	固定資産売却損
売却時帳簿価額	売却額

売却益が出たケース

帳簿上	売却時
減価償却累計額	
当期償却費	固定資産売却益
売却時帳簿価額	売却額

☝ **知っておこう！**

固定資産の売却損益の計算方法は、まず売却時点の帳簿価額を算出する作業から行います。

ここでは固定資産の売却時の処理を説明しましたが、この処理は決算整理仕訳の処理ではありません。ただ、固定資産の売却時には本来決算で行う減価償却費の計上を臨時的に行っているため、一部決算の処理がミックスされていると考えられます。

練習問題

下記に示す備品について、期中に一部売却が行われた場合の売却時の処理を示しなさい。なお、決算は年1回、3月31日とする。

資料

残 高 試 算 表
令和X2年 3月31日

備　品	180,000	減価償却累計額	67,500

1. 備品は取得原価100,000円と80,000円の2台であり、これまで定額法によりともに耐用年数6年、残存価額を取得原価の10%として間接記帳法により減価償却費を計上してきた。
2. 期中における12月31日にこの備品の1台80,000円(期首減価償却累計額36,000円)を20,000円で売却し、代金は期末まで未回収である。

解答

(売却時の処理)

(未　収　入　金)	20,000	(備　　　　品)	80,000
(減価償却累計額)	36,000		
(減 価 償 却 費)	9,000		
(備 品 売 却 損)	15,000		

解説 備品売却損を計算するためには、まず、売却時における備品の帳簿価額を把握しなければなりません。この売却時の帳簿価額は期首から売却時の12月31日までの9カ月分の減価償却費の計上が前提です。

期中減価償却費：$\dfrac{80,000円 - 80,000円 \times 10\%}{6年} \times \dfrac{9カ月}{12カ月} = 9,000円$

売却時の帳簿価額：80,000円 − 36,000円 − 9,000円 = 35,000円
備品売却損の額：35,000円 − 20,000円 = 15,000円

なお、上記備品売却に関する処理は期中取引であり、第5章で学習している決算整理仕訳ではありません。

現金勘定の確認

1 現金過不足の振替

期中で現金過不足が発生した場合、現金過不足勘定を計上しました。決算までには、その発生原因をはっきりさせる必要があります。

期中での現金過不足の処理

当然ながら、会社は現金収支の管理を適切に行う必要があります。ある意味で、現金管理はその会社の経理の業務レベルを判断する材料になります。

この現金ですが、その点検を行うのは期中の一定期日、たとえば月末や四半期、半年に一度など、さまざまな時期が考えられます。期中で、現金残高が帳簿残高と一致しない場合、応急的な措置として中間勘定の**現金過不足勘定**を計上しました（➡P52）。

知っておこう！
現金処理を正しく行うのは経理の基本中の基本です。

期中での現金過不足の発生

不足のケース

（現 金 過 不 足） AAA　　（現　　　　　金） AAA
中間勘定　　　　　　　　　　　　　不足しているのでマイナス

超過のケース

（現　　　　　金） BBB　　（現 金 過 不 足） BBB
超過しているのでプラス　　　　　　　中間勘定

現金の過不足が発生したら、ただちに担当者がその原因を調査しなければなりません。その発生が単なる記帳ミスなら、これを該当する勘定に振替えれば現金過不足に関する処理は完了します（➡P52）。

原因判明時

上記不足額AAAは通信費、超過額BBBは受取利息の計上漏れであることが判明した。このときの振替処理は下記のように行います。

不足分

（通　信　　費） AAA　　（現 金 過 不 足） AAA

超過分

（現 金 過 不 足） BBB　　（受 取 利 息） BBB

知っておこう！
原因が判明した分だけを振替えて判明しないものは現金過不足勘定にそのまま計上しておきます。

決算での振替処理

過不足の発生原因が判明した現金過不足勘定は、左ページで見たように該当する勘定科目へ振替を行います。しかし、決算直前になっても現金過不足の原因が判明していなければ、現金過不足勘定が計上されたままになっています。

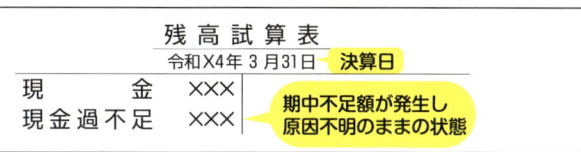

```
            残 高 試 算 表
              令和X4年3月31日  決算日
   現    金      ×××
   現金過不足      ×××   期中不足額が発生し
                           原因不明のままの状態
```

もちろん決算手続中も、この現金過不足の原因は調査します。しかし、最終的に現金過不足の原因が判明しない場合は、決算整理仕訳により、不足分は支出の計上漏れとして費用勘定の**雑損**へ、超過分は収入の計上漏れとして収益勘定の**雑益**に振替処理します。

用語解説

現金過不足
借方残高のときは、不足発生を示しており、貸方残高のときは超過発生を示しています。

現金過不足の決算整理仕訳

不足のケース
(雑　　　損)　×××　　(現 金 過 不 足)　×××

超過のケース
(現 金 過 不 足)　×××　　(雑　　　益)　×××

知っておこう！
雑損、雑益は雑費や雑収入と名称が類似している勘定科目ですが、混同しないようにしましょう。

[例] 期中で発生した現金不足額3,000円の発生原因を調査していたが、決算手続期間中までにその原因が判明しなかったので、適切な振替処理を行うことにした。

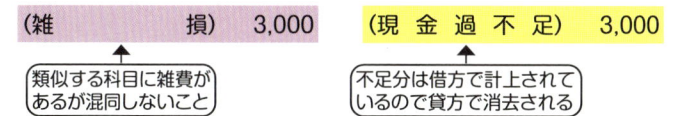

(雑　　　損)　3,000　　(現 金 過 不 足)　3,000

類似する科目に雑費があるが混同しないこと

不足分は借方で計上されているので貸方で消去される

練習問題

下記の現金過不足に関する決算整理仕訳を示しなさい。

資料 期中に現金超過300円が発生していた。決算において、このうち200円は手数料を受取ったものであることが判明したが残額は原因が不明である。

解答 (現 金 過 不 足)　300　　(受 取 手 数 料)　200
　　　　　　　　　　　　　　　　　(雑　　　益)　100

解説 超過分のうち原因が判明したものは該当する勘定科目へ振替えること。また超過額のうちの原因不明分は雑益勘定に振替えます。

現金勘定の確認

2 決算での現金過不足の発生

決算時に現金の過不足を発見した場合は、現金過不足勘定を計上しません。期中と決算で発生した現金の過不足額の処理方法の違いを、体系的に理解しましょう。

決算時の現金過不足の処理

　一般的に会社では、多忙であることを理由に期中に何度も実際の現金残高を調査することはほとんどありません。ただし決算では、絶対に現金の実際残高と帳簿残高を比較しなければなりません。

　決算において、現金残高に不一致が発生したらどうしたらいいでしょうか。期中では現金過不足勘定を計上して臨時的な対応をしました。

　決算では、現金過不足勘定は計上できません。この勘定は**中間勘定**といって、期中でのみ計上が認められている勘定科目だからです。

知っておこう！
この現金過不足の発生を防止するために小口現金制度(➡P50)が行われます。

知っておこう！
現金などの実際残高を把握する作業を実査と呼びます。

決算整理仕訳による振替

　決算手続中に現金過不足を発見したときは、期中と同様、その発生原因を調査します。その調査で発生原因が判明すれば、該当する勘定への振替処理を行います。

　しかし、発生原因が明らかにならない場合には不足額は**雑損勘定**へ、また超過額は**雑益勘定**へそれぞれ振替えることになります。

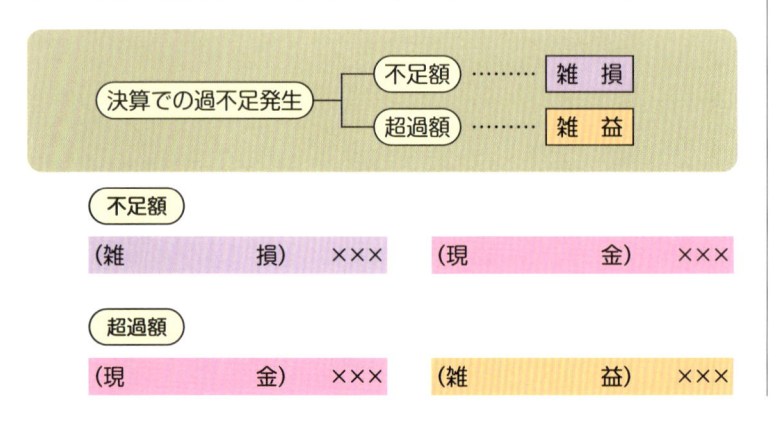

決算での過不足発生 ─┬─ 不足額 ……… 雑　損
　　　　　　　　　　└─ 超過額 ……… 雑　益

（不足額）
（雑　　損）×××　　（現　　金）×××

（超過額）
（現　　金）×××　　（雑　　益）×××

知っておこう！
現金過不足額の発生原因が不明のときは雑損、雑益になる。

現金過不足時の処理のまとめ

現金過不足は、発生時期や原因の判明・不明の違いにより処理方法が異なります。下の一覧表で体系的に理解しておきましょう。

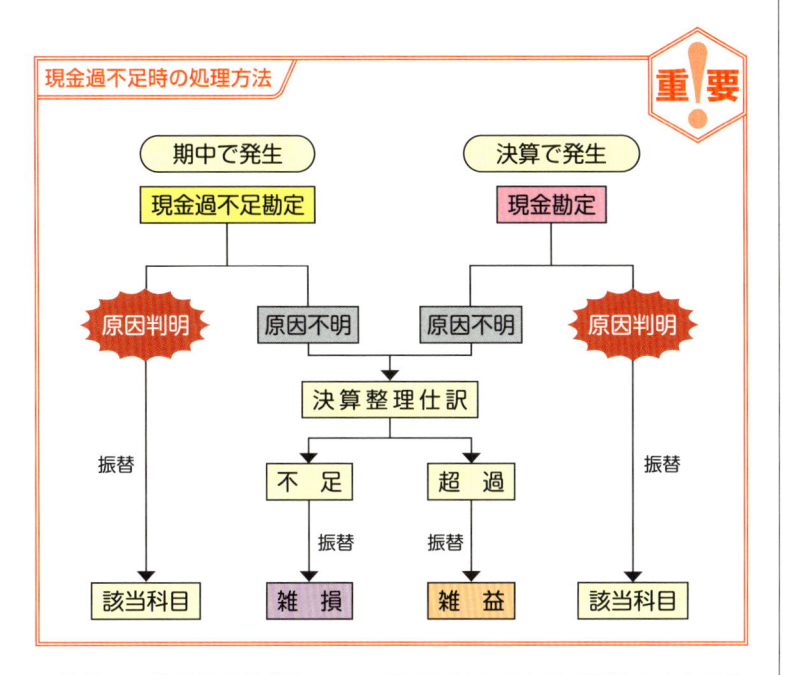

現金過不足時の処理方法 【重要】

```
       期中で発生                    決算で発生
     現金過不足勘定                    現金勘定
    ┌─────┴─────┐              ┌─────┴─────┐
  原因判明    原因不明        原因不明    原因判明
    │           │               │           │
    │        決算整理仕訳 ──────┤           │
    │        ┌───┴───┐                     │
    │       不足    超過                    │
    │        │       │                     │
   振替    振替    振替                    振替
    │        │       │                     │
   該当科目  雑損    雑益                  該当科目
```

知っておこう！

日商簿記検定3級の問題では、現金過不足がいつ発生し、要求されている処理は期中、決算時いずれの仕訳であるかを考えましょう。

決算では決算整理仕訳として、過不足額を現金過不足勘定から振替えるケースと現金勘定から直接振替えるケースが考えられます。

練習問題

下記に示す資料を参考にして決算整理仕訳を示しなさい。

〔資料〕

残 高 試 算 表	
現　　金	184,000

現金の期末実際残高を調査したところ180,000円であった。差額のうち3,000円は役員の交際費の計上漏れであることがただちに判明したが、残額についてはその発生原因は不明であった。

解答
(接 待 交 際 費)　3,000　　(現　　　　　金)　4,000
(雑　　　　損)　1,000

解説
現金不足額4,000円が発生しています。このうち、発生原因が判明しているものは該当科目への振替を行います。また発生原因が不明なものは雑損勘定へ振替えられることになります。

経過勘定項目

1 発生主義

帳簿は1年間で締切りますが、会社の取引は1年間ですべてが完結するわけではありません。期をまたぐ場合はどのように処理するかをみていきましょう。

対価としての費用と収益

　会社の儲けは会計期間という一定の期間で計算します（➡P14）。しかし、取引の中には会計期間をまたいで計上する費用や収益もあります。

　私たちは、サービスに対する対価を通常は現金で支払います。なので、サービスの提供と現金の収支は密接な関係を持っていることがわかります。このことを簿記では、現金収支の事実により費用や収益を計上することから**現金主義**と呼んでいます。

（サービスの提供）⟷（現金収支）　⇒　**現金主義**

継続するサービスの対価

　さてサービスの中には、サービス提供とその対価の支払で、すべての関係が完結するものと、継続的にサービスが提供され、その対価を何度も支払うものもあります。前者はタクシー代の支払、後者は支払家賃のようなケースが該当します。

（一時的サービス提供）………　旅費交通費 、 発送費 など
（継続的サービス提供）………　支払家賃 、 水道光熱費 など

　両者のサービスの提供形態は異なっていても、簿記ではどちらの費用も現金収支により記帳するという大前提があります。
　しかし、ここでひとつ注意しなければならない点があります。それは継続するサービスについて対価の収支があるものには、**サービス提供が先行し、現金収支が遅れて発生する**という、サービス提供の事実と費用・収益を計上する時間的なズレがあることです。

用語解説

現金主義
現金収支の事実を根拠に費用と収益を計上します。

知っておこう！
ここで学習するのは、この「継続するサービス」の対価に関する取り扱いです。

知っておこう！
たとえば、水道は毎日使っているが、その支払は1カ月分まとめて後で支払うなどのサービスのことです。

発生主義による費用と収益の計上

さて、ここで簿記の取引の定義を思い出してください。簿記の取引とは「資産、負債および純資産が増減し、費用と収益が発生したもの」でした（→P22）。「費用と収益の発生」という部分ですが、これは現金収支がなくても**サービス提供のあった時点で取引が成立する**ことをあらわします。つまり、費用と収益は現金収支ではなく、サービス提供のあった事実こそがその計上の根拠になっていると考えることができます。

このように簿記では、費用と収益をサービス提供の事実に基づいて計上します。これを**発生主義**による費用、収益の計上と考えます。

費用・収益の計上 ←根拠← サービス提供の事実 ⇒ 発生主義

用語解説
発生主義
発生主義は、財産やサービスの経済的価値の消費を費用・収益へ計上することです。

知っておこう！
発生主義の方が、現金主義より正確に損益計算ができるということです。

現金主義と発生主義の矛盾

これまでに学習した費用と収益の多くは、現金主義により計上してきました。しかし、簿記上の費用と収益の正しい計上方法は発生主義でなければならないとすると、ここに矛盾が生じます。

そこで、期中では現金主義で費用と収益を計上し、決算ではこれを発生主義の立場から正しい金額に修正することで、両者の矛盾点を解消します。その修正作業が**経過勘定項目**の計上なのです。

経過勘定項目は、**前払費用**、**未払費用**、**未収収益**、**前受収益**の4項目で処理します。次ページより、これらの処理をひとつずつみていきましょう。

練習問題
下記の（ ）の中に適当な語句を入れなさい。

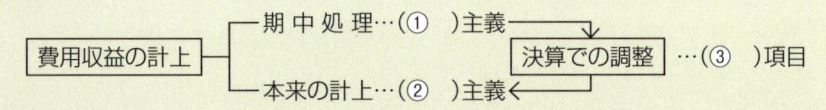

費用収益の計上 ─ 期中処理…（①　）主義 → 決算での調整 …（③　）項目
　　　　　　　 └ 本来の計上…（②　）主義 ←

解答 ①現金　②発生　③経過勘定

解説 期中で費用や収益が計上される現金主義と本来の計上方法である発生主義の違いと、これを調整するために決算で計上する経過勘定項目を整理しておきましょう。

経過勘定項目

❷ 前払費用

会計期間をまたいで費用を一括して前払しているような場合、決算日以降の支払部分は当期の費用とすべきではありません。このために計上するのが前払費用です。

費用の超過払い

支払費用の中には、毎回（毎月）支払うことが煩雑であるとして、1年分を一括して払っているようなものがあります。

このような一括払いした費用の対象期間が、決算日をはさんで当期分と翌期分になっているときのことを考えてみましょう。

知っておこう！
一括払いの例は通勤などの定期代や家財道具に掛けられている損害保険料の支払などをイメージしてください。

この支払は、1月1日から12月31日までの1年間に保険による補償サービスを受けるためのものです。したがって、当期の3カ月分（1月1日～3月31日）は、当期の費用として**支払保険料勘定**に3,000円を計上します。しかし、来期の9カ月分（4月1日～12月31日）である9,000円は、当期の費用に計上すべきではありません。

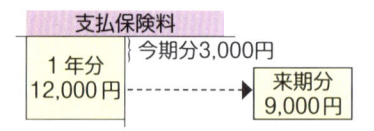

前払費用の計上

期末において翌期分まで支払ってしまった費用がある場合、これを費用勘定からマイナスして、資産勘定である**前払費用**に振替えます。この振替のための仕訳が、決算整理仕訳です。

[例] 期中に支払った保険料12,000円のうち9,000円が前払となっているため、前払費用へ振替えることにする。

（前　払　費　用）　9,000　　（支 払 保 険 料）　9,000

この前払費用は、前払保険料勘定を計上しても正解です。

用語解説

前払費用勘定
前払費用は超過払いをしているときに、決算時に計上される資産勘定です。

前払費用の再振替仕訳

前払費用は、現金支払額による費用の計上額（現金主義）を経過期間に応じたサービス提供部分（発生主義）へと調整するために計上するものです。この調整は決算手続きの一項目として行われます。

ただ、「期中は現金主義、決算は発生主義」のルールに基づいて、翌期首には、決算日に現金主義から発生主義に振替したものを再度、現金主義に戻す手続きをします。この作業を**再振替仕訳**で行います。

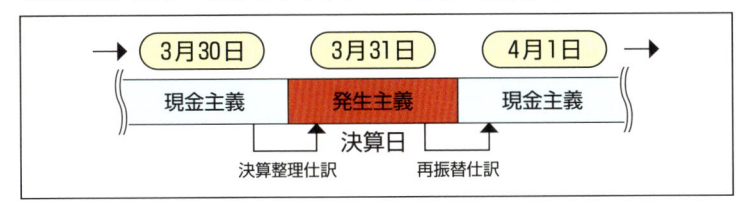

用語解説
再振替仕訳
再振替仕訳はすべて、決算整理仕訳と逆の仕訳をするだけです。

```
    3月30日      3月31日      4月1日
 ─ 現金主義 ─ 発生主義 ─ 現金主義 ─
              決算日
       決算整理仕訳   再振替仕訳
```

[例] 左ページの前払保険料9,000円の翌期首における再振替仕訳を行います。

（支 払 保 険 料）　9,000　　（前 払 保 険 料）　9,000

再振替仕訳は、前期末に行った決算整理仕訳と貸借を逆に仕訳するだけです。なお、経過勘定項目は必ず翌期首に再振替仕訳を行います。

知っておこう！
再振替仕訳は、指示の有無にかかわらず必ず期首に行われることを理解しましょう。

練習問題　下記に示す支払家賃について決算整理仕訳と再振替仕訳を行い、各勘定への転記を示しなさい。なお、決算は年1回3月31日とする。

（資料）　支払家賃を7月1日に1年分12,000円（@1,000円×12ヵ月）を現金で前払した。

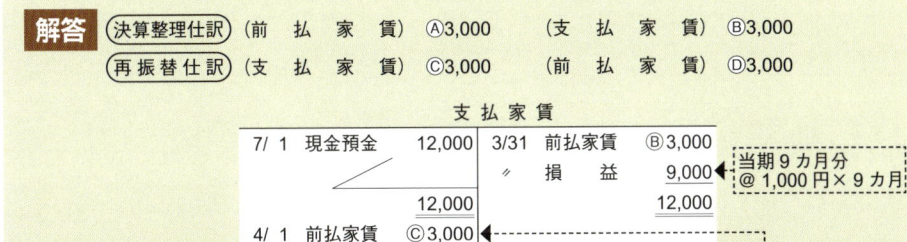

解答
（決算整理仕訳）（前　払　家　賃）Ⓐ3,000　（支　払　家　賃）Ⓑ3,000
（再振替仕訳）　（支　払　家　賃）Ⓒ3,000　（前　払　家　賃）Ⓓ3,000

支 払 家 賃
7/ 1	現金預金	12,000	3/31 前払家賃	Ⓑ3,000
			〃　損　益	9,000
		12,000		12,000
4/ 1	前払家賃	Ⓒ3,000		

当期9ヵ月分 @1,000円×9ヵ月

前 払 家 賃
3/31	支払家賃	Ⓐ3,000	3/31 次期繰越	3,000
4/ 1	前期繰越	3,000	4/ 1 支払家賃	Ⓓ3,000

翌期3ヵ月分 @1,000円×3ヵ月

再振替仕訳

解説　支払家賃勘定と前払家賃勘定は決算を前提にしているために二重線で締切ります。損益への振替や次期繰越の記入はP168～で解説します。

経過勘定項目

❸ 未払費用

費用の中にはサービス提供後に支払をするものがあり、これを未払費用といいます。ここでは、決算でその支払がされていないケースを考えてみましょう。

後払される費用

たとえば自動車の修理をして、修理会社から50,000円の請求書が送られてきたとします。自動車は修理が完了しているので、サービスの提供は完了しています。この修理代を翌月に支払うとすると、まだ払っていないときの処理はどのようになるでしょう。

未払の修理代

（修　　繕　　費）50,000　　（未　　払　　金）50,000

> **用語解説**
> **未払金勘定**
> サービス提供が完了し、請求書を受取っている場合は未払金になります（➡P74）。

また、同じ後払いする費用でも水道代のように継続的に受けているサービスの期末時の未払分は、未払金を計上しません。水道代は継続して使用しているため、常にサービス提供が先行し、その支払は後から行われるからです。

そこで、期末にはサービス提供を受けたが、まだ支払いをしていない部分を**未払費用勘定**を使い費用として追加計上します。

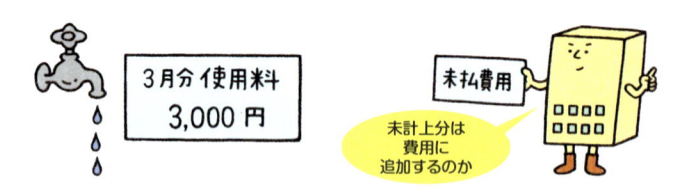

> **知っておこう！**
> 前払費用も未払費用もサービスを継続して受けていることが前提になります。

3月分使用料 3,000円
未払費用
未計上分は費用に追加するのか

決算整理仕訳

（水　道　光　熱　費）3,000　　（未　払　費　用）3,000

未払費用の計上

未払費用勘定は、継続したサービス提供を受けている未払の水道光熱費や支払家賃、また支払利息などについて計上します。未払費用勘定は基本的に費用を追加計上することであり、これによって支払義務が発生することを示す**負債勘定**に属します。

〔例〕支払家賃について、決算時に3,000円の未払費用があるとして、決算整理仕訳を考えます。

決算整理仕訳
（支　払　家　賃）　3,000　　（未　払　家　賃）　3,000

```
          未 払 家 賃           支 払 家 賃
        ┌─────────┐          ┌──────────┐
        │  負 債  │ ←対応→   │ 当期支払分 │ ┐
        └─────────┘          ├──────────┤ ├P/L計上
                             │未払分3,000│ ┘
                             └──────────┘
```

知っておこう！
理論的にも実務的にも再振替仕訳には重要な意味があります。

未払費用の再振替仕訳

未払費用も前払費用同様、翌期には**再振替仕訳**を行います。再振替仕訳は、「前期末に行った現金主義による記帳から発生主義による費用と収益の計上を再修正する」という理論的背景があります。ただ簿記としては、仕訳や転記などの実務的処理のほうが重要です。

再振替仕訳は期首に行われる最初の仕訳ですが、簿記上は特別な指示がなくても、前期末に前払費用などの経過勘定項目があれば、期首に再振替仕訳が完了している前提で期中取引処理を開始します。

練習問題

下記に示す支払利息に関連する一連の取引につき、仕訳と勘定口座への転記を示しなさい。なお、決算は年1回、3月31日とする。

①1月1日に銀行より現金100,000円を1年後に返済する条件で借入れた。この借入金の利息は、利率年4%として返済時と同時に支払う。
②決算にあたり1月1日から3月31日までの未払利息を計上した。
③期首再振替仕訳を行った。
④翌期1月1日に借入金返済と利息分を合計した104,000円の小切手を銀行宛に振出した。

解答
①	（現　　　　金）100,000	（借　入　金）100,000
②	（支　払　利　息）1,000	（未　払　利　息）1,000
③	（未　払　利　息）1,000	（支　払　利　息）1,000
④	（借　入　金）100,000	（当　座　預　金）104,000
	（支　払　利　息）4,000	

```
           支 払 利 息                         未 払 利 息
3/31 未払利息  1,000 | 3/31 損  益  1,000    3/31 次期繰越 1,000 | 3/31 支払利息 1,000
1/1  当座預金  4,000 | 4/1  未払利息 1,000    4/1  支払利息 1,000 | 4/1  前期繰越 1,000
```

解説　決算での未払利息の計上は当期経過の3カ月分だけです。
未払利息：100,000円×4%×3カ月(1/1～3/31)／12カ月＝1,000円
また、借入金返済時には1年分4,000円(＝100,000円×4%)を支払います。
ただし、支払利息勘定を見ると1/1に当座預金で4,000円の支払をしても、貸方に4/1で未払利息1,000円の再振替仕訳が行われているため、当期分の実質的な支払利息は9カ月分の3,000円(＝4,000円－1,000円)であることに注目してください。

経過勘定項目

4 未収収益

受取家賃など、サービス提供済のものに収益が計上されていない場合は、決算において未収収益を計上します。決算時におけるこの処理を理解しましょう。

継続するサービス提供

費用勘定は、継続的にサービス提供を受けている場合、サービス提供と、その対価である支払のタイミングがズレているときに、前払費用と未払費用を決算で計上することで調整を行いました。

収益勘定についても、継続的にサービス提供を行っている場合に、サービス提供と収益計上との間にズレがあれば**未収収益**や**前受収益**を計上します。これらの経過勘定項目の計上も、期中の現金主義による記帳を発生主義に修正するために行われる作業です。

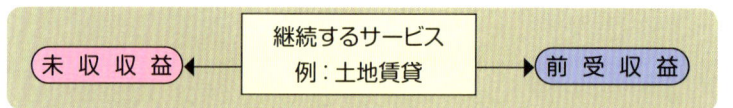

未収収益 ← 継続するサービス 例：土地賃貸 → 前受収益

知っておこう！
未収収益は当期分の収益を追加するための処理とも考えられます。

未収収益の計上

未収収益は継続するサービスの提供がすでに行われているが、その対価の収入がない場合に計上します。したがって、この未収収益は収益の追加計上として行い、資産勘定に属します。

[例] 期末において未収地代2,000円があるとします。

決算整理仕訳

（未 収 地 代） 2,000　　（受 取 地 代） 2,000

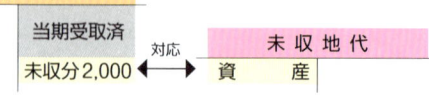

受取地代
　当期受取済
　未収分2,000 ←対応→ 未収地代／資産

経過勘定項目を理解するには、類似する4項目を同時に学習しなければならないため、その処理方法に混乱してしまうことがあります。まず、各項目の未収や未払などの意味により費用、収益をプラス、マイナスするかどうかをイメージしながらひとつひとつ理解していきましょう。

用語解説
未収入金勘定
サービス提供が完了して請求書を出してしまったものは未収収益ではなく未収入金です。

用語解説
地代
土地を賃借しているときに所有者と利用者の間で受け渡しする対価のことです。

未収収益の再振替仕訳

未収収益の再振替仕訳も、これまでと同様、前期末の決算整理仕訳で計上した貸借を逆にして仕訳を行います。したがって、未収収益の再振替仕訳は左ページの未収地代と受取地代2,000円の貸借を逆にして仕訳するだけです。

[例] 期首に未収地代2,000円（2カ月分）があり再振替仕訳が完了し、この後で1年分12,000円の地代を受取ったと考えてみます。

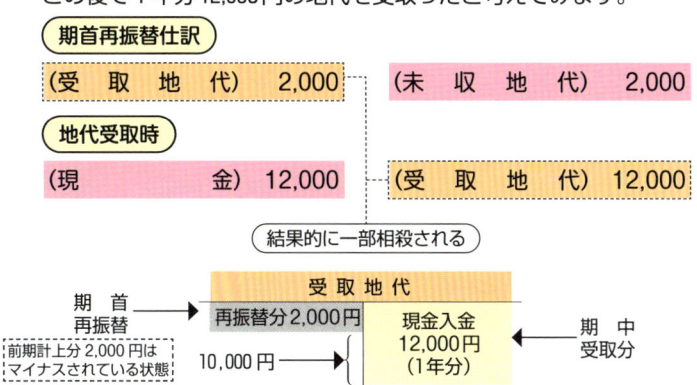

期首再振替仕訳

（受 取 地 代）2,000　　　　（未 収 地 代）2,000

地代受取時

（現　　　　　金）12,000　　　　（受 取 地 代）12,000

結果的に一部相殺される

	受 取 地 代	
期首再振替 →	再振替分 2,000円	現金入金 12,000円（1年分） ← 期中受取分
前期計上分2,000円はマイナスされている状態	10,000円	

期中に受取地代12,000円を計上しますが、期首に再振替仕訳2,000円を行っているので実質的には10,000円が収益となります。

知っておこう！
借方の再振替の記入が収益を一部相殺し、マイナスさせる効果があります。

練習問題

当期中の受取利息が9,000円あり、決算で未収利息3,000円がある場合の正しい受取利息と未収利息の勘定記入が行われているものを下記の中から選択しなさい。（決算日：3月31日）

A	受 取 利 息		
3/31 損　益	12,000	現　金	9,000
		3/31 未収利息	3,000
	12,000		12,000
4/1 未収利息	3,000		

B	受 取 利 息		
3/31 未収利息	3,000	現　金	9,000
3/31 損　益	6,000		
	9,000		9,000
		4/1 未収利息	3,000

C	未 収 利 息		
3/31 次期繰越	3,000	3/31 受取利息	3,000
4/1 受取利息	3,000	3/31 前期繰越	3,000

D	未 収 利 息		
3/31 受取利息	3,000	3/31 次期繰越	3,000
4/1 前期繰越	3,000	4/1 受取利息	3,000

解答 A　D

解説 下記に示す未収利息に関する決算整理仕訳と翌期首における再振替仕訳が勘定記入されています。

決算整理仕訳　（未 収 利 息）3,000　　（受 取 利 息）3,000
再振替仕訳　　（受 取 利 息）3,000　　（未 収 利 息）3,000

経過勘定項目

5 前受収益

受取地代などの現金を事前に受取っている場合、決算ではこれを前受収益として計上することになります。

前受収益の考え方

これまで学習した通り、経過勘定項目は通年のサービスと、それに対する費用と収益のズレを決算で調整しようというものでした。費用と収益は期中の現金収支により計上し、これを決算でサービス提供分として発生主義の立場から修正したものが前払費用などの経過勘定項目です。

知っておこう！
前受収益は1年分の地代を先に受取ってしまったような場合の負債勘定です。

前受収益は、サービス提供前に現金を受取っている場合、たとえば現金を貸付ける際に事前に利息を受取ったようなケースに発生します。

このようなとき、貸付期間の途中に決算がくれば決算以降の利息は超過して受取っていることになるため、これを当期の収益からマイナスして、前受収益として負債に計上するという処理をします。

繰延と見越

前受収益や前払費用は当期に一度計上した収益や費用を翌期に先送りするので**繰延**で計上し、未収収益や未払費用は当期に計上していない収益や費用を現金収支前に発生していると想定しているので、**見越**て計上します。

知っておこう！
繰延や見越という言葉は、日商簿記検定の問題文では使われません。

〔例〕令和X3年10月1日に100,000円を貸付け、一年分の利息600円を控除した現金を渡した。3月31日を決算日として前受収益300円を計上した。

決算整理仕訳

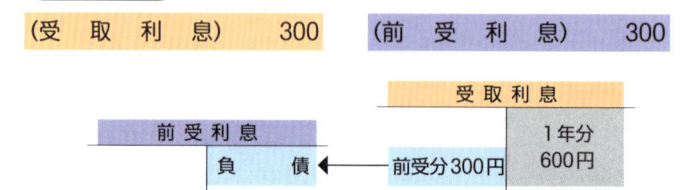

(受 取 利 息) 300 (前 受 利 息) 300

用語解説
前受収益
前受収益は前受利息や前受地代のような勘定を用いてもかまいません。

経過勘定項目のまとめ

経過勘定項目は、費用と収益を増減させる働きと、経過勘定科目自体が資産または負債という属性を持っています。これらはいずれも期中の現金主義を決算で発生主義に修正するという過程の中で生じたものです。経過勘定項目のこの2つの特性を考慮して、これらをまとめてみます。

> **知っておこう！**
> 4つの経過勘定項目は、期中の損益を修正するために計上します。

4つの経過勘定項目の要素 【重要】

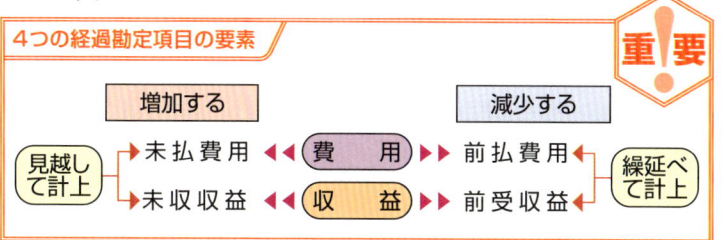

```
              増加する                  減少する
         ┌→ 未払費用 ◀◀ 費　用 ▶▶ 前払費用 ◀┐
見越して  │                                  │ 繰延べて
計上     │                                  │ 計上
         └→ 未収収益 ◀◀ 収　益 ▶▶ 前受収益 ◀┘
```

また、勘定科目の属性で分類するのであれば、貸借対照表で考えると分かりやすいかもしれません。

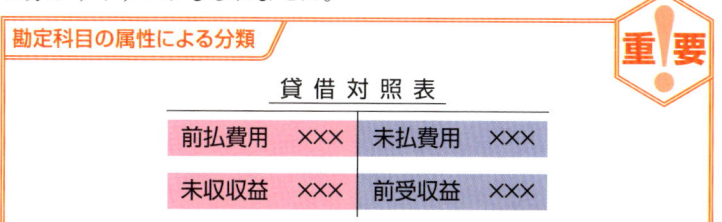

> **知っておこう！**
> 経過勘定項目の属性を資産か負債に区分してマスターしておきましょう。

勘定科目の属性による分類 【重要】

貸借対照表

前払費用 ×××	未払費用 ×××
未収収益 ×××	前受収益 ×××

練習問題

下記の問題で要求されている正しい仕訳を選択しなさい。

①前払利息1,000円を決算で計上する仕訳
A（支　払　利　息）1,000（前　払　利　息）1,000
B（前　払　利　息）1,000（支　払　利　息）1,000

②未払家賃1,000円に関する翌期首の再振替仕訳
C（未　払　家　賃）1,000（支　払　家　賃）1,000
D（支　払　家　賃）1,000（未　払　家　賃）1,000

③前受利息1,000円に関する翌期首の再振替仕訳
E（前　受　利　息）1,000（受　取　利　息）1,000
F（受　取　利　息）1,000（前　受　利　息）1,000

④未収地代1,000円を決算で計上する仕訳
G（受　取　地　代）1,000（未　収　地　代）1,000
H（未　収　地　代）1,000（受　取　地　代）1,000

解答 ①B ②C ③E ④H

解説 類似する仕訳を選択することになりますが、各処理を落ち着いて考えて正しい仕訳を選んでください。なお、経過勘定項目は、すべてを前払費用勘定や前受収益勘定で処理することもできます。また、費用と収益の具体的な内容を示す前払家賃勘定や前受利息勘定を使うこともでき、いずれも正しい処理になります。

貯蔵品の計上

未使用の切手等の資産計上

期中に購入した郵便切手や収入印紙等が決算で未使用で残っている場合には、これを資産に計上して翌期へ繰越します。

郵便切手等の購入時

会社では郵便切手や葉書、また契約書に添付するために収入印紙を一括して購入します。このとき、これらは下記のように処理されます。

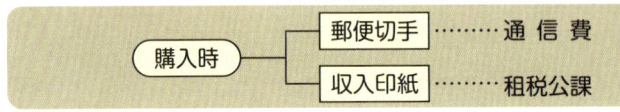

購入時 ─┬─ 郵便切手 ……… 通 信 費
        └─ 収入印紙 ……… 租税公課

〔例〕郵便局で郵便切手等13,000円と収入印紙20,000円を購入して現金を支払った。

(通　信　費) 13,000　　(現　　　金) 33,000
(租　税　公　課) 20,000

会社で購入した郵便切手等は一時的に保管して、その都度使用されることになります。

保管分　その都度使用　→ 郵便、契約書
切手、印紙

簿記では、購入時に通信費や租税公課勘定を用いて処理をしていますから、保管している切手等が使用されても仕訳は発生しません。

保管分・切手等　使用時　→ 仕訳なし

当然ですが、保管している切手等は無くなれば再度購入することになりますから、この時にはまた通信費や租税公課勘定を計上することになります。しかし、決算の直前に切手等が大量購入されたときには、そのすべてが使用されるわけではありません。その一部は未使用として残ることになります。

用語解説

租税公課勘定
会社で費用性のある税金を支払ったときには、租税公課勘定を計上します。固定資産税や自動車税等もこの科目で処理されます。

用語解説

消耗品費勘定
会社でコピー用紙等の事務用品を購入した場合は、費用勘定の消耗品費を計上します。

知っておこう！
収入印紙は印紙税法により定められた金額の印紙を約束手形、領収証、借用証書などに添付しなければなりません。

未使用分の郵便切手等

決算において未使用の郵便切手や収入印紙がある場合には、これを資産として計上し、翌期へ繰越さなければなりません。これは、仕入れた商品の売残分を繰越商品として翌期へ繰越すのと同じ考えをするからです。

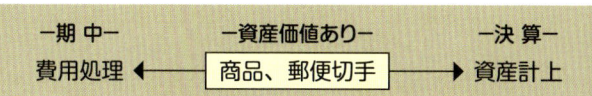

```
－期 中－        －資産価値あり－        －決 算－
費用処理  ←   商品、郵便切手   →   資産計上
```

つまり、本来は資産的価値のあるものを簿記上の処理として費用勘定で処理していたわけですから、期末にこれらが残っていれば本来の資産として計上しようということです。この時に用いられる資産勘定が**貯蔵品**です。

決算整理仕訳

(貯　蔵　品) ×××	(通　信　費) ×××
	(租　税　公　課) ×××

用語解説
貯蔵品勘定
未使用の切手等以外にもスクラップ化した固定資産等を計上する勘定です。繰越商品等と同じ棚卸資産として区分されます（➡P136）。

用語解説
消耗品勘定
事務用品の消耗品費も同様に、未使用分は決算で資産勘定の消耗品へ振替えます。

翌期首における再振替仕訳

すでに学習した前払費用等と同じように、翌期首には前期末決算で行った決算整理仕訳の貸借逆の仕訳を再振替仕訳として行います。

再振替仕訳

(通　信　費) ×××	(貯　蔵　品) ×××
(租　税　公　課) ×××	

知っておこう！
翌期首で行われる貯蔵品に関する再振替仕訳は、前払費用等の発生主義とは異なり、単に期中では費用処理するという理由によるものです。

練習問題

下記に示す郵便切手に関する①購入時　②決算時　③翌期首における仕訳をそれぞれ示しなさい。

①郵便切手等30,000円を購入し、現金で支払った。
②決算において上記郵便切手等の未使用分が5,000円ある。
③翌期首に上記②の再振替仕訳を行う。

解答
① (通　信　費) 30,000　　(現　　　金) 30,000
② (貯　蔵　品) 5,000　　(通　信　費) 5,000
③ (通　信　費) 5,000　　(貯　蔵　品) 5,000

解説　この未使用分の切手等は翌期首で必ず再振替仕訳が行われて、期中では処理しないので注意しましょう。

法人税、住民税及び事業税

法人税等の処理方法

会社は利益を計上すれば法人税等を納付する義務があります。ここでは、この法人税等の一連の処理を説明します。

未払法人税等の計上

会社はさまざまな税金の支払いをしなければなりません。その中でも代表的な税金が法人税、住民税および事業税です。これらは、会社が利益を計上したときにその利益に一定税率を用いて計算されます。

[例] 当期純利益に対して30％の税率を用いて計算したところ、法人税等が60,000円となったのでこれを計上する。

〈決算整理仕訳〉

（法　人　税　等）60,000　（未 払 法 人 税 等）60,000

> **知っておこう！**
> 会社の支払う税金には固定資産税や自動車税等のように費用性のあるものと、法人税等のように利益に課税される税金があります。

> **用語解説　法人税等勘定**
> 法人税等勘定の代わりに法人税、住民税及び事業税勘定という科目を用いることもあります。

翌期における納付

未払法人税等を計上するのは3月31日の決算です。したがって、この未払法人税等を実際に納付するのは翌期4月1日以降になってからということになります。

[例] 上記の翌期となり、未払法人税等60,000円を普通預金から支払った。

〈翌期納付時〉

（未 払 法 人 税 等）60,000　（普　通　預　金）60,000

また法人税法等では、前期に法人税等の計上があった場合、その半額に相当する金額を当期分の税金として前納することになっています。これを**中間納付**と呼びます。

[例] 期中において法人税等の中間納付30,000円を現金により納付した。

（仮 払 法 人 税 等）30,000　（現　　　　　金）30,000

この中間納付した税額はあくまでも仮に納付した税額で、後日決算で精算されます。

> **知っておこう！**
> 法人税等の納期限は決算日から2カ月以内、3月31日が決算日なら5月31日が納期限です。

> **用語解説　中間納付**
> 中間納付は会社が申告するのではなく、徴税側から納付すべき金額が通知されてきます。

決算時における法人税等の計上

決算では、その会計期間に計上された当期純利益に対する法人税等の金額を計算します。この計算により、当期納付額を求めることができます。ただし、期中においてこの金額の一部が中間納付として前納されています。したがって、実際の納付額はこの前納分を控除した金額ということになります。

重要

| 当期法人税等実際納付額 | ＝ | 当期純利益に係る法人税等 | － | 中間納付分法人税等 |

知っておこう！
この中間納付ですが、期中に仮に支払っておいて、期末に後で精算すると考えてください。

中間納付しているので、実際に支払わなければならない法人税等の金額はその分だけ減額されるということになります。

[例] 当期純利益300,000円に対して法人税等の額90,000円を計上する。ただし、当期中において中間納付30,000円を行い、仮払法人税等として計上している。

決算整理仕訳

(法 人 税 等) 90,000　　(未 払 法 人 税 等) 60,000
　　　　　　　　　　　　　(仮 払 法 人 税 等) 30,000

損益計算書
法 人 税 等　90,000
当期純利益　210,000

貸借対照表
未払法人税等　60,000

知っておこう！
中間納付は前期納付額を基礎にして計算します。したがって、決算で当期純損失が計上されたような時には、この中間納付は全額還付されます。

練習問題

下記に示す法人税等について、①中間納付時　②決算時の仕訳をそれぞれ示しなさい。

① 本日、法人税等の中間納付額50,000円を現金で納付した。
② 決算において当期純利益400,000円に30%相当の法人税等を計上する。なお、上記①の中間納付分を考慮すること。

解答
① (仮 払 法 人 税 等) 50,000　　(現　　　　金) 50,000
② (法 人 税 等) 120,000　　(未 払 法 人 税 等) 70,000
　　　　　　　　　　　　　　(仮 払 法 人 税 等) 50,000

解説
未払法人税等の金額は下記の方法で計算します。
400,000円×30%－50,000円＝70,000円

月次決算

毎月末に行う決算

決算は本来1年ごとに1回だけ行うものです。しかし、毎月末に業績を把握するために決算を行うことがあります。この目的や方法について学習します。

月次決算の目的

会社の利益は、基本的に決算を行わなければ把握することができません。しかし、経営者にとっては期の途中であっても現在の利益がどの程度なのかは重要な情報です。そこで、会計期間の最後で本格的な決算を行うのではなく、毎月末に簡略的な手続を経て現状の利益を把握するために**月次決算**を行うことが考えられます。

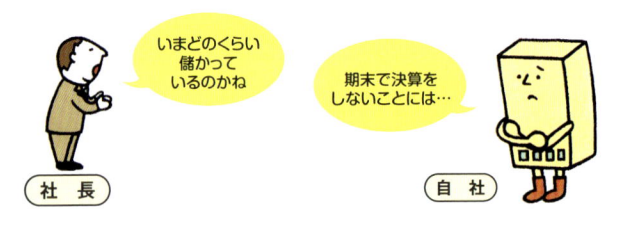

知っておこう！
現在はコンピュータで経理が処理されているので、毎月末に簡単に利益を把握することができます。

月次決算は仮の決算ですから、本格的な決算整理事項を考慮して行うわけではありません。把握が可能なものや重要性のあるものを月次決算として行います。

```
決算整理事項
・商品棚卸
・貸倒引当金の繰入
・減価償却費の計上   ──→ 日商簿記3級
・前払費用の月割按分
```

用語解説

月次損益勘定
月次決算の損益項目を集計するために、特別な勘定口座として月次損益勘定を設けることも考えられます。

日商簿記3級では、月次決算事項として本来行う上記の決算整理事項のうち減価償却費だけを取扱います。

```
年間減価償却費 ÷ 12カ月 = 毎月の計上額
```

この月割による減価償却費は、期末に計上される利益を平準化するために行うと考えることもできます。

月次の減価償却費の計上

月次決算において処理すべき項目は、いろいろ考えられます。ただ正式な決算ではないため、会社が必要かつ簡便的な項目だけを選択して行います。ここでは、期末に計上する1年分の減価償却費を毎月末12カ月間計上し、最後の決算で差額を調整する方法を説明します。

用語解説
月次決算仕訳
月次決算を行う場合は、本来の決算で行う整理仕訳を毎月末に分割して行うことになります。

[例] 取得原価165,000円、残存価額は取得原価の10％、耐用年数6年の備品に定額法の減価償却を行い、間接記帳法により処理するものとし、毎月末に月次決算で償却を行う。なお、円未満の端数は切捨るものとする。

月次決算仕訳

（減価償却費）2,062　　（減価償却累計額）2,062

※減価償却費
$$\frac{165,000円 - 165,000円 \times 0.1}{6年} \times \frac{1}{12} = 2,062.^5 \longrightarrow 2,062円$$
（円未満切捨）

知っておこう！
月次決算の合計額のほうが決算計上額より多いときは、本決算で減額処理します。

月次決算が毎月末に行われて、3月末には正式な決算を行います。このときに月次決算額との差額調整が行われます。

[例] 上記により毎月末に@2,062円の減価償却費を12カ月分合計で24,744円（＝@2,062円×12カ月）計上していた。決算で一年分の計上額との差額を追加計上した。

決算整理仕訳

（減価償却費）6　　（減価償却累計額）6

※減価償却費
$$\frac{165,000円 - 165,000円 \times 0.1}{6年} - @2,062円 \times 12カ月 = 6円$$

練習問題

下記に示す取引を仕訳しなさい。

①月次決算において、車両の減価償却費を端数調整した金額で16,200円計上する。
②①の月次決算完了後、年度末で計算した減価償却費は194,000円であるため、過大計上分を減額修正する。

解答
①（減価償却費）16,200　　（減価償却累計額）16,200
②（減価償却累計額）400　　（減価償却費）400

解説 期中の月次決算計上額のほうが過大であるため、その分を相殺します。
修正額　194,000円 － @16,200円 × 12カ月 ＝ △400円

第5章　決算の手続き

帳簿の締切

3月31日

1 費用、収益勘定の締切

費用や収益は当期純利益を算出するために、決算で損益勘定に振替えます。期中に計上した費用と収益のすべての勘定科目は、この損益勘定にまとめます。

勘定口座の締切

帳簿内の各勘定口座は期中取引を転記し、決算整理の処理が終了すると、その金額は正しい残高を示す状態になります。

これにより各勘定口座は、決算日に一年間の記帳が完了したとして、一区切りするために締切ります。総勘定元帳の各勘定口座は、損益計算書へ計上する費用、収益と貸借対照表へ計上する資産、負債および純資産が次のようにして締切られることになります。

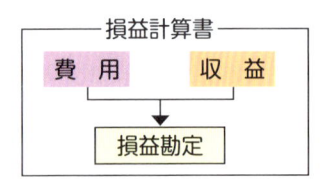

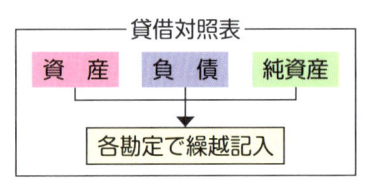

知っておこう！
多くの問題は決算日が3月31日です。しかし、異なる日付のこともあるので要注意です。

```
┌─── 損益計算書 ───┐      ┌─── 貸借対照表 ───┐
│ 費用  │  収益   │      │ 資産 │ 負債 │ 純資産 │
│   ↓           │      │    ↓               │
│  損益勘定      │      │  各勘定で繰越記入    │
```

損益勘定

費用と収益は決算日において**集合勘定**である**損益勘定**に振替えます。この損益勘定は、費用と収益を集めた貸借の差額から、当期純利益を計上することを目的に決算で作成します。

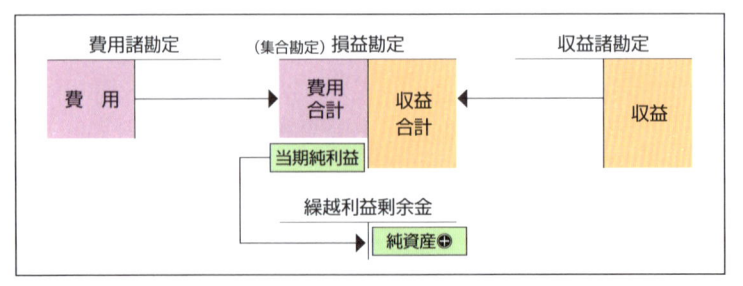

知っておこう！
当期純損失が発生するケースは、日商簿記検定3級ではほとんど出題されません。

```
 費用諸勘定      (集合勘定) 損益勘定      収益諸勘定
  費用      →    費用      収益    ←    収益
                 合計      合計
                 当期純利益
                     ↓
                 繰越利益剰余金
                     →  純資産⊕
```

損益勘定の作成は、まず期中に費用勘定として計上したすべての科目を借方に計上します。同様に収益勘定のすべてを貸方に計上し、合計した額の貸方が多い場合は、これを**当期純利益**として**繰越利益剰余金勘定**へ振替えます。これらの仕訳が**決算振替仕訳**です。

用語解説
決算振替仕訳
勘定を締切るために決算の最後に行う仕訳を示します。

練習問題

下記に示す費用・収益勘定を損益勘定に振替るための決算振替仕訳を行いなさい。なお、決算は年1回、3月31日とする。

(資料)

仕 入	
800	200
100	

売 上	
	1,500

給 料	
400	

受取利息	
	400

交 通 費	
200	

受取家賃	
	100

保 険 料	
50	

解答

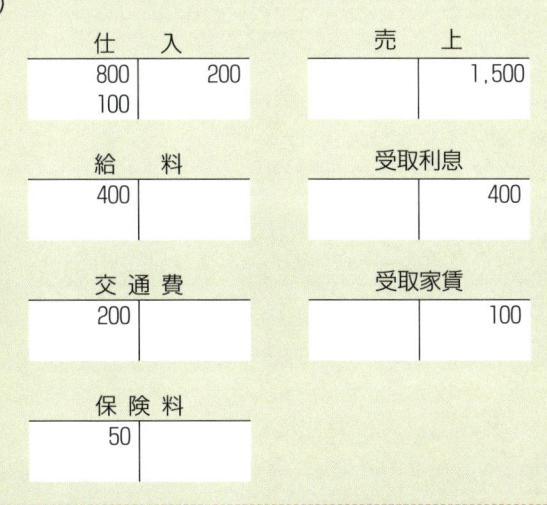

費用諸勘定の決算振替仕訳

(損　　　益) 1,350 　(仕　　　入) 700
　　　　　　　　　　(給　　　料) 400
　　　　　　　　　　(交　通　費) 200
　　　　　　　　　　(保　険　料) 50

収益諸勘定の決算振替仕訳

(売　　　上) 1,500 　(損　　　益) 2,000
(受 取 利 息)   400
(受 取 家 賃)   100

解説

上記の決算振替仕訳が行われた損益勘定を示せば下記の通りです。

損　益			
3/31 仕　　　入	700	3/31 売　　　上	1,500
〃 　給　　　料	400	〃 　受 取 利 息	400
〃 　交　通　費	200	〃 　受 取 家 賃	100
〃 　保　険　料	50		
当期純利益 → 繰越利益剰余金	650		
	2,000		2,000

当期純利益650円を繰越利益剰余金勘定へ振替えるための決算振替仕訳は下記のようになります。

(損　　　益) 650 　(繰越利益剰余金) 650

繰越利益剰余金			
5/28 諸　　　口	×××	4/ 1 前 期 繰 越	×××
		3/31 損　　　益	650

帳簿の締切

❷資産、負債および純資産勘定の締切

貸借対照表に関係する資産、負債および純資産は、費用や収益のように特別な勘定への振替は行いません。各勘定は個別に繰越記入を行い、締切ります。

資産勘定などの残高額の取り扱い

　勘定口座の中でも費用・収益勘定の残高は、当期純利益を算定しなければならないという目的があるため損益勘定への振替が必要でした。これに対して、資産、負債および純資産勘定などの貸借対照表に関係する勘定口座は、特別な作業をせずに、その残高金額をそのまま翌期に繰越すことになります。

知っておこう!
勘定の属性により取り扱いがまったく違うので注意しましょう。

損益計算書項目　　僕たちは行くとこがある　　私たちは翌期に繰越すね　　貸借対照表項目

費用　収益　　次期繰越　　資産　負債　純資産
損益勘定　　　　　　　　　　繰越記入

資産勘定の締切方法

　資産、負債および純資産勘定は、その貸借差額を**次期繰越**として翌期に繰越す作業を各勘定ごとに行います。これを**繰越記入**と呼びます。

用語解説
英米式決算法
資産などの残高を「次期繰越」として、締切る方法を英米式決算法と呼びます。

[例] 現金勘定の期中取引が完了し、その残高4,600円を繰越記入して締切ります。

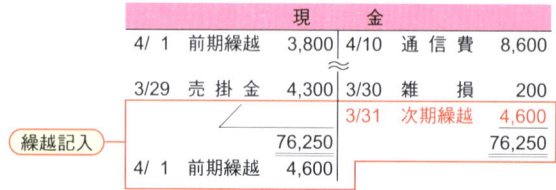

		現		金		
4/ 1	前期繰越	3,800	4/10	通 信 費	8,600
≈					
3/29	売 掛 金	4,300	3/30	雑　　損	200
			3/31	次期繰越	4,600
		76,250			76,250
4/ 1	前期繰越	4,600			

（繰越記入）

　資産勘定である現金は、1年間の取引後に残った借方の現金残高4,600円を、貸方に次期繰越と**朱記**することで、現金勘定の貸借の金額を76,250円で一致させます。そして、締切に二重線を引き、借方に4月1日付で前期繰越として記入します。

　基本的に資産、負債および純資産は、その残額をそれぞれ次期繰越として計上し、貸借金額を一致させた状態にします。さらに、次期繰越額と同額を**前期繰越**として記入し、各勘定口座を締切ります。

用語解説
借方残高
勘定残高の借方のほうが貸方より多くなっている状態を借方残高といいます。

負債、純資産勘定の締切方法

負債と純資産は、資産とは異なり貸方のほうが多くなる貸方残高（貸方の合計額のほうが借方より多いという状態）になります。これらの勘定を締切るときは下記のようになります。

[例] 負債勘定の買掛金、純資産勘定の資本金はいずれも貸方残高になる勘定です。この2つの勘定を、締切った後の状態で示してみます。

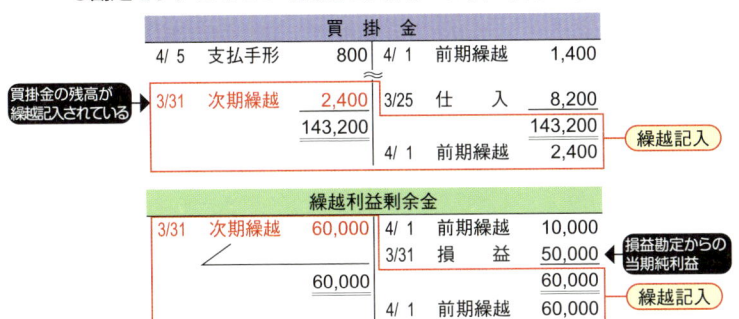

		買　　掛　　金			
4/ 5	支払手形	800	4/ 1	前期繰越	1,400
3/31	次期繰越	2,400	3/25	仕　　入	8,200
		143,200			143,200
			4/ 1	前期繰越	2,400

買掛金の残高が繰越記入されている

繰越記入

		繰越利益剰余金			
3/31	次期繰越	60,000	4/ 1	前期繰越	10,000
			3/31	損　　益	50,000
		60,000			60,000
			4/ 1	前期繰越	60,000

損益勘定からの当期純利益

繰越記入

知っておこう！
借方、貸方残高はどのようにして取り扱うのか、その相違をマスターしましょう。

練習問題

下記に示す資料を参考にして、当期純利益に関する決算振替仕訳と繰越利益剰余金勘定の繰越記入を示しなさい。なお、決算は年1回、3月31日とする。

資料
①当期末において費用、収益諸勘定を損益勘定に振替えた結果、その合計額は下記の通りであった。

	損　　益	
費用合計　45,000	収益合計　60,000	

②繰越利益剰余金勘定の内訳は前期繰越額40,000円であり、5月28日に配当金30,000円と利益準備金の積立3,000円を行っている。

解答（当期純利益に関する決算振替仕訳）

（損　　　　益）15,000　　（繰越利益剰余金）15,000

		繰越利益剰余金			
5/28	未払配当金	30,000	4/ 1	前期繰越	40,000
〃	利益準備金	3,000	3/31	損　　益	15,000
3/31	次期繰越	22,000			
		55,000			55,000
			4/ 1	前期繰越	22,000

繰越記入

解説 本問の決算振替仕訳は日商簿記検定3級の第1問の仕訳問題として出題されることがあります。

第5章 決算の手続き

精算表

1 精算表の概要

精算表は当期純利益を計算し、納税資金などの準備をするために作成します。精算表には簿記独特の金額移動のルールがあるので、その作成方法を学びましょう。

精算表の作成目的

会社の業績を示す**当期純利益**は、経営者にとって重要な数値です。この金額は単に会社の業績を示すというだけではなく、将来の経営方針を決定する際の重要な指針にもなるからです。

しかし、会社の決算手続きには通常1～2カ月程度の時間を要し、決算が完了するまでは当期純利益を把握することはできません。そこで、決算の作業と同時に**精算表**を作成して当期純利益を計算します。

知っておこう！
当期純利益の迅速な把握は、納税や配当金支払がいくらになるかなどの重要な情報でもあります。

精算表の作成方法

精算表は、期中取引結果をまとめた試算表（➡P30）を基にして、最終的に当期純利益を計算します。この精算表には独特の金額移動ルールがあります。これは資産などの属性による借方はプラス、貸方はマイナスという考え方を前提にして行います。

たとえば、資産勘定の現金は期中取引の結果、必ず借方に金額が計上されます（➡P170）。その金額（➡P173表①A）に、決算整理仕訳で行った結果を記載した、整理記入欄の額をプラス（➡P173表①a）します。そして、その金額を現金は資産勘定なので貸借対照表の借方に記載します。この作業を、すべての勘定科目で行っていくのが精算表の作成作業になります。

用語解説
精算表
精算表は英語でWork Sheet(W／S)と呼びます。

金額移動のルール

精算表の金額移動は、下記に示す一定のルールにより行います。

精　算　表

勘定科目	試算表		整理記入		損益計算書		貸借対照表	
	借方	貸方	借方	貸方	借方	貸方	借方	貸方
① 資　　　産	A		a				A＋a	
② 資　　　産	B			b			B－b	
③ 負債・純資産		C		c				C＋c
④ 負債・純資産		D	d					D－d
⑤ 費　　　用	E		e		E＋e			
⑥ 費　　　用	F			f	F－f			
⑦ 収　　　益		G		g		G＋g		
⑧ 収　　　益		H	h			H－h		

- 期中取引の結果 → 試算表
- 決算整理仕訳 → 整理記入
- 費用、収益の項目はここへ移動 → 損益計算書
- 資産、負債、純資産の項目はここへ移動 → 貸借対照表

知っておこう！
試算表と整理記入欄の借方、貸方同士はプラスすることを理解しましょう。

各勘定科目における、試算表の額と整理記入の額が、借方同士、貸方同士の場合はその額を足して（上記①、③、⑤、⑦）、借方、貸方の位置が異なっている場合は、試算表の額から整理記入の額を引きます（上記②、④、⑥、⑧）。その増減額を、資産、負債、純資産に属する各勘定科目は貸借対照表に記載し、費用、収益に属するものは損益計算書に記載します。

練習問題

下記に示す精算表上の各勘定科目の金額を損益計算書欄と貸借対照表欄に移動させなさい。

精　算　表

勘定科目	試算表		整理記入		損益計算書		貸借対照表	
	借方	貸方	借方	貸方	借方	貸方	借方	貸方
現　　　金	200		20				（①）	
売　掛　金	500			40			（②）	
支払手形		300		30				（③）
資　本　金		600	50					（④）
支払地代	100		10		（⑤）			
保　険　料	150			20	（⑥）			
受取地代		120		30		（⑦）		
受取利息		140	40			（⑧）		

解答 ① 220　② 460　③ 330　④ 550　⑤ 110　⑥ 130　⑦ 150　⑧ 100

解説 簿記の基本ルールである勘定科目の属性による借方、貸方の増減を一覧表で考えているだけです。それぞれをプラスするのか、マイナスするのか、その結果の金額は損益計算書または貸借対照表の借方、貸方いずれかに計上されるのかを理解しましょう。

精算表

2 精算表の作成（期末商品棚卸高など）

精算表ではまず、決算整理仕訳を整理記入欄へ計上します。このとき、その記入場所などに注意しましょう。

期末商品棚卸高の計上

精算表作成の最初の手順は決算の基本となる、商品棚卸高に関する決算整理仕訳です。その記入場所を理解しましょう。

[例] 期末商品の棚卸高が200円あるとした場合の記入を考える。

決算整理仕訳

（仕　　　　入）①350　　（繰　越　商　品）②350
（繰　越　商　品）③200　　（仕　　　　入）④200

精算表

勘定科目	試算表 借方	試算表 貸方	整理記入 借方	整理記入 貸方	損益計算書 借方	損益計算書 貸方	貸借対照表 借方	貸借対照表 貸方
繰越商品	350		③200	②350			200	
仕　入	4,000		①350	④200	4,150			

仕入勘定は、前期からの繰越350円、次期への繰越200円を整理記入し試算表の4,000円と加減した4,150円を損益計算書へ記入します。

知っておこう！
「仕、繰、繰、仕」の仕訳後に損益計算書の仕入欄に計上されている金額は売上原価です。

知っておこう！
仕入勘定4,150円は、売上原価として350円＋4,000－200円により計算された金額です。

貸倒引当金の計上

貸倒引当金は、受取手形などの残高に繰入率を掛けて計上します。

[例] 受取手形および売掛金の期末残高に対して差額補充法により2％の貸倒引当金を設定する。

決算整理仕訳

（貸倒引当金繰入）①70※　　（貸　倒　引　当　金）②70
※内訳　（2,700円＋2,300円）×2％－30円＝70円

精算表

勘定科目	試算表 借方	試算表 貸方	整理記入 借方	整理記入 貸方	損益計算書 借方	損益計算書 貸方	貸借対照表 借方	貸借対照表 貸方
受取手形	2,700						2,700	
売掛金	2,300						2,300	
貸倒引当金		30		②70				100
貸倒引当金繰入			①70		70			

用語解説
貸倒引当金
貸倒引当金は受取手形と売掛金のマイナス評価をするために貸借対照表欄の貸方に計上します。

減価償却費の計上

減価償却費の計上は、定額法の式をマスターする必要があります（→P144）。ここで再度その計算方法と決算整理仕訳を確認しましょう。

[例] 備品に対して定額法（耐用年数5年、残存価額は取得原価の10％、間接記帳法）により減価償却費を計上する。

決算整理仕訳

（減 価 償 却 費）①180※　　（減価償却累計額）②180

※内訳　(1,000円−1,000円×10％)÷5年＝180円

知っておこう！

試算表の金額は1年間の期中取引の結果です。日商簿記検定3級の精算表の作成問題では、試算表の金額が一部問われる出題もあります。

精算表

勘定科目	試算表 借方	試算表 貸方	整理記入 借方	整理記入 貸方	損益計算書 借方	損益計算書 貸方	貸借対照表 借方	貸借対照表 貸方
備　　品	1,000						1,000	
減価償却累計額		540		②180				720
減価償却費			①180		180			

前期までに計上済の減価償却累計額540円に、今期発生した180円を足して、その合計額720円を貸借対照表の貸方に記入します。

練習問題

下記に示す資料により精算表上の（　）の金額を答えなさい。なお決算は年1回、12月31日とする。

資料
1. 期末商品棚卸高は1,200円である。
2. 期末受取手形と売掛金の残高に2％の貸倒引当金を差額補充法で計上する。
3. 備品に定額法（耐用年数5年、残存価額は取得原価の10％）により減価償却費を計上する。

精算表

勘定科目	試算表 借方	試算表 貸方	整理記入 借方	整理記入 貸方	損益計算書 借方	損益計算書 貸方	貸借対照表 借方	貸借対照表 貸方
受 取 手 形	3,000						(⑫)	
売 掛 金	2,000						(⑬)	
繰 越 商 品	1,500		(①)	(⑤)			(⑭)	
備　　品	5,000						(⑮)	
貸倒引当金		40		(⑥)				(⑯)
減価償却累計額		1,800		(⑦)				(⑰)
仕　　入	6,200		(②)	(⑧)	(⑨)			
貸倒引当金繰入			(③)		(⑩)			
減価償却費			(④)		(⑪)			

解答　① 1,200　② 1,500　③ 60　④ 900　⑤ 1,500　⑥ 60　⑦ 900　⑧ 1,200　⑨ 6,500　⑩ 60　⑪ 900　⑫ 3,000　⑬ 2,000　⑭ 1,200　⑮ 5,000　⑯ 100　⑰ 2,700

解説
貸倒引当金繰入：(3,000円＋2,000円)×2％−40円＝60円
減価償却費　　：(5,000円−5,000円×10％)÷5年＝900円

精算表

3 精算表の作成（現金過不足など）

精算表の作成は、金額移動に慣れれば簡単に行えるようになります。決算整理仕訳と金額の移動をひとつずつマスターしましょう。

現金過不足の精算

期中に計上した現金過不足勘定は、決算時に精算しなければなりません。決算で過不足の原因が判明すれば、該当する科目に振替を行います。また原因が判明しない金額は雑損か雑益に振替えます。

[例] 期中に発生した現金過不足150円のうち100円は交通費の計上漏れであることが判明したが残額については発生原因は不明であった。

決算整理仕訳

（交　通　費）①100　　（現　金　過　不　足）③150
（雑　　　　損）② 50

精算表

勘定科目	試算表 借方	試算表 貸方	整理記入 借方	整理記入 貸方	損益計算書 借方	損益計算書 貸方	貸借対照表 借方	貸借対照表 貸方
現金過不足	150			③150			—	
交　通　費	300		①100		400			
雑　　　損	—		② 50		50			

現金過不足勘定は決算整理仕訳により消滅してしまいます。

知っておこう！
決算でも過不足の原因は調査します。原因が判明すれば該当する科目に振替ることになります。

知っておこう！
現金過不足は中間勘定という特別な勘定なので、損益計算書や貸借対照表に計上することはありません。

決算での現金過不足の発生

現金過不足は期中で発生して中間勘定の現金過不足勘定を用いる場合と、決算で過不足が発生する場合が考えられます。もし決算で過不足が発生し、その原因が不明のときは現金過不足勘定を計上せず、不足の場合は雑損、超過の場合は雑益勘定へ直接振替ること。

[例] 決算において現金の実際残高が帳簿残高より250円超過していた。この原因を調査したが不明であった。

（現　　　　金）①250　　（雑　　　　益）②250

精算表

勘定科目	試算表 借方	試算表 貸方	整理記入 借方	整理記入 貸方	損益計算書 借方	損益計算書 貸方	貸借対照表 借方	貸借対照表 貸方
現　　　金	4,500		①250				4,750	
雑　　　益				②250		250		

法人税等の計上

当期中に利益が計上されたとき、法人税、住民税及び事業税が課税されます。この納付額は決算において未払法人税等として計上されます。また期中には、当期分の法人税等に関する仮払いとして中間納付を行っていますから、これも考慮しなければなりません。

知っておこう!
法人税等は期中に中間納付が行われて仮払法人税等が計上されているので、これを精算することも忘れないようにしてください。

[例] 決算において、当期分の法人税等を3,700円計上する。なお、期中において中間納付が1,900円行われており、仮払法人税等として処理されている。

決算整理仕訳

(法 人 税 等) ① 3,700　　(未 払 法 人 税 等) ② 1,800
　　　　　　　　　　　　　(仮 払 法 人 税 等) ③ 1,900

精　算　表

勘定科目	試算表 借方	試算表 貸方	整理記入 借方	整理記入 貸方	損益計算書 借方	損益計算書 貸方	貸借対照表 借方	貸借対照表 貸方
法 人 税 等			① 3,700		3,700			
未払法人税等				② 1,800				1,800
仮払法人税等	1,900			③ 1,900			−	

練習問題

下記に示す資料により精算表上の( )の金額を答えなさい。なお決算は年1回、12月31日とする。

(資料)
① 期中に計上した現金過不足100円のうち、60円は受取利息の計上漏れであり、残額は原因不明であった。
② 決算において当期負担分の法人税等500円を計上する。ただし、中間納付が200円ある。

精　算　表

勘定科目	試算表 借方	試算表 貸方	整理記入 借方	整理記入 貸方	損益計算書 借方	損益計算書 貸方	貸借対照表 借方	貸借対照表 貸方
現 金 過 不 足		100	(①)					
仮払法人税等	200			(③)				
受 取 利 息		10		(④)		(⑧)		
雑　　　　益				(⑤)		(⑨)		
未払法人税等				(⑥)				(⑩)
法 人 税 等			(②)		(⑦)			

解答　① 100　② 500　③ 200　④ 60　⑤ 40
　　　　⑥ 300　⑦ 500　⑧ 70　⑨ 40　⑩ 300

解説　下記の決算整理仕訳が行われています。

① (現 金 過 不 足) 100　　(受 取 利 息) 60
　　　　　　　　　　　　　　(雑　　　　益) 40
② (法 人 税 等) 500　　(仮払法人税等) 200
　　　　　　　　　　　　　(未払法人税等) 300

4 精算表の作成（前払費用など）

経過勘定項目は、その内容が類似しているため、その決算整理仕訳を混同してしまいがちです。これらの処理をここで再点検しましょう。

前払費用、未払費用の処理

前払費用や未払費用が発生したとき、どのように処理すればいいか再度確認しましょう。

[例] 前払保険料90円と未払水道光熱費310円がある。

決算整理仕訳

（前　払　費　用）① 90　　（保　　険　　料）② 90
（水　道　光　熱　費）③310　（未　払　費　用）④310

知っておこう！
前払費用勘定は前払保険料勘定を、未払費用勘定は未払水道光熱費勘定を使用してもよい。

精　算　表

勘定科目	試算表 借方	試算表 貸方	整理記入 借方	整理記入 貸方	損益計算書 借方	損益計算書 貸方	貸借対照表 借方	貸借対照表 貸方
保　険　料	400			② 90	310			
水道光熱費	500		③ 310		810			
前　払　費　用			① 90				90	
未　払　費　用				④ 310				310

未収収益、前受収益の処理

未収収益は資産勘定、前受収益は負債勘定であることを前提に処理を考えましょう。

[例] 未収利息150円と前受手数料20円がある。

決算整理仕訳

（未　収　収　益）①150　　（受　取　利　息）②150
（受　取　手　数　料）③ 20　（前　受　収　益）④ 20

知っておこう！
未収収益勘定は未収利息勘定を前受収益勘定は前受手数料勘定を使用してもよい。

精　算　表

勘定科目	試算表 借方	試算表 貸方	整理記入 借方	整理記入 貸方	損益計算書 借方	損益計算書 貸方	貸借対照表 借方	貸借対照表 貸方
受　取　利　息		500		② 150		650		
受取手数料		100	③ 20			80		
未　収　収　益			① 150				150	
前　受　収　益				④ 20				20

知っておこう！
未収は収益のプラス、前受は収益のマイナスと考えて仕訳の金額を移動させます。

貯蔵品の計上

期中において、郵便切手や収入印紙などを費用処理していますが、期末にこれらの未使用分があれば資産勘定の貯蔵品に振替えます。

[例] 決算において、未使用の切手500円と収入印紙300円があるため、貯蔵品勘定へ振替る。

決算整理仕訳

（貯　蔵　品）①800　　（通　信　費）②500
　　　　　　　　　　　　（租 税 公 課）③300

知っておこう！
期中で事務用品を消耗品費で処理している時は、未使用分は決算で資産勘定の消耗品に振替えます。

知っておこう！
収入印紙は租税公課勘定で処理されますが、これ以外にも自動車税や固定資産税もこの科目で処理します。

精算表

勘定科目	試算表 借方	試算表 貸方	整理記入 借方	整理記入 貸方	損益計算書 借方	損益計算書 貸方	貸借対照表 借方	貸借対照表 貸方
通　信　費	2,300			②500	1,800			
租 税 公 課	4,500			③300	4,200			
貯　蔵　品			①800				800	

練習問題

下記に示す資料により精算表上の（　）の金額を答えなさい。なお決算は年1回、12月31日とする。

資料
① 前払保険料100円、未払地代200円がある。
② 前受家賃300円、未収利息50円がある。
③ 未使用の郵便切手80円がある。

精算表

勘定科目	試算表 借方	試算表 貸方	整理記入 借方	整理記入 貸方	損益計算書 借方	損益計算書 貸方	貸借対照表 借方	貸借対照表 貸方
保　険　料	1,000			(⑥)	(⑪)			
支 払 地 代	2,400		(①)		(⑫)			
通　信　費	800			(⑦)	(⑬)			
受 取 家 賃		600	(②)			(⑭)		
受 取 利 息		400		(⑧)		(⑮)		
前払保険料			(③)				(⑯)	
未 払 地 代				(⑨)				(⑲)
前 受 家 賃				(⑩)				(⑳)
未 収 利 息			(④)				(⑰)	
貯　蔵　品			(⑤)				(⑱)	

解答　①200　②300　③100　④50　⑤80　⑥100　⑦80　⑧50　⑨200　⑩300
⑪900　⑫2,600　⑬720　⑭300　⑮450　⑯100　⑰50　⑱80　⑲200　⑳300

解説　経過勘定項目をひとつずつ記入し金額を移動させましょう。

財務諸表の作成

損益計算書と貸借対照表

仕訳から精算表の作成まで、これまで学んできたことはこの2つの財務諸表の作成を目的としてきました。

財務諸表作成の作業

会社の取引は仕訳を通じて総勘定元帳に分類集計されます。決算では、この総勘定元帳内の各勘定口座に修正を加えて帳簿を締切ることを学習してきました。

簿記における帳簿での取引記録という作業は、この総勘定元帳の各勘定口座を締切ることにより完了します。ただ簿記ではもうひとつ最後にしなければならない作業があります。それが、この総勘定元帳を基にして**損益計算書**や**貸借対照表**という**財務諸表を作成**することです。

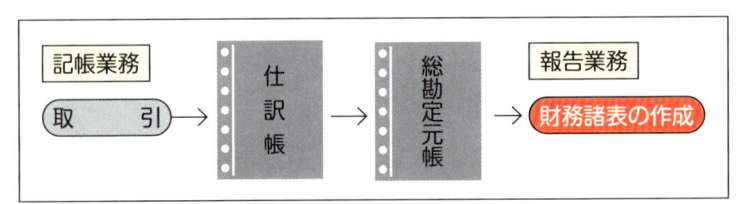

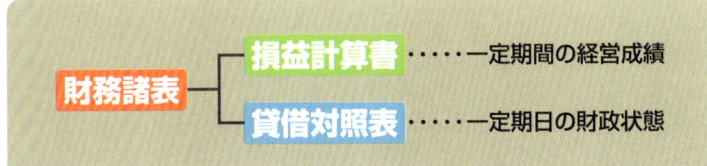

> **知っておこう！**
> 事前に作成している精算表が財務諸表の作成時に役立ちます。

```
記帳業務                              報告業務
 取引  →  仕訳帳  →  総勘定元帳  →  財務諸表の作成
```

財務諸表の作成は、総勘定元帳の作成までに行ってきた**記録**するという業務とは異なり、**報告**するという業務であるとも考えられます。

> **知っておこう！**
> 決算での財務諸表は、会計帳簿や精算表の各勘定残高を基本にして作成します。

財務諸表の種類

学習入門段階で作成する財務諸表は損益計算書と貸借対照表の2つということを学んだのをおぼえているでしょうか。

本書では、ここまで学習してきた総まとめとして、会社にとって重要な報告書である損益計算書と貸借対照表の作成方法について学習していきます。

```
財務諸表 ┬─ 損益計算書 ……一定期間の経営成績
         └─ 貸借対照表 ……一定期日の財政状態
```

財務諸表の作成

会社は、決算日に経営成績と財政状態を明らかにしなければならないということをこれまで学んできました。

これを明らかにするため、総勘定元帳に記載されている各勘定の資産、負債、純資産に属する科目を貸借対照表に、費用、収益に属する科目を損益計算書に計上します。

すべての勘定科目を、2つの報告書のうちのどちらかに振り分け、そのすべてを計上することで損益計算書と貸借対照表は完成します。この2つの報告書により、会社は当期に**いくら儲けたのか**、また**財産はどれくらい残っているのかを把握**することができるのです。

知っておこう！
決算整理が終了した時点で、資産から収益までの全勘定の残高を集計した決算整理後残高試算表と呼ばれる試算表もあります（➡P184）。

財務諸表の作成問題の出題

日商簿記検定3級では、第3問に精算表作成や、損益計算書などの財務諸表を作成させる総合問題が35点で出題されます。

検定試験で財務諸表の作成問題が出題される趣旨は、決算手続きの理解を問うためです。したがって、決算整理仕訳を正しく行い、財務諸表に表示すべき金額を正確に計算しなければなりません。

また、財務諸表の作成問題には、決算整理仕訳が完了した決算整理後の試算表から作成する出題と、やや難易度の高い決算整理前の試算表と決算整理事項を提示して財務諸表を作成させる2つのパターンが考えられます。

知っておこう！
日商簿記検定3級合格のためには財務諸表の作成がその攻略のポイントです。

損益計算書の様式

損益計算書には2つの様式があります。一般的に使うのは、たて型でいちばん上に売上高を計上し、各費用、収益の項目を加減しながら最終的に当期純利益を計上する**報告式**と呼ばれるものです。

ただし、今回は簿記学習の入門段階ということもあるので、もう一方の**勘定式**で損益計算書を作成することにします。

勘定式の損益計算書はT字型の形式で作成し、借方に費用項目を、貸方には収益項目を計上していくことで、最終的に借方の最後に当期純利益が表示されます。

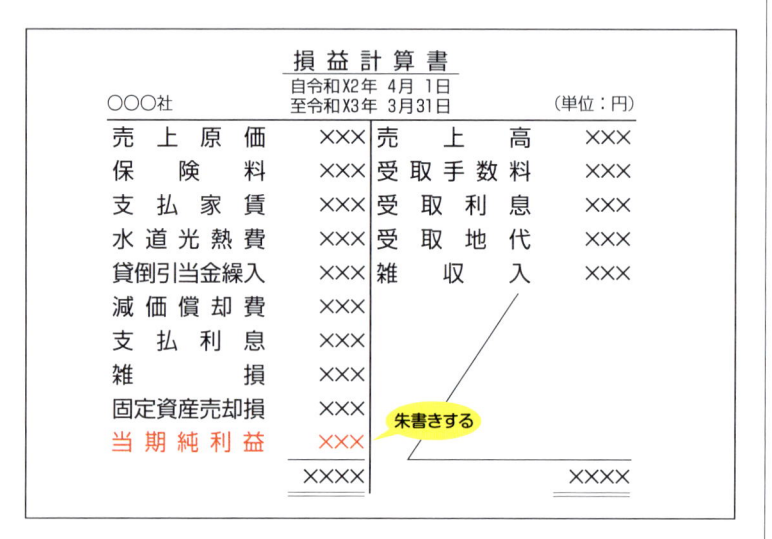

> **知っておこう！**
> 報告式の損益計算書は日商簿記検定2級以上で学習します。

損益計算書
自令和X2年 4月 1日
至令和X3年 3月31日
○○○社　　　　　　　　　　　　　　　　（単位：円）

借方		貸方	
売 上 原 価	×××	売 上 高	×××
保 険 料	×××	受 取 手 数 料	×××
支 払 家 賃	×××	受 取 利 息	×××
水 道 光 熱 費	×××	受 取 地 代	×××
貸倒引当金繰入	×××	雑 収 入	×××
減 価 償 却 費	×××		
支 払 利 息	×××		
雑 損	×××		
固定資産売却損	×××		
当 期 純 利 益	**×××** ←朱書きする		
	××××		××××

> **知っておこう！**
> 当期純利益は他の科目と異なり勘定口座の残額ではなく損益計算書上の貸借差額なので朱記します。ただし日商簿記検定では赤ペンは使用できないので黒文字で記入してかまいません。

作成上の注意点　**重要!**

1. 損益計算書は会計期間の報告であるためタイトル損益計算書の下には、期首と期末の日付を入れます。
2. 損益計算書に使われている費用・収益の項目は、財務諸表用の表示科目と呼ばれ、帳簿上の勘定科目とは別のものです。名称が少し違うのは、そのことが理由です。
3. 費用・収益の属性にしたがって費用は損益計算書の借方に、収益は貸方に計上してください。
4. 一般的には損益計算書の借方の最後（左側最終値）に当期純利益が計上されます。
5. 当期純利益は赤色で書く慣習があります。
6. もし当期純損失が計上されれば貸方に書くことになります。

勘定式の貸借対照表

貸借対照表の様式にも勘定式と報告式があります。損益計算書は報告式がスタンダードな様式ですが、これに対して貸借対照表は**勘定式が一般的な様式**です。

これは貸借対照表の英語名称が「バランス・シート」であるように、借方と貸方の金額が一致していることを報告書の上で明示します。日商簿記検定3級受験用の勘定式貸借対照表（無区分）のオーソドックスな様式は次の通りです。

知っておこう！
正式な貸借対照表では、資産、負債、純資産をいくつかに区分して表示する必要があります。しかし、日商簿記検定3級では、その必要はありません。

```
                    貸 借 対 照 表
○○○社            令和X3年3月31日現在          （単位：円）
現  金  預  金              ×××    支 払 手 形           ×××
受  取  手  形    ×××           買    掛    金         ×××
    貸倒引当金    ×××    ×××    未    払    金         ×××
売    掛    金    ×××           未  払  費  用         ×××
    貸倒引当金    ×××    ×××    前  受  収  益         ×××
未  収  入  金              ×××    資    本    金         ×××
商          品              ×××    繰越利益剰余金         ×××
前  払  費  用              ×××
未  収  収  益              ×××
建          物    ×××
    減価償却累計額 ×××   ×××
備          品    ×××
    減価償却累計額 ×××   ×××
土          地              ×××
                           ××××                          ××××
```

知っておこう！
貸借対照表には当期純利益は計上されません。その代わり、繰越利益剰余金が計上されます。この金額の算出方法もマスターしておきましょう。

作成上の注意点　**重要**

1. 貸借対照表は決算日の財政状態を示すので、損益計算書の会計期間と異なり決算日の日付をタイトル貸借対照表の下に記入してください。
2. 現金預金や商品勘定などは勘定科目の名称と異なることがわかります。貸借対照表や損益計算書である財務諸表に用いられているこれらの名称は表示科目と呼ばれておりその名称を勘定科目と混同しないようにしてください。
3. 貸倒引当金や減価償却累計額の間接控除の表示方法を理解してください。
4. 経過勘定項目の前払保険料などの勘定科目は、貸借対照表では前払費用等の表示科目を用いたほうがいいでしょう。
5. 貸借の合計額は必ず一致させて締切ってください。

第5章　決算の手続き

練習問題

下記に示す決算整理後残高試算表を参考にして、損益計算書と貸借対照表を作成しなさい。なお、決算は年1回、3月31日とする。

資料1

決算整理後残高試算表
令和X4年3月31日　　　　　　　　　（単位：円）

借方	金額	貸方	金額
現　　　　　金	5,000	支　払　手　形	14,000
当　座　預　金	12,000	買　　掛　　金	21,600
受　取　手　形	15,000	所得税預り金	15,000
売　　掛　　金	20,000	未　払　地　代	4,000
繰　越　商　品	8,000	未払法人税等	5,000
前　払　家　賃	1,500	貸倒引当金	1,400
未　収　利　息	2,500	減価償却累計額	29,000
建　　　　　物	50,000	資　　本　　金	120,000
備　　　　　品	40,000	利益準備金	25,000
土　　　　　地	100,000	繰越利益剰余金	6,000
仕　　　　　入	60,000	売　　　　　上	95,000
給　　　　　料	8,000	受　取　家　賃	1,500
保　　険　　料	2,000		
貸倒引当金繰入	1,000		
減　価　償　却　費	3,000		
支　払　利　息	1,000		
備　品　売　却　損	1,500		
法　人　税　等	7,000		
	337,500		337,500

資料2

① 仕入勘定の内訳は下記の通りである。

仕　入

		金額			金額
	諸　　　　口	59,000	3/31	繰　越　商　品	8,000
3/31	繰　越　商　品	9,000	〃	損　　　　益	60,000
		68,000			68,000

② 貸倒引当金は、受取手形、売掛金に差額補充法で4％に設定している。
③ 減価償却累計額の内訳は、建物分21,000円、備品分8,000円である。

解答

損益計算書
〇〇〇社　自令和X3年 4月 1日　至令和X4年 3月31日　（単位：円）

借方	金額	貸方	金額
期首商品棚卸高	9,000	売　　上　　高	95,000
当期商品仕入高	59,000	期末商品棚卸高	8,000
給　　　　　料	8,000	受　取　家　賃	1,500
保　　険　　料	2,000		
貸倒引当金繰入	1,000		
減 価 償 却 費	3,000		
支　払　利　息	1,000		
固定資産売却損	1,500		
法　人　税　等	7,000		
当 期 純 利 益	13,000		
	104,500		104,500

貸借対照表
令和X4年3月31日現在　（単位：円）

資産		金額	負債・純資産	金額
現　金　預　金		17,000	支　払　手　形	14,000
受　取　手　形	15,000		買　　掛　　金	21,600
貸 倒 引 当 金	600	14,400	預　　り　　金	15,000
売　　掛　　金	20,000		未払法人税等	5,000
貸 倒 引 当 金	800	19,200	未　払　費　用	4,000
商　　　　　品		8,000	資　　本　　金	120,000
前　払　費　用		1,500	利 益 準 備 金	25,000
未　収　収　益		2,500	繰越利益剰余金	19,000
建　　　　　物	50,000			
減価償却累計額	21,000	29,000		
備　　　　　品	40,000			
減価償却累計額	8,000	32,000		
土　　　　　地		100,000		
		223,600		223,600

解説　貸借対照表の繰越利益剰余金19,000円は、決算整理後残高試算表の繰越利益剰余金6,000円と損益計算書の当期純利益13,000円の合計です。

確認問題

問題 次の資料を参考にして、解答欄の貸借対照表と損益計算書を作成しなさい。なお、決算日は年1回、3月31日とする。

(資料)

残 高 試 算 表
令和X2年3月31日現在　　　　(単位:円)

借方	金額	貸方	金額
現　　　　　金	42,300	支　払　手　形	28,600
当　座　預　金	100,400	買　　掛　　金	26,600
受　取　手　形	30,000	仮　　受　　金	5,000
売　　掛　　金	25,000	仮 受 消 費 税	10,000
仮 払 消 費 税	7,000	貸 倒 引 当 金	800
繰　越　商　品	57,000	減価償却累計額	57,600
備　　　　　品	80,000	資　　本　　金	250,000
土　　　　　地	100,000	利 益 準 備 金	20,000
仕　　　　　入	394,000	繰越利益剰余金	10,000
給　　　　　料	39,500	売　　　　　上	487,100
支　払　家　賃	13,000	受　取　地　代	4,800
通　　信　　費	7,200		
仮 払 法 人 税 等	2,000		
支 払 保 険 料	2,400		
現 金 過 不 足	700		
	900,500		900,500

1. 期末商品の棚卸高は、48,500円である。
2. 仮受金5,000円は、得意先から売掛金の回収として約束手形を受取った際に、誤って下記の処理を行い計上したものである。
　　(受　取　手　形) 5,000　　(仮　　受　　金) 5,000
3. 期末の受取手形および売掛金の合計額に、2%の貸倒引当金を差額補充法により計上する。
4. 備品について、定額法(耐用年数8年)により減価償却費を計上する。なお、残存価額は取得原価の10%とする。
5. 現金過不足勘定のうち600円は、通信費の記帳漏れであることが判明した。残額は、原因が不明であるために、決算において適切に処理する。
6. 仮受消費税と仮払消費税を相殺して未払消費税を計上する。
7. 経過勘定科目を次の通り計上する。
　　前払家賃1,000円、前払保険料300円、前受地代400円
8. 当期末において法人税等を6,000円計上する。

貸借対照表

○○会社　　　令和X2年3月31日現在　　　（単位：円）

借方		貸方	
現 金 預 金	(　　　)	支 払 手 形	(　　　)
受 取 手 形 (　　　)		買 掛 金	(　　　)
(　　　) (　　　)	(　　　)	未 払 消 費 税	(　　　)
売 掛 金 (　　　)		未 払 法 人 税 等	(　　　)
(　　　) (　　　)	(　　　)	(　　　)収 益	(　　　)
商 品	(　　　)	資 本 金	(　　　)
前 払 費 用	(　　　)	利 益 準 備 金	(　　　)
備 品 (　　　)		繰越利益剰余金	(　　　)
(　　　) (　　　)	(　　　)		
土 地	(　　　)		
	(　　　)		(　　　)

損益計算書

○○会社　　自令和X1年 4月 1日　　　（単位：円）
　　　　　至令和X2年 3月31日

借方		貸方	
売上(　　)	(　　　)	売 上 高	(　　　)
給 料	(　　　)	受 取 地 代	(　　　)
貸倒引当金(　)	(　　　)		
減 価 償 却 費	(　　　)		
支 払 家 賃	(　　　)		
通 信 費	(　　　)		
支 払 保 険 料	(　　　)		
(　　　)	(　　　)		
法 人 税 等	(　　　)		
当期純(　　)	(　　　)		
	(　　　)		(　　　)

第5章　決算の手続き

解答

貸借対照表

○○会社　　令和X2年3月31日現在　　（単位：円）

借方			貸方	
現 金 預 金		(142,700)	支 払 手 形	(28,600)
受 取 手 形	(30,000)		買 掛 金	(26,600)
（貸倒引当金）	(600)	(29,400)	未 払 消 費 税	(3,000)
売 掛 金	(20,000)		未 払 法 人 税 等	(4,000)
（貸倒引当金）	(400)	(19,600)	（前 受）収 益	(400)
商 品		(48,500)	資 本 金	(250,000)
前 払 費 用		(1,300)	利 益 準 備 金	(20,000)
備 品	(80,000)		繰越利益剰余金	(22,300)
（減価償却累計額）	(66,600)	(13,400)		
土 地		(100,000)		
		(354,900)		(354,900)

損 益 計 算 書

○○会社　　自令和X1年4月1日　至令和X2年3月31日　　（単位：円）

費用		収益	
売 上 (原 価)	(402,500)	売 上 高	(487,100)
給 料	(39,500)	受 取 地 代	(4,400)
貸倒引当金（繰入）	(200)		
減 価 償 却 費	(9,000)		
支 払 家 賃	(12,000)		
通 信 費	(7,800)		
支 払 保 険 料	(2,100)		
（雑 損）	(100)		
法 人 税 等	(6,000)		
当期純（利 益）	(12,300)		
	(491,500)		(491,500)

解説

1 売上原価の計算
　仕入勘定で売上原価が計算され、次の金額が計上される。
　　　　　　期首商品棚卸高　当期商品仕入高　期末商品棚卸高
　売上原価：57,000円 ＋ 394,000円 － 48,500円 ＝ 402,500円
　　　　　　　　　　　　　　　　　　　　　　　　　　　　　　　　（➡P136）

2 仮受金の精算
　売掛金の回収時に、貸方が仮受金勘定で処理されているため修正する。
　（仮　　受　　金）5,000　　（売　　掛　　金）5,000
　　　　　　　　　　　　　　　　　　　　　　　　　　　　　　　　（➡P61）

3 貸倒引当金の設定
　上記2.の修正を考慮して、受取手形と売掛金に貸倒引当金を設定する。
　（貸倒引当金繰入）　200※　（貸　倒　引　当　金）　200
　※繰入額の内訳　　受取手形　　売掛金　　仮受金　　　貸倒引当金残高
　　　　　　　　（30,000円 ＋ 25,000円 － 5,000円）× 2％ － 800円 ＝ 200円
　　　　　　　　　　　　　　　　　　　　　　　　　　　　　　　　（➡P140）

4 減価償却費の計上
　（減　価　償　却　費）　9,000※　　（減価償却累計額）　9,000
　※償却費の内訳
　　$$\frac{80,000円 － 80,000円 \times 10\%}{8年} ＝ 9,000円$$
　　　　　　　　　　　　　　　　　　　　　　　　　　　　　　　　（➡P144）

5 現金過不足勘定の精算
　不足額700円のうち600円は、原因が判明したので該当する科目に振り替え、残高100円は原因が不明なため、雑損勘定へ振り替える。
　（通　　信　　費）　600　　（現　金　過　不　足）　700
　（雑　　　　　損）　100
　　　　　　　　　　　　　　　　　　　　　　　　　　　　　　　　（➡P148）

6 未払消費税の計上
　仮受消費税と仮払消費税を相殺して未払消費税を計上する。
　（仮　受　消　費　税）10,000　　（仮　払　消　費　税）7,000
　　　　　　　　　　　　　　　　　（未　払　消　費　税）3,000
　　　　　　　　　　　　　　　　　　　　　　　　　　　　　　　　（➡P42）

7 経過勘定項目の計上
　（前　払　費　用）1,300　　（支　払　家　賃）1,000
　　　　　　　　　　　　　　　（支　払　保　険　料）　300
　（受　取　地　代）　400　　（前　受　収　益）　400
　　　　　　　　　　　　　　　　　　　　　　　　　　　　　　　　（➡P154、160）

8 未払法人税等の計上
　期中に仮払法人税等2,000円が計上されているので精算する。
　（法　人　税　等）6,000　　（未　払　法　人　税　等）4,000
　　　　　　　　　　　　　　　（仮　払　法　人　税　等）2,000
　　　　　　　　　　　　　　　　　　　　　　　　　　　　　　　　（➡P164）

9 当期純利益と繰越利益剰余金
　貸借対照表の繰越利益剰余金22,300円は、残高試算表上の同勘定残高10,000円と損益計算書の当期純利益12,300円の合計です。
　　　　　　　　　　　　　　　　　　　　　　　　　　　　　　　　（➡P185）

第5章のまとめ

POINT 1 決算の目的と具体的な手続

決算は会計期間の末日である期末（決算日）に行われます。決算の目的は会計帳簿の締切と財務諸表を作成することです。帳簿の締切と財務諸表の作成は決算整理仕訳などの手続きを経て行われます。

POINT 2 商品棚卸高の計上

決算において、期末在庫品を棚卸高として所定の手続きを行わなければなりません。この商品の期末棚卸に関する決算整理仕訳は決算の中で最も大事な仕訳です。

POINT 3 貸倒引当金の繰入

期末未回収の受取手形などに設定される貸倒引当金に関して差額補充法による繰入計算の方法をマスターすること。また繰入額を計算する際は決算で増減処理した受取手形などの金額の変化にも注意してください。

POINT 4 減価償却費の計上

定額法による償却費の計算方法と間接記帳法の処理が大事です。また、減価償却を考慮した固定資産売却の処理は難易度が高い仕訳ですが、正しい固定資産売却損益を計上できるようにしておきましょう。

POINT 5 経過勘定項目

費用収益に関係するものが4項目あります。それぞれが費用と収益を増減させている意味や、勘定科目の属性が資産か負債かを考えて処理をできるようにしておきましょう。

POINT 6 損益勘定の作成

費用と収益を締切るために、決算で特別に損益と呼ばれる集合勘定を作成します。この損益勘定へ費用、収益を振替える仕訳の意味と当期純利益の繰越利益剰余金勘定への振替方法をマスターしてください。

POINT 7 精算表

決算の学習で、中心となるもっとも重要な事項はこの精算表の作成です。各勘定科目の金額移動のルールを、何度も繰り返し練習して慣れてしまいましょう。

日商簿記
3級
模擬試験

日商簿記検定3級の概要

試験について

簿記の資格で一般的なものが、日本商工会議所が主催する「日商簿記検定」です。この日商簿記検定には初級〜1級まであり、現在は一部の級がインターネットでも受験できます。この中で、受験者数がもっとも多いのが3級です。3級では、経理関係書類の読み取りができ、会社の経営状況を把握することができるレベルの簿記知識が求められます。

試験概要

	統一試験	ネット試験
試験日	6月第2週、11月第3週、2月第4週の日曜日	テストセンターが定める日で随時
試験時間	3級：60分 2級：90分 ※2021年度から変更	3級：60分 2級：90分
合格基準点	70点以上	70点以上
受験料	3級：3,300円 2級：5,500円 ※2024年度から変更	3級：3,300円 2級：5,500円 ※2024年度から変更
試験会場	指定された試験会場	申込日時に申込をした会場
試験問題	試験方式は紙媒体（ペーパーテスト）で、試験回ごとに全員同一の問題が出題される。試験終了後、問題用紙、答案用紙、計算用紙は回収。	受験者ごとに異なる試験問題（ランダム組み合わせ）が受験者のパソコンに配信され、受験者はパソコン上で解答を入力。計算用紙と筆記用具は配布され、試験終了後に回収。
合格発表	試験日の約2週間から1か月後に合否が発表。	試験終了後、即座に自動採点され、結果が画面に表示される。合格者にはデジタル合格証が即日交付される。

※一部地域の商工会議所が不定期で実施している一般向け団体試験もあります。詳しくは各商工会議所ホームページをご確認ください。

日本商工会議所 簿記公式サイト
https://www.kentei.ne.jp/bookkeeping

配点と出題内容

＊下記は年3回のテスト内容によるものです。

第1問

配点 45点

仕訳問題が全部で15問出題されます。仕訳は期中取引仕訳だけでなく、決算整理仕訳や決算振替仕訳などの出題もあります。15問の仕訳問題のうち8～11問の正解が理想です。

第2問

配点 20点

取引を前提として、どのような補助簿に記入するか、あるいは勘定記入させるか、また文章中の語句を選択させる問題が出題されます。解答には簿記に関する広い知識を必要とします。

第3問

配点 35点

ここでは精算表作成や財務諸表作成の問題が出題されます。3級の試験では、この第3問の問題をどのように攻略するかが合否のカギです。このためには、決算整理仕訳の正しい知識と精算表における金額移動や財務諸表の表示などを理解していなければなりません。

〈第1回〉 制限時間:60分

第1問　45点

次の各取引について仕訳しなさい。
※本試験では、仕訳ごとに解答用の勘定科目が6つ提示されますが、本問では省略しています。

1. 前期から繰越してきた売掛金70,000円が、得意先の倒産により回収不能となった。なお、貸倒引当金残高が100,000円ある。

2. 事務所を新たに賃借することにし、敷金60,000円、不動産業者への手数料40,000円、来月分の家賃20,000円の合計120,000円を普通預金口座より振込んだ。

3. 商品30,000円を売上げ、代金のうち14,000円は提携している商店連合会発行の商品券で受取り、残額は現金で受取った。

4. 従業員に対する今月分の給料250,000円の支払いに際し、かねて従業員の生命保険料として立替払いしていた金額20,000円と源泉所得税10,000円を差引き、残額は現金で支払った。

5. 本日商品を仕入れ、下記の納品書を受取り代金は後日払いとした。なお、消費税は税抜方式による。

	納　品　書	令和X3年5月20日
大阪物産㈱　殿		
内　　訳	単価×数	金　　額
Yシャツ　Mサイズ	@4,000円×10	40,000円
	消　費　税	4,000円
	合　　計	44,000円

6. 期首に不要となった備品(取得原価120,000円、減価償却累計額80,000円)を30,000円で売却し代金は後日受取ることにした。

7. 期中に計上した現金不足額30,000円のつき決算で18,000円は交通費の支払漏れであることが判明したが、残額については使途が不明であった。

8. 買掛金支払のために230,000円の小切手を振出した。しかし当日の当座預金残高は80,000円である。なお銀行との間で当座借越契約が限度額1,000,000円で締結されている。

9. 商品80,000円をクレジットカードにより売り上げた。クレジット会社への手数料5%は売上時に計上している。

10. 前期に貸倒として処理した売掛金の一部20,000円を現金で回収した。

11. 決算時の未使用の切手3,000円と収入印紙10,000円があることを発見した。

12. 損益勘定で当期純利益130,000円が計上された。ただし前期の損失残高が30,000円あり繰越利益剰余金の借方に計上されたままになっている。

13. 営業部の用度係に、今週分の小口現金として先週の支出と同額である28,000円の小切手を振出した。

14. 事務処理用のパソコン150,000円を購入し、セットアップ等の諸費用20,000円との合計額は翌月に支払うこととした。

15. 取引先から現金200,000円を借入れて、同額の約束手形を振出して引渡を行った。

第2問 20点

問1
　下記に示す取引は、いずれの補助簿に記入されるか解答用紙の該当欄に〇印を付しなさい。

1. 商品5,000円を売上げ、代金は後日回収とした。なお、商品発送費200円を現金で立替払いしたので売掛金として処理する。
2. 老朽化した備品（取得原価40,000円、減価償却累計額36,000円）を1,000円で売却し現金を受取った。
3. 先日仕入れた商品3,000円を返品し、掛代金と相殺する。
4. N社分の電子記録債権20,000円が当座預金口座に振込まれた。
5. 給料に係る源泉所得税15,000円を現金で納付した。

問2
　入金伝票、出金伝票、振替伝票の三伝票制を採用している場合、次の取引について下記の問いに答えなさい。ただし、答案用紙（　）の中には、適切な勘定科目名を、□の中には、金額を記入しなさい。

取引
　令和X3年5月1日東京商店から備品60,000円を購入し、代金のうち30,000円は現金で支払い、残額は掛とした。

1. 振替伝票に備品購入額を60,000円として記入する場合の出金伝票の記入を示しなさい。

2. 取引を分解して振替伝票と出金伝票に記入する場合の振替伝票の記入を示しなさい。

第3問 35点

次に示す決算整理事項によって解答用紙の精算表を完成しなさい。会計期間は令和X4年10月1日から翌年の令和X5年9月30日までの1年である。

1. 期中に現金で受取った手数料1,450円が未処理であった。

2. 得意先の長野商店が倒産し、前期に発生し未回収である同店に対する売掛金3,000円が回収不能となったため、貸倒として処理する。

3. 受取手形および売掛金の期末残高に対して差額補充法により3%の貸倒引当金を設定する。

4. 期末商品の棚卸高は20,000円である。売上原価は仕入勘定の行で計算すること。

5. 備品および建物について定額法により減価償却を行う。
　　　備　　品　耐用年数　5年　　　残存価額：ゼロ
　　　建　　物　耐用年数　30年　　残存価額：取得原価の10%

6. 期末において未使用の事務用消耗品が2,700円ある。

7. 貸付金34,000円は令和X5年4月1日に得意先に対して貸付期間1年、年利率6%で貸付けたもので、利息は元金とともに返済期日に受取ることになっている。当期分の利息は月割計算による。

8. 借入金72,000円は令和X5年7月1日に仕入先から借入期間1年、年利率4%で借入れたもので、利息は元金とともに返済期日に支払うことになっている。当期分の利息は月割計算による。

9. 受取家賃12,000円は、令和X5年3月1日に、所有する建物の一部を賃貸する契約を結び、その際向こう1年分の家賃を受取ったものである。

10. 保険料6,000円は令和X5年2月1日に、向こう1年分を支払ったものである。

解答用紙

第1問

	仕訳			
	借 方 科 目	金　　　額	貸 方 科 目	金　　　額
1				
2				
3				
4				
5				
6				
7				
8				
9				

解答用紙

10			
11			
12			
13			
14			
15			

第 2 問
(問1)

帳簿	現　金出納帳	当座預金出納帳	商　品有高帳	売掛金元帳	買掛金元帳	仕入帳	売上帳	固定資産台帳
1								
2								
3								
4								
5								

(問2)

(1)

出　金　伝　票
令和X3年5月1日
(　　　　)　[　　　　]

(2)

振　替　伝　票
令和X3年5月1日
(　　　　) [　　　　]　(　　　　) [　　　　]

第 3 問

精　算　表

勘　定　科　目	残高試算表 借方	残高試算表 貸方	整理記入 借方	整理記入 貸方	損益計算書 借方	損益計算書 貸方	貸借対照表 借方	貸借対照表 貸方
現　　　　　金	57,200							
当　座　預　金	72,500							
受　取　手　形	89,000							
売　　掛　　金	75,000							
繰　越　商　品	19,300							
貸　　付　　金	34,000							
備　　　　　品	50,000							
建　　　　　物	250,000							
支　払　手　形		54,000						
買　　掛　　金		64,000						
借　　入　　金		72,000						
貸　倒　引　当　金		3,500						
備品減価償却累計額		15,000						
建物減価償却累計額		150,000						
資　　本　　金		200,000						
売　　　　　上		374,300						
受　取　家　賃		12,000						
受　取　利　息		1,200						
仕　　　　　入	243,500							
給　　　　　料	31,000							
旅　費　交　通　費	8,200							
水　道　光　熱　費	4,900							
消　耗　品　費	3,500							
保　　険　　料	6,000							
支　払　利　息	1,900							
	946,000	946,000						
貸倒引当金繰入								
減　価　償　却　費								
(　　　　　)								
(　　　　　)								
(　　　　　)利息								
未　払　利　息								
(　　　　　)家賃								
(　　　　　)保険料								
当期純(　　　　)								

200

第1問　解答・解説

	仕　訳			
	借　方　科　目	金　　　額	貸　方　科　目	金　　　額
1	貸 倒 引 当 金	70,000	売　　掛　　金	70,000
2	差 入 保 証 金 支 払 手 数 料 支 払 家 賃	60,000 40,000 20,000	普 通 預 金	120,000
3	受 取 商 品 券 現　　　　　金	14,000 16,000	売　　　　　上	30,000
4	給　　　　　料	250,000	現　　　　　金 従 業 員 立 替 金 所 得 税 預 り 金	220,000 20,000 10,000
5	仕　　　　　入 仮 払 消 費 税	40,000 4,000	買　　掛　　金	44,000
6	未 収 入 金 減価償却累計額 備 品 売 却 損	30,000 80,000 10,000	備　　　　　品	120,000
7	旅 費 交 通 費 雑　　損　　失	18,000 12,000	現 金 過 不 足	30,000
8	買　　掛　　金	230,000	当 座 預 金	230,000
9	クレジット売掛金 支 払 手 数 料	76,000 4,000	売　　　　　上	80,000

201

	借方		貸方	
10	現　　　　金	20,000	償却債権取立益	20,000
11	貯　蔵　品	13,000	通　信　費 租　税　公　課	3,000 10,000
12	損　　　　益	130,000	繰越利益剰余金	130,000
13	小　口　現　金	28,000	当　座　預　金	28,000
14	備　　　　品	170,000	未　払　金	170,000
15	現　　　　金	200,000	手形借入金	200,000

解 説

1. 売掛金の貸倒
前期に計上された売掛金が当期に回収不能となったときには借方に貸倒引当金を計上します。
(➡ P142、143)

2. 事務所の賃借
事務所賃借時の敷金は保証金であり、物件返還時に返済されるので資産勘定の差入保証金で処理します。
(➡ P82)

3. 商品券の受取
商品売上に際して、提携している商店会発行の商品券を受取っているため資産勘定である受取商品券を借方で計上しなければなりません。
(➡ P46)

4. 給料の支払
給料支払時に、すでに立替払をしている生命保険料を控除して給料を支給していますが、生命保険料の立替払時には下記の処理が行われていることが前提となります。
立替払時：(従 業 員 立 替 金)　20,000　　(現　　　金)　20,000
(➡ P80)

5. 納品書による仕入計上
Yシャツの部分は仕入として、消費税は税抜処理をすることになります。
(➡ P42)

6. 備品の売却
売却時の備品の帳簿価額は40,000円(＝120,000円－80,000円)であり、これを30,000円で売却しているので10,000円の備品売却損が計上されます。
(➡ P68)

7. 現金過不足勘定の精算
期中で借方に計上した現金過不足30,000円を決算で精算するために、貸方に計上する必要があります。
(➡ P140)

8. 当座借越の発生
今回の小切手振出の取引で銀行との間に150,000円の当座借越(借入)が発生します。しかし仕訳上は貸方に230,000円の当座預金を計上するだけです。
(➡ P56)

9. クレジット売上
売掛金勘定の代わりにクレジット売掛金を計上します。ただし手数料が発生するので、この金額はクレジット売掛金から控除することになります。
(➡ P46)

10. 貸倒処理済債権の回収
前期以前に貸倒処理した債権の一部を回収した場合には、収益の償却債権取立益勘定を計上します。
(➡ P143)

11. 未使用の切手と収入印紙
いずれも貯蔵品として資産計上します。このときに貸方はそれぞれ通信費と租税公課勘定になります。
(➡ P162)

12. 当期純利益の振替
前期の損失が繰越利益剰余金の借方に計上されており、今回貸方に130,000円が計上されるのでこれらが相殺され繰越利益剰余金の残高は100,000円ということになります。

(➡P168)

13. 小口現金の補給
用度係に小口現金の補給をした場合には借方に小口現金勘定を計上します。

(➡P50)

14. パソコンの購入
固定資産の購入時に発生する手数料関連の付随費用は固定資産の取得原価に加算します。

(➡P66)

15. 手形借入
借入を行っていますが、同時に約束手形を振出しているので手形借入金を計上します。

(➡P62)

第2問（問1） 解　答・解　説

帳簿	現　金出納帳	当座預金出納帳	商　品有高帳	売掛金元帳	買掛金元帳	仕入帳	売上帳	固定資産台帳
1	○		○	○			○	
2	○							○
3			○		○	○		
4		○						
5	○							

解　説

1. 掛売上と発送運賃立替払い

立替て支払った運賃は売掛金勘定で処理されることになります。

（売　掛　金）5,200　　（売　　　上）5,000
　　　　　　　　　　　　（現　　　金）　200

2. 老朽化した備品の売却

備品勘定が減少するので、固定資産台帳に記帳されます。

（現　　　金）　 1,000　（備　　　品）40,000
（減価償却累計額）36,000
（備 品 売 却 損）　3,000

3. 仕入返品

商品の返品時には商品有高帳にも記帳されることにも注意すること。

（買　掛　金）3,000　　（仕　　　入）3,000

4. 電子記録債権の回収

電子記録債権はコンピュータ管理されているため、特別な補助簿はないと考えてください。

（当　座　預　金）20,000　（電 子 記 録 債 権）20,000

5. 源泉所得税の納付

給料支払時に、給料から源泉徴収した所得税を貸方所得税預り金勘定で処理しているので、納付時には、これを借方で相殺することになります。

（所 得 税 預 り 金）15,000　（現　　　金）15,000

（→P99）

第2問（問2） 解答・解説

(1)
```
      出 金 伝 票
      令和X3年5月1日
   （未 払 金） 30,000
```

(2)
```
           振 替 伝 票
           令和X3年5月1日
   （備 品） 30,000   （未 払 金） 30,000
```

解説

1. 取引を擬制処理する処理

振替伝票　（備　　品）60,000　（未　払　金）60,000
出金伝票　（未　払　金）30,000　（現　　金）30,000

2. 取引を分解処理する処理

振替伝票　（備　　品）30,000　（未　払　金）30,000
出金伝票　（備　　品）30,000　（現　　金）30,000

(➡P124)

第3問 解答・解説

精算表

勘定科目	残高試算表 借方	残高試算表 貸方	整理記入 借方	整理記入 貸方	損益計算書 借方	損益計算書 貸方	貸借対照表 借方	貸借対照表 貸方
現　　　　　　金	57,200		① 1,450				58,650	
当　座　預　金	72,500						72,500	
受　取　手　形	89,000						89,000	
売　　掛　　金	75,000			② 3,000			72,000	
繰　越　商　品	19,300		④20,000	④19,300			20,000	
貸　　付　　金	34,000						34,000	
備　　　　　　品	50,000						50,000	
建　　　　　　物	250,000						250,000	
支　払　手　形		54,000						54,000
買　　掛　　金		64,000						64,000
借　　入　　金		72,000						72,000
貸　倒　引　当　金		3,500	② 3,000	③ 4,330				4,830
備品減価償却累計額		15,000		⑤10,000				25,000
建物減価償却累計額		150,000		⑤ 7,500				157,500
資　　本　　金		200,000						200,000
売　　　　　　上		374,300				374,300		
受　取　家　賃		12,000	⑨ 5,000			7,000		
受　取　利　息		1,200		⑦ 1,020		2,220		
仕　　　　　　入	243,500		④19,300	④20,000	242,800			
給　　　　　　料	31,000				31,000			
旅　費　交　通　費	8,200				8,200			
水　道　光　熱　費	4,900				4,900			
消　耗　品　費	3,500			⑥ 2,700	800			
保　　険　　料	6,000			⑩ 2,000	4,000			
支　払　利　息	1,900		⑧ 720		2,620			
	946,000	946,000						
貸倒引当金繰入			③ 4,330		4,330			
減価償却費			⑤17,500		17,500			
（受取手数料）				① 1,450		1,450		
（消　耗　品）			⑥ 2,700				2,700	
（未　収）利息			⑦ 1,020				1,020	
未　払　利　息				⑧ 720				720
（前　受）家賃				⑨ 5,000				5,000
（前　払）保険料			⑩ 2,000				2,000	
当期純（利　益）					68,820			68,820
			77,020	77,020	384,970	384,970	651,870	651,870

解 説

決算整理項目を仕訳で示せば次の通りです。精算表の解答にある番号と同じ番号のところにその金額についての解説があります。

① 受取手数料の計上

（現　　　　金） 1,450　　（受 取 手 数 料） 1,450

② 売掛金の回収不能

問題文に「前期に発生し未回収である」とあるので貸倒損失勘定ではなく、貸倒引当金勘定を計上してください。

（貸 倒 引 当 金） 3,000　　（売　　掛　　金） 3,000

③ 貸倒引当金の繰入

繰入にあたっては、上記②の長野商店の売掛金3,000円の貸倒に注意して設定しましょう。

（貸倒引当金繰入） 4,330※　（貸 倒 引 当 金） 4,330

※内訳
$(\underset{受取手形}{89,000円} + \underset{売掛金}{75,000円} - \underset{上記②}{3,000円}) \times 3\% - (\underset{貸倒引当金}{3,500円} - \underset{上記②}{3,000円}) = 4,330円$

④ 商品の棚卸高

（仕　　　　入） 19,300　（繰 越 商 品） 19,300
（繰 越 商 品） 20,000　（仕　　　　入） 20,000

⑤ 減価償却費の計上

（減 価 償 却 費） 17,500　（備品減価償却累計額） 10,000※
　　　　　　　　　　　　　　（建物減価償却累計額） 7,500※

※内訳

備品：$\dfrac{50,000円 - 0}{5年} = 10,000円$

建物：$\dfrac{250,000円 - 250,000円 \times 10\%}{30年} = 7,500円$

⑥ 未使用の事務用品

（消　耗　品） 2,700　（消 耗 品 費） 2,700

⑦ 未収利息の計上

（未 収 利 息） 1,020※　（受 取 利 息） 1,020

※内訳
$34,000円 \times 6\% \times \dfrac{6カ月(4/1～9/30)}{12カ月(4/1～3/31)} = 1,020円$

⑧ 未払利息の計上

（支 払 利 息） 720　（未 払 利 息） 720※

※内訳
$72,000円 \times 4\% \times \dfrac{3カ月(7/1～9/30)}{12カ月(7/1～6/30)} = 720円$

⑨ 前受家賃の計上

（受 取 家 賃） 5,000　（前 受 家 賃） 5,000※

※内訳
$12,000円 \times \dfrac{5カ月(10/1～2/28)}{12カ月(3/1～2/28)} = 5,000円$

⑩ 前払保険料の計上

（前 払 保 険 料） 2,000※　（保　　険　　料） 2,000

※内訳
$6,000円 \times \dfrac{4カ月(10/1～1/31)}{12カ月(2/1～1/31)} = 2,000円$

（➡P172）

〈第2回〉 制限時間:60分

第1問　45点

次の各取引について仕訳しなさい。

※本試験では、仕訳ごとに解答用の勘定科目が6つ提示されますが、本問では省略しています。

1. 出張中の従業員から当座預金へ振込があり、仮受金として処理していた14,000円は、得意先の岡山商店から受取った商品売渡に関する手付金であることが判明した。

2. 株主総会で繰越利益剰余金250,000円から株主配当200,000円と利益準備金20,000円の積立の決議を行った。

3. 当期中に現金正価27,000円の備品を年額10,000円のリース料支払いにより3年間のファイナンス・リース契約で借り受けた。リース取引の処理は利子込み法による。

4. 決算において仮払消費税34,000円と仮受消費税45,000円を精算して未払消費税を計上する。

5. 出張していた従業員が帰社し、仮払金50,000円を下記の明細書により精算し、現金を受取った。

出張旅費明細書	令和X5.7.5
内　訳	金　額
旅費〜宿泊代	35,000
得意先接待	13,000
計	48,000
仮　払　額	50,000
精　算　額	△2,000

6. 本日、固定資産税24,000円と法人税の中間納付額300,000円を現金で納付した。

7. A社に対する買掛金40,000円の支払を来月末に行うことができるように債権管理機構に登録した。

8. 商品50,000円(税抜価格)を売上て、消費税10％に相当する金額と合わせた現金を受取った。当社では消費税の処理を税抜経理方式行っている。

9. 交通違反をした従業員のために罰金20,000円を現金で立替払いした。この金額は今月の給料支払時に精算することにしている。

10. 期首において前期末に計上した前払保険料10,000円の再振替仕訳を行った。

11. 当社は当期から事業を開始し、第1期の決算で期末商品の棚卸高が460,000円あった。当社は商品売買の処理を3分割法により行っている。

12. 決算において当座預金残高を銀行に問い合わせたところ借越残高が310,000円である旨の報告があった。

13. 車両の修繕を行い150,000円の小切手を振出した。修繕の内100,000円は固定資産の耐用年数を延長させる支出であった。

14. 商品180,000円を仕入れた。この仕入にあたりすでに手付金20,000円を現金で支払をしており、今回残額について約束手形を振出した。

15. 銀行から500,000円の借入を行い、利息3,000円を差引かれた残額が普通預金口座に振込まれた。

第2問

問1

当期中の受取利息に関する諸勘定の記入は、以下の通りであった。各勘定に記入された取引を推定し、（ イ ）～（ ホ ）には適切な勘定科目を、（ a ）～（ d ）には適切な金額を記入しなさい。

会計期間は、4月1日から3月31日までの1年間とする。

（資料）

受取利息			
3/31 損　益 37,500		4/ 1（ イ ）（ a ）	
		9/ 3 現　金（ b ）	
		3/31（ ロ ）（ c ）	
37,500		37,500	

未収利息			
3/31（ ハ ） 2,500		3/31 次期繰越 2,500	

前受利息			
4/ 1（ ニ ） 1,800		4/ 1 前期繰越 1,800	

損　益			
		3/31（ ホ ）（ d ）	

問2

下記に示す項目が繰越利益剰余金勘定の中にどのように計上されるか、①～⑤について科目、金額を答えなさい。なお、決算は年1回3月31日とする。

（資料）

1. 繰越利益剰余金の前期繰越額は35,000円である。

2. 5月28日において配当金30,000円の処分と利益準備金3,000円の積立をしている。

3. 当期純利益は50,000円であった。

繰越利益剰余金			
5/28（ ① ）（ 　 ）		4/ 1（ ④ ）（ 　 ）	
〃 （ 　 ） 30,000		3/31（ 　 ）（ ⑤ ）	
3/31（ ② ）（ ③ ）			

第3問 35点

次の期末整理事項に基づいて、解答用紙の貸借対照表と損益計算書を完成させなさい。なお、会計期間は令和X2年4月1日より令和X3年3月31日までの1年間とする。

残 高 試 算 表
令和X3年3月31日

借方	金額	貸方	金額
現 金	1,800	支 払 手 形	1,950
当 座 預 金	2,000	買 掛 金	1,300
受 取 手 形	3,900	借 入 金	5,000
売 掛 金	2,600	現 金 過 不 足	80
仮 払 法 人 税 等	500	貸 倒 引 当 金	50
仮 払 金	200	建物減価償却累計額	1,200
繰 越 商 品	2,100	備品減価償却累計額	900
建 物	20,000	資 本 金	20,000
備 品	5,000	利 益 準 備 金	4,000
仕 入	35,000	繰 越 利 益 剰 余 金	800
給 料	5,000	売 上	45,000
支 払 保 険 料	720	受 取 利 息	200
通 信 費	500	受 取 手 数 料	100
支 払 家 賃	310		
広 告 宣 伝 費	700		
支 払 利 息	250		
	80,580		80,580

1. 期末商品棚卸高は3,000円である。
2. 受取手形および売掛金の期末残高に差額補充法により2％の貸倒引当金を設定する。
3. 建物および備品に対して定額法により減価償却を行う。耐用年数は建物30年、備品10年とし、残存価額は建物、備品ともに取得原価の10％とする。
4. 保険料は令和X2年9月1日に向こう1年分を支払ったものである。
5. 仮払金のうち100円は買掛金、残額は広告宣伝費の支払によるものである。
6. 現金過不足は全額受取手数料の記入漏れである。
7. 期末に未使用の切手が100円ある。
8. 支払家賃の前払100円、受取利息の前受150円、支払利息の未払120円がある。
9. 当期分の法人税等の負担額は1,200円である。

第1問

	仕訳			
	借方科目	金額	貸方科目	金額
1				
2				
3				
4				
5				
6				
7				
8				
9				

10			
11			
12			
13			
14			
15			

解答用紙

第2問
（問1）

記　号	勘　定　科　目	記　号	金　　額
イ		a	
ロ		b	
ハ		c	
ニ		d	
ホ			

（問2）

①	②	③	④	⑤

第3問

貸借対照表
〇〇〇社　　令和X3年3月31日現在　　　　　　　　　　　　　　（単位：円）

借方	金額	貸方	金額
現　金　預　金	(　　　)	支　払　手　形	(　　　)
受　取　手　形　(　　　)		買　掛　金	(　　　)
売　掛　金　(　　　)		借　入　金	(　　　)
貸　倒　引　当　金　(　　　)	(　　　)	未払法人税等	(　　　)
貯　蔵　品	(　　　)	前　受(　　　)	(　　　)
商　　　品	(　　　)	(　　　)利息	(　　　)
(　　　)保険料	(　　　)	資　本　金	(　　　)
前　払(　　　)	(　　　)	利　益　準　備　金	(　　　)
建　　　物　(　　　)		繰越利益剰余金	(　　　)
減価償却累計額　(　　　)	(　　　)		
備　　　品　(　　　)			
減価償却累計額　(　　　)	(　　　)		
	(　　　)		(　　　)

損益計算書
〇〇〇社　　自 令和X2年 4月 1日　　　　　　　　　　　　　　（単位：円）
　　　　　　至 令和X3年 3月31日

借方	金額	貸方	金額
期首商品棚卸高	(　　　)	売　上　高	(　　　)
当期商品仕入高	(　　　)	期末商品棚卸高	(　　　)
給　　　料	(　　　)	受　取　利　息	(　　　)
支　払　保　険　料	(　　　)	受　取　手　数　料	(　　　)
通　信　費	(　　　)		
支　払　家　賃	(　　　)		
広　告　宣　伝　費	(　　　)		
貸倒引当金繰入	(　　　)		
減　価　償　却　費	(　　　)		
支　払　利　息	(　　　)		
法　人　税　等	(　　　)		
当　期　純　利　益	(　　　)		
	(　　　)		(　　　)

第1問 解答・解説

	仕 訳			
	借 方 科 目	金　　額	貸 方 科 目	金　　額
1	仮　受　金	14,000	前　受　金	14,000
2	繰越利益剰余金	220,000	利 益 準 備 金 未 払 配 当 金	20,000 200,000
3	リ ー ス 備 品	30,000	リース未払金	30,000
4	仮 受 消 費 税	45,000	仮 払 消 費 税 未 払 消 費 税	34,000 11,000
5	現　　　　金 旅 費 交 通 費 接 待 交 際 費	2,000 35,000 13,000	仮　払　金	50,000
6	租 税 公 課 仮払法人税等	24,000 300,000	現　　　　金	324,000
7	買　掛　金	40,000	電子記録債務	40,000
8	現　　　　金	55,000	売　　　上 仮 受 消 費 税	50,000 5,000
9	立　替　金	20,000	現　　　　金	20,000

	借方		貸方	
10	保 険 料	10,000	前 払 保 険 料	10,000
11	繰 越 商 品	460,000	仕 入	460,000
12	当 座 預 金	310,000	当 座 借 越	310,000
13	修 繕 費 車 両 運 搬 具	50,000 100,000	当 座 預 金	150,000
14	仕 入	180,000	前 払 金 支 払 手 形	20,000 160,000
15	普 通 預 金 支 払 利 息	497,000 3,000	借 入 金	500,000

解説

1. 仮受金の精算
当座に振込まれ仮受金として処理していた14,000円の内訳が、商品売渡に関する手付金と判明したので、前受金として処理します。

　当座振込時（処理済）：（当　座　預　金）14,000　　（仮　　受　　金）14,000

（➡ P44、76）

2. 剰余金の処分
繰越利益剰余金は貸方の純資産勘定ですから、減少するときは借方で計上します。また貸方の利益準備金は会社法の定めによる純資産勘定であり、未払配当金は負債になります。

（➡ P88）

3. ファイナンス・リースの利子込み処理
ファイナンス・リース契約を利子込み法で処理するときは、支払リース料の総額でリース備品とリース未払金勘定を計上します。

　リース料総額：＠10,000円×3年＝30,000円

（➡ P72）

4. 未払消費税の計上
消費税を税抜き処理しているときには、決算で仮払消費税と仮受消費税を相殺します。　（➡ P42）

5. 仮払金の精算
出張旅費明細書の内訳によりそれぞれの金額を計上します。　（➡ P76）

6. 税金の納付
固定資産税は費用性があるので租税公課、法人税の中間納付は仮払であり決算時には精算されます。

（➡ P164）

7. 電子記録債務
買掛金や売掛金の決済を約束手形の代用として電子決済することができます。このときに電子記録債務や電子記録債権勘定が用いられます。

（➡ P64）

8. 仮受消費税
商品売上時に消費税を税抜処理するときは仮受消費税勘定を計上します。

（➡ P42）

9. 従業員の立替払い
何らかの理由で、一時的な立替をした場合には、立替金勘定を計上することになります。

（➡ P80）

10. 前払費用の再振替仕訳
前期末には借方に前払保険料を計上しているので、翌期首の再振替時には貸方でこれを相殺することになります。

（➡ P154）

11. 期末商品棚卸
期首商品が無いので、期末商品につき解答の仕訳を行います。　（➡ P138）

12. 当座借越残高
期末において当座借越が発生している場合は負債の当座借越勘定を計上します。　　（➡P56）

13. 資本的支出
固定資産の修繕でも耐用年数の延長や価値増加分は修繕費ではなく資産勘定を計上します。
（➡P70）

14. 手付金の支払
商品購入前に支払っている手付金は前払金勘定で処理されています。　　（➡P44）

15. 銀行からの借入
利息を控除されているので、残額だけを普通預金勘定に計上します。　　（➡P78）

第2問（問1）　　解　答・解　説

記　号	勘　定　科　目	記　号	金　　額
イ	前　受　利　息	a	1,800
ロ	未　収　利　息	b	33,200
ハ	受　取　利　息	c	2,500
ニ	受　取　利　息	d	37,500
ホ	受　取　利　息		

解説
期首には前受利息が、期末には未収利息があることを考慮して受取利息勘定を完成させてください。

1. 前受利息勘定
前受利息勘定の貸方には4月1日付で前期繰越が1,800円あります。これは、前期末における前受分であり、当期首に下記の再振替仕訳をしなければなりません。

　　再振替仕訳：（前　受　利　息）　1,800　　（受　取　利　息）　1,800

（➡P160）

2. 未収利息勘定
未収利息勘定の貸方には、3月31日付で次期繰越2,500円が記入されています。これは、当期末の決算において計上された未収分です。

　　決算整理仕訳：（未　収　利　息）　2,500　　（受　取　利　息）　2,500

（➡P158）

3. 受取利息勘定
受取利息勘定の貸方(a)へ1,800円が、(c)へ2,500円が記入されるので、(b)を差額で求めれば33,200円になります。

（➡P160）

4. 損益勘定への振替

受取利息の借方37,500円は、下記の仕訳により損益勘定に振替えられます。

決算振替仕訳：（受　取　利　息）37,500　　（損　　　　　益）37,500

（➡ P158、168）

第2問（問2）　解　答・解　説

①	②	③	④	⑤
利益準備金	次期繰越	52,000	前期繰越	50,000

解　説

```
                        繰越利益剰余金
5/28 （①利益準備金）（   3,000）│ 4/ 1 （④前 期 繰 越）（ 35,000）
  〃  （未 払 配 当 金）  30,000 │ 3/31 （損       益）（⑤ 50,000）
3/31 （②次 期 繰 越）（③ 52,000）│
                       ─────── │                    ───────
                         85,000 │                      85,000
                                │ 4/ 1  前 期 繰 越     52,000
```

1. 繰越利益剰余金の前期繰越額

英米式決算法を前提にすれば繰越利益剰余金の前期繰越額35,000円は貸方に計上されることになります。

2. 株主総会時における利益処分

株主総会において繰越利益剰余金の処分が決議され、下記の仕訳が行われます。

（繰越利益剰余金）30,000　　（未 払 配 当 金）30,000
（繰越利益剰余金）　3,000　　（利 益 準 備 金）　3,000

（注意）解答用紙の繰越利益剰余金勘定の借方に5月28日として解答欄が2箇所設けられているので、上記の仕訳も借方は別々に処理しています。

3. 当期純利益の計上

当期純利益は損益勘定の借方から繰越利益剰余金勘定の貸方へ振替えられることになります。

（損　　　　　益）50,000　　（繰越利益剰余金）50,000

（➡ P88）

第3問　解答・解説

貸借対照表
○○○社　令和X3年3月31日現在　（単位：円）

借方			貸方	
現　金　預　金		(3,800)	支　払　手　形	(1,950)
受　取　手　形	(3,900)		買　掛　金	(1,200)
売　掛　金	(2,600)		借　入　金	(5,000)
貸　倒　引　当　金	(　 130)	(6,370)	未　払　法　人　税　等	(　 700)
貯　蔵　品		(　 100)	前　受(利　息)	(　 150)
商　品		(3,000)	(未　払)利　息	(　 120)
(前　払)保険料		(　 300)	資　本　金	(20,000)
前　払(家　賃)		(　 100)	利　益　準　備　金	(4,000)
建　　　　物	(20,000)		繰越利益剰余金※	(2,400)
減価償却累計額	(1,800)	(18,200)		
備　　　　品	(5,000)			
減価償却累計額	(1,350)	(3,650)		
		(35,520)		(35,520)

※繰越利益剰余金2,400円の内訳
　　残高試算表上の繰越利益剰余金800円と損益計算書の当期純利益1,600円の合計額です。

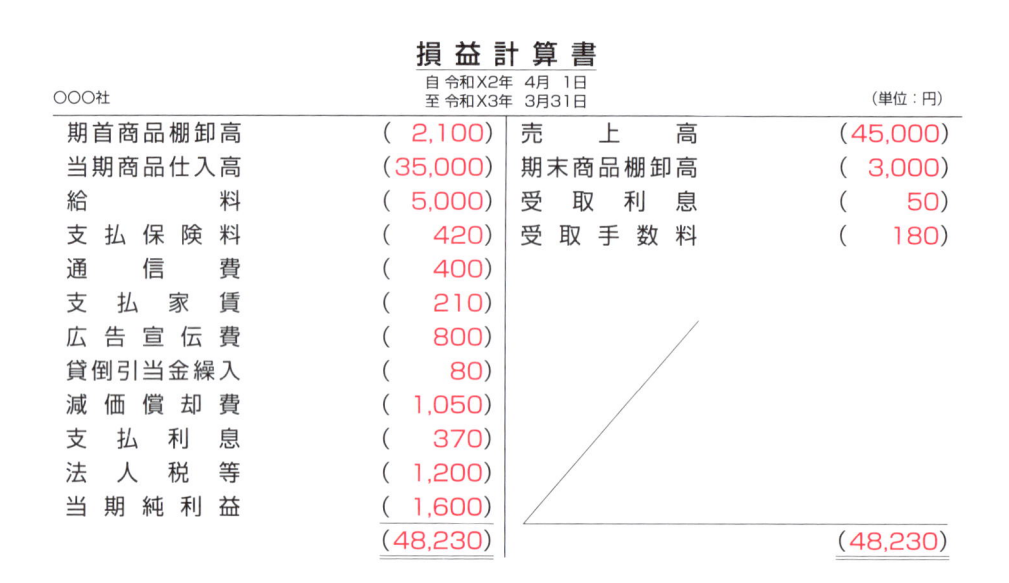

損益計算書
○○○社　自 令和X2年 4月 1日　至 令和X3年 3月31日　（単位：円）

借方		貸方	
期首商品棚卸高	(2,100)	売　上　高	(45,000)
当期商品仕入高	(35,000)	期末商品棚卸高	(3,000)
給　　　料	(5,000)	受　取　利　息	(　 50)
支　払　保　険　料	(　 420)	受　取　手　数　料	(　 180)
通　信　費	(　 400)		
支　払　家　賃	(　 210)		
広　告　宣　伝　費	(　 800)		
貸倒引当金繰入	(　 80)		
減　価　償　却　費	(1,050)		
支　払　利　息	(　 370)		
法　人　税　等	(1,200)		
当　期　純　利　益	(1,600)		
	(48,230)		(48,230)

解　説

決算整理項目を仕訳で示せば次の通りです。

① **期末の商品棚卸高**

貸借対照表と損益計算書に計上する期首、期末商品の表示科目名称をマスターすること。

(仕　　　　入) 2,100 　(繰　越　商　品) 2,100
(繰　越　商　品) 3,000 　(仕　　　　入) 3,000

② **貸倒引当金の繰入**

(貸倒引当金繰入) 80※ 　(貸　倒　引　当　金) 80

※内訳

$(3,900円 + 2,600円) \times 2\% - \underset{\text{貸倒引当金残額}}{50円} = 80円$

③ **減価償却費の計上**

(減　価　償　却　費) 1,050※ 　(建物減価償却累計額) 600
　　　　　　　　　　　　　　　(備品減価償却累計額) 450

※内訳

建　物：$\dfrac{20,000円 - 20,000円 \times 10\%}{30年} = 600円$

備　品：$\dfrac{5,000円 - 5,000円 \times 10\%}{10年} = 450円$

④ **前払保険料の計上**

(前　払　保　険　料) 300※ 　(支　払　保　険　料) 300

※内訳

$720円 \times \dfrac{5カ月(4/1\sim8/31)}{12カ月(9/1\sim8/31)} = 300円$

⑤ **仮払金の精算**

(買　掛　金) 100 　(仮　払　金) 200
(広　告　宣　伝　費) 100

⑥ **現金過不足勘定の精算**

(現　金　過　不　足) 80 　(受　取　手　数　料) 80

⑦ **未使用切手の資産計上**

(貯　蔵　品) 100 　(通　信　費) 100

⑧ **前払家賃等の計上**

(前　払　家　賃) 100 　(支　払　家　賃) 100
(受　取　利　息) 150 　(前　受　利　息) 150
(支　払　利　息) 120 　(未　払　利　息) 120

⑨ **未払法人税等の計上**

(法　人　税　等) 1,200 　(未　払　法　人　税　等) 700
　　　　　　　　　　　　(仮　払　法　人　税　等) 500

(→P180)

● 著者紹介

堀川 洋

[ほりかわ よう]

中央大学商学部を卒業後、税理士試験に合格し大原大学院大学教授を経て「簿記の学校 堀川塾」を設立。大学などさまざまな機関で講師を務めながら自らの会計事務所も経営。著書に『日商簿記3級をひとつひとつわかりやすく。《教科書》』『日商簿記2級をひとつひとつわかりやすく。工業簿記編《教科書》』（ともにGakken）、『会社の経理・財務のしくみ』『電卓操作最短・最速攻略法』（ともに中経経済社）、『1週間で簿記の基本がわかる超入門』『1週間で電卓操作のコツがスッキリわかる超入門』（ともにインプレス）、『建設業経理士1級（財務諸表論）』『国立大学法人会計』（ともに税務経理協会）、『堀川の簿記論 新会計基準編』（とりい書房）など多数。

- ●デザイン————佐々木容子（カラノキデザイン制作室）
- ●DTP—————株式会社 センターメディア
- ●イラスト————タラジロウ　平井きわ
- ●編集協力————株式会社 KANADEL

一人で学べる はじめての簿記

2012年11月5日発行　第1版
2025年6月30日発行　第16版　第1刷

- ●著　者————堀川 洋
- ●発行者————若松 和紀
- ●発行所————株式会社 西東社（せいとうしゃ）
〒113-0034 東京都文京区湯島2-3-13
電話　03-5800-3120（代）
URL　https://www.seitosha.co.jp/

本書の内容の一部あるいは全部を無断でコピー、データファイル化することは、法律で認められた場合をのぞき、著作者及び出版社の権利を侵害することになります。
第三者による電子データ化、電子書籍化はいかなる場合も認められておりません。
落丁・乱丁本は、小社「営業」宛にご送付ください。送料小社負担にて、お取替えいたします。

ISBN978-4-7916-1922-1